시와

사진과

인문학의 카르텔

시와
사진과
인문학의 카르텔

김혜원 지음

눈빛

김혜원은 전주에서 출생하였다. 전북대 국문과와 우석대 대학원 문창과에서 현대시와 시창작을, 백제예술대와 중앙대 일반대학원에서 사진을 전공하였다. 산업자본주의 소비문화 시대의 파괴되고 변형되고 소비되고 있는 지형과 환경에 대한 작업을 일관되게 진행하면서 국내외에서 60여 회의 개인전과 단체전을 가졌다. 10여 회의 전시도 기획하였다. 2010년 전북일보 신춘문예에 시(詩) 「먼지」가 당선되고 2013년 전북대 국문과에서 「오규원 시의 창작 방식 연구-포스트모더니즘 기법을 중심으로-」로 박사학위를 받은 후 시와 사진의 상호텍스트성에 대한 글쓰기를 병행하고 있다. 이외에도 탈식민주의, 지역문화, 인지시학에 관심을 갖고 공저 『한국 현대문학과 탈식민성』, 『일상의 인문학-문학편』, 『문화를 활용한 지역재생 비교연구』, 공역서 『인지시학의 실제비평』을 출간하였다. 백제예술대 사진과에서 사진이론을, 전북대 국문과에서 현대시와 글쓰기 등을 가르쳤다. 현재는 명지대 한국이미지언어연구소 연구교수로 〈한국사진학 관련 DB 구축 및 한국사진학 대사전 편찬〉 사업에 참여하고 있다.

시와 사진과 인문학의 카르텔
김혜원 지음

초판 1쇄 발행일 ― 2022년 11월 20일
발행인 ― 이규상
편집인 ― 안미숙
발행처 ― 눈빛출판사
　　　　　서울시 마포구 월드컵북로 361 14층 105호
　　　　　전화 336-2167 팩스 324-8273
등록번호 ― 제1-839호
등록일 ― 1988년 11월 16일
출력·인쇄 ― 예림인쇄
제책 ― 일진제책
값 22,000원
copyright ⓒ 2022, 김혜원
Printed in Korea
ISBN 978-89-7409-458-4　03810

* 이 도서는 (재)전라북도문화관광재단 2022년 지역문화예술육성지원사업에
선정되어 보조금을 지원받은 사업입니다.

저자 서문

'호모 포토그래피쿠스(Homo Photographicus)', 줄여서 '호모 포토쿠스(Homo Photocus)'라는 말이 회자되고 있다. 이는 사진이 이미 현대인의 삶에서 뗄 수 없을 정도로 편만한 대중매체로 자리잡았고 사진언어가 이미 보편언어가 되었음을 극명하게 보여주는 신조어이다. 따라서 보편 언어로서의 사진은 사진 매체에 한정하지 않고 각종 문화 현상과 어울려 복합문식성(multi-literacy)을 요구하고 있다. 이에 사진예술뿐만 아니라 여러 예술과 인문학의 전공자 및 이를 애호하는 일반 대중의 흥미까지 자극할 수 있는 대중적인 인문교양서가 필요한 실정이다.

1. 이 책의 목적과 배경

이 책은 사진을 소재로 하거나 사진적 특성을 갖고 있는 한국 현대시와 이에 관련한 사진 작품을 대상으로 시와 사진과 인문학 이론을 통섭하는 학제적 연구를 수행하고자 한다. 그리하여 각 시인과 사진가가 의미화한 예술과 자아와 세계를 확인하고 시문학과 사진예술의 지형을 확장하고자 한다.

그것은 기록과 예술 사이에서 인간사 전반에 관여하여 경험 세계의 주요 원천이자 지식의 저장고가 되는 사진과 사진적 실천 행위가 유효하게 의미 작용을 수행하는 한국 현대시가 이미 상당량 발표되어, 시의 내적 맥락을 뛰어넘어 더 넓은 사진적 맥락으로의 다양한 문화적 해석을 시도해 왔기 때문이다. 즉 한국 현대 시인들은 자아나 세계를 이해하거나 비판하기 위해 사진을 소재로 하거나 사진적 특성을 지닌 작품을 창작하여 한국 현대시의 의미 영역을 확장하고 문학예술과 사진예술의 경계를 해체해 놓았다.

물론 한국 현대시가 수용한 시와 사진의 상호매체 현상은 사진 매체의 본질적 특성에서 기인하였다. 19세기 기술적 복제 수단으로 발명된 카메라는 한 시대의 생산 관계와 지각 방식에 영향을 미쳐, 예술 형식과 예술적 발상과 예술 개념까지를 획기적으로 전환시켰다. 따라서 근대와 함께 발명된 사진은 그 자체로 근대성의 핵심적 특징을 지니며, 발터 벤야민(Walter Benjamin)이 간파한 '시각적 무의식(optical conscious)'으로 모더니즘을 주도하였다. 나아가 지표(index)적 특성으로 '자동 생성'된 이미지로서의 사진, 현실을 있는 그대로 재현하는 '코드 없는 메시지'로서의 사진은 복제성이라는 본질적 특성과 함께 모더니즘이 지닌 독창성과 원본성의 신화를 깨뜨리고 포스트모더니즘의 상호텍스트적 현상을 주도하기도 하였다.

따라서 한국 현대시는 '사진을 소재로 한 시'로부터 '사진적 기법이나 이미지 형상화 방법을 응용한 시', 사진 이미지와 시 텍스트를 병치한 '사진시', 디지털(스마트폰) 카메라를 시 창작에 활용한 '디카시'에 이르기까지 상호매체성을 실천적으로 이끌어 왔다. 그런데도 현대시 연구와 비평에서는 시와 사진의 상호매체성에 대한 연구가 매우 미흡한 실정이었다. 더구나 매체 전반의 변혁을 이끌고 예술 전반에 획기적인 영향을 끼친 사진 매체의 연구나 비평에서는 이러한 연구가 아예 시도된 적이 없었다.

이에 이 책은 사진 매체가 문화예술 전반에 영향을 미치고 문학 텍스트 역시 영상 이미지와 상호텍스트적 관계를 맺는 오늘날 매체 변동 상황을 인식하고 시문학과 사진예술의 지형을 확장하는 참신한 연구를 시도하고자 한다.

2. 이 책의 구성과 내용

이 책은 일단 사진을 자아나 세계를 성찰하는 수단으로 사용한 한국 현대시, 그리고 시인의 예술관 형성에 직접적으로 영향을 미친 사진이나 이에 관련한 사진 작품을 연구 대상으로 선정하였다. 그 후 사진이나 사진적 실천의 핵심 쟁점과 관련하여 사진에 대한 시인의 입장 및 현대시와 사진 작품의 관련 내용을 기준으로 4개 형식으로 구성하였다.

첫째, 사진을 소재로 한 한국 현대시와 이에 관련한 사진 작품을 선별하여 이들 시와 사진을 인문학 이론을 빌려 해석한 짧은 산문이다. 주로 『열린정신 인문학연구』, 『순천향 인문과학논총』에 실린 논문의 일부를 인용, 재구성하여 〈한국이미지언어연구소〉 칼럼으로 게재했던 글이다. 이 산문은 사진의 원리와 관련하여 '카메라'와 '이미지', 사진의 용도와 관련하여 '공적 사진'과 '사적 사진'의 4부로 나누어 쓴 총 18편의 글을 포함한다. '카메라'에서는 사진 매체가 어떻게 기술적으로 발전해 왔는지를 밝혀줄 카메라 기술이나 사진 원리를 파악한다. '이미지'에서는 어떠한 방식으로 사진 이미지에 의미가 발생하는지를 밝혀줄 이미지의 의미화 작용 원리를 파악한다. '공적 사진'에서는 근대 국가에서 어떠한 방식으로 사진이 '타자'에 대한 지식을 제공하고 사회적 차이를 육화하며 그들을 훈육해 왔는지, 어떠한 정치적 의도를 기획하고 그것을 어떻게 은폐해 왔는지, 이들 현대시와 사진 작품이 어떻게 이에 저항하고 있는지를 파악한다. '사적 사진'에서는 가족사진, 결혼사진, 여행사진, 영정사진, 사진관 진열 사진 등 일상적 대중문화와 관련한 사진이 어떠한 관습적 맥락에서 어떻게 개인, 가족, 공동체와 관계를 맺고 있는지, 이들 현대시와 사진 작품이 어떻게 그 효용 가치를 이해하고 있는지를 파악한다.

둘째, 28편의 시편에 총 46컷의 사진을 수용하여 상호매체성을 실천적으로 이끌어 온 이승하의 '사진시'에 나타난 시 텍스트와 사진 이미지의 상호매체성을 고찰한 학술논문이다. 이 논문은 사진 장르에 따른 사진 이미지의 수용 양상, 편집 형식에 따른 매체 결합의 양상, 의미 구성 방식에 따른 매체 혼성 효과의 3개 영역으로 대별된다. 사진 이미지와 사진 제목, 캡션, 기사 원문 등의 텍스트를 자신의 시 텍스트와 조합하여 이질적인 두 기호 체계의 경계를 허문 이승하의 '사진시'가 휴머니즘을 옹호하는 시세계를 일관되게 펼쳐온 것을 확인한다. 자칫 진부하고 상투적인 것으로 간주될 수 있는 휴머니즘의 가치를 '사진시'라는 형식 실험으로 극복하여 한국 현대시의 새로운 패러다임을 개척하고 그 지평을 확장시켰음을 확인한다.

셋째, 오규원의 '날이미지시'와 사진 이미지를 포스트모더니즘 기법을 중심으로 고찰한 학위논문이다. 이 논문은 오규원의 초기시와 영화 이미지, 중기시와 광고 이미지, 후기시와 사진 이미지의 상호매체성을 규명한 박사논문 「오규원 시의 창작 방식 연구-포스트모더니즘 기법을 중심으로-」(2013)의 후기시 부분을 발췌한 것이다. '날이미지시'가 카메라의 시각을 수용하여 인간중심주의적 시각 체계인 원근법을 해체하고, 공간적 인접성에 의한 환유 체계로 공존하는 자연 현상을 묘사하였음을 규명한다. 특히 오규원이 렌즈의 묘사력과 카메라의 사실성을 표현 원리로 삼는 스트레이트 기법의 사진 이미지를 수용한 '사실적 날이미지'로 자연 현상을 묘사함으로써 사물을 '날것' 그대로 생생하게 살아 있도록 해방시키고 존재의 평등성을 회복시켰다는 사실을 규명한다.

넷째, 카메라의 피사체가 되었거나 사진 창작의 이력을 갖고 있는 한국 현대 시인들을 소개하고 그 사진적 의의를 밝히는 산문이다. 여기에는 한용운과 임화, 김동환, 박노해, 신현림, 이강산, 오규원을 포함한다.

3. 이 책의 의의와 가치

이 책은 문자문화 차원에서 전개되는 시문학의 함의와 영상문화 차원에서 전개되는 사진예술의 함의를 인문학 이론을 원용하여 학제 간 연구를 시도함으로써 이질성, 다원성, 복합성을 특징으로 하는 오늘날의 문학과 예술과 문화의 혼성 연구 가능성을 타진하고자 하였다.

이는 마틴 리스터(Martin Lister)의 탁견처럼, 사진은 단독으로 존재한 적이 거의 없이 문자언어, 음성언어, 그래픽 디자인 나아가 정치, 경제, 사회, 문화, 역사와 같은 또 다른 의미화 체계 안에 삽입되고 맥락화되어 여타의 예술이나 학문과 상호텍스트적 관계를 맺어 왔기 때문이다. 특히 사진은 우리 일상생활에 매우 밀착해 있는 매체이므로 대중문화를 포함한 문화연구와의 학제적 연구는 유효한 연구 방법이 된다.

그런데도 한국 사진계의 창작과 연구와 비평은 주로 장르적 차원이나 미학적 층위의 예술 담론 속에서 진행되어 왔다. 특히 사진 연구나 비평에서는 사진 기술적, 사진 철학적, 사진미학적 원리로 기술하는 정전적, 엘리트적 연구나 현장비평 차원에서 전시 작품을 소개하는 등의 인상 비평에 치우쳐 있었다.

그러나 이 책은 유연한 융복합적 사고로 학문이 통섭되는 추세를 감안한 학제 간 연구, 영상 이미지가 현대 문화 전반을 이끄는 현 추세를 반영한 연구, 한국 현대시나 사진 작품을 예술 담론뿐만 아니라 일상적 대중문화 담론까지 수용하여 분석한 연구라는 점에서 의의를 갖는다.

물론 이러한 성과의 바탕에는 작품 게재를 허락해 주신 여러 시인과 사진가와 기관, 오랜 시간 동안 사진 연구의 방법론으로 적절한 이론서를 함께 읽어나가고 있는 〈사진과 인문학〉 스터디 회원들, 명지대학교 〈한국이미지언어연구소〉 칼럼에 기고의 기회를 주신 박주석 교수님과 연구원 선생님들, 흔쾌히 출판을 허락해 주신 눈빛출판사 이규상 대표님의 울력이 있다. 모든 분들께 감사드린다.

2022년 10월
변방이나 경계 혹은 비주류를 위하여
김혜원

차례

제1장 _ 카메라

카메라 옵스큐라 안에서의 사색

1839년 8월 19일, 사진은 그 특허권으로 자신의 생년월일을 법률상에 올린 유일한 예술이다. 사진의 발명은 이미지 제작을 인간의 손이 아니라 기계가 맡게 되었음을 알린 혁명적인 사건이었지만, 암실 벽에 반사된 상(像)을 얻기 위해 바늘구멍을 통해 빛을 집중시켜 사진 이미지를 얻는 원리는 중국의 묵자 시대나 그리스의 아리스토텔레스 시대에도 이미 알려져 있었다. 이러한 원리를 바탕으로 발명된 카메라의 기원은 카메라 옵스큐라(camera obscura, 어두운 방)[1]이다. 이 카메라 옵스큐라에 대한 순수한 우리식 명칭은 정약용이 명명한 '칠실파려안(漆室玻瓈眼)'[2]이다. 칠실(漆室)은 검은 옷칠을 한 것처럼 컴컴한 방이나 공간으로, 이는 카메라 옵스큐라에 해당하는 말이다. 파려안(玻瓈眼)

---

1) 조그만 구멍을 통해 외부 물체의 상을 내부 스크린 위에다가 투영시키는 암실 장치. 이 작은 구멍 대신에 렌즈를 사용한 것이 사진기의 암실이기도 하다. 카메라 옵스큐라의 원리는 투시화법의 원리와 같은 것으로서, 이 현상 자체는 예부터 알려진 것이나 르네상스 때 투시화법의 고안과 병행하여 이 장치의 이용이 시도되었다. 다 빈치도 카메라 옵스큐라를 제작하여 여러 가지 실험을 행한 사람이다.(앙드레 바쟁, 박상규 역, 『영화란 무엇인가?』, 시각과언어, 1998, 15쪽 주석.)

2) 정약용, 『정다산전서』 상권, 문헌편찬위원회, 1960, 28쪽. 최인진, 『한국사진사 1631-1945』, 눈빛, 1999, 53쪽에서 재인용.

의 파려는 파리(玻璃)로, 이는 오늘날의 유리나 수정 즉 일종의 렌즈를 가리키는 말이다.[3]

벌레들이 정지문에 구멍을 내놓은 거다 그 구멍 속으로 빛이 들어오면
아궁이 그을음이 낀 벽에 상이 맺혔다
나비가 지나가면 나비 그림자가, 마당에 뿌려놓은 햇싸라기를 쪼아 먹는 새 그림자가
살강의 흰 그릇들에 거꾸로 맺히곤 하였다
손가락으로 밀면 까무스름 묻어나던 그을음은
불에 탄 짚들이 들판과 하늘을 잊지 못하고 벽에 붙여놓은 필름,
그 위로 떠가는 상들을 놓치지 않기 위해 나는 어둠을 더 편애하게 된 것이 아닐까

〈중략〉

영사기 필름처럼 차르르 돌아가던 풀무질 소리 뚝, 끊어진 어디쯤일까
그사이 암실벽 노릇을 하던 정지벽도 까무룩 사라져버렸고
상할머니 곰방대처럼 뽀끔뽀끔 연기를 뿜어 올리던 굴뚝도 사라져버렸다
이제는 스위치를 올리면 바퀴처럼 단박에 어둠을 내쫓는 한 평 반의 부엌
싸늘한 불빛이 거리를 떠돌다 온 胃를 쓸쓸히 맞이할 뿐이다
문을 닫은 채 웅크려 빛을 빨아들이는 벌레 구멍을 숨구멍처럼 더듬는 밤
하늘에 난 저 별은 누가 갉아 먹은 흔적인지,
구멍 숭숭한 저 별이 빨아들이는 빛은 어느 가슴에 가서 맺히는지
이런 적적한 밤 나는 아직도 옛날 정지를 잊지 못해서
하릴없이 낡은 밥상을 끌어안고 시를 쓰곤 한다
밥상이 책상으로 둔갑하는 줄은 까맣게 모르고 새근거리는 식구들,
그들 곁에서 쓰는 시가 비록 꼬들꼬들하게 익은 밥알 같은 것이 될 수는 없겠지만

---

3) 따라서 이 칠실파려안은 단순히 암실이나 어두운 방이라는 의미의 카메라 옵스큐라 보다도 "오늘날의 카메라 원리에 훨씬 더 근접한 용어"라고 볼 수 있다.(최인진, 위의 책, 43쪽.)

할머니의 아궁이에서 올라온 그을음이 부엌강아지 젖은 콧등에 까뭇이 묻어날
것 같아선
애벌레처럼 사각사각 연필을 깎으면서
살강의 흰 그릇처럼 정갈하게 놓여 있는 종이 위에
어룽거리다 가는 말들을 찬찬히 베껴 써보곤 하는 것이다
―손택수, 「바늘구멍 사진기」 부분, 『나무의 수사학』

    손택수의 「바늘구멍 사진기」는 서양의 카메라 옵스큐라나 정약용의 '칠실
파려안'의 원리를 일상생활 속에서 포착해 낸 시이다. 이 시에서 손택수가 체
험한 카메라 옵스큐라는 시골집 정지문이 달린 재래식 부엌이다. 정지문에 난,
벌레들이 뚫어놓은 구멍 속으로 빛이 들어와 살강의 흰 그릇들에 나비와 새의
상(像)이 맺히는 모습을 보고 쓴 이 시에서 구멍은 렌즈 즉 '파려안'이고 아궁
이 그을음이 낀 벽은 필름이며 어둠 속의 부엌은 카메라 옵스큐라 즉 '칠실'이
된다. 그런데 이 카메라 옵스큐라 안에서 손택수가 사로잡힌 것은 구멍으로 들
어오는 빛이 벽의 그을음 위로 떠가는 상들, 즉 영사기 필름처럼 돌아가던 환
영이었다. 따라서 손택수는 카메라 옵스큐라의 환영적 특성에 근거하여 거꾸
로 맺히곤 하였던 나비 그림자나 마당에 뿌려놓은 햇싸라기를 쪼아 먹는 새 그
림자의 아우라를 놓치고 싶지 않아 시를 쓰곤 한다고 고백하며, 문학이 '어두
운 방'에서 만들어지는 내면적이고 허구적인 이미지를 추구하는 작업임을 밝
히고 있다.
    조현택의 〈빈방〉 시리즈는 어두운 빈방을 거대한 카메라 옵스큐라로 만들
어 방안에 비친 시적이고 서정적인 영상을 포착해 낸 사진 작업이다. 이 〈빈방〉
시리즈는 도시를 재생하는 과정에서 철거가 예정된 빈집의 빈방에 들어가 벽
이나 지붕에 구멍을 내고 밖에서 새어 들어오는 빛을 따라 그 맞은편 마당 풍
경이 상하좌우가 전도된 상태로 벽에 비친 영상을 촬영한 사진 이미지들이다.
노란 유채꽃이 핀 바깥 풍경이 텅 빈 방안으로 들어와 빈집의 내력이나 삶의

조현택
〈빈방-0번방-나주시 금계동 57〉
잉크젯 프린트, 80×120cm
2015

흔적을 보여주는 '금계동'의 빈방 사진처럼 조현택은 실제와 환영이 공존하는 빛과 어둠의 경계에서 삶에서 죽음으로 이행하고 있는 빈방의 아우라와 소멸되는 시간을 필름에 누적시켰다. 그리하여 죽음의 방부제로서의 사진의 본질을 이해한 그의 사진은 파괴되고 소멸될 공간을 풍화되지 않을 기억으로 보존하면서 지상의 사라져가는 존재에 대한 애도의 정을 더욱 인상적이고 개성적으로 보여주고 있다.[4]

　　롤랑 바르트(Roland Barthes)는 『카메라 루시다』에서 '코드 없는 메시지'와 '코드 있는 메시지'가 공존하는 사진의 특성을 사진의 역설로 파악한 바 있다. 카메라 루시다(camera lucida, 밝은 방)에 의해 물질과의 직접적인 접촉으로 이루어지는 '코드 없는 메시지'로서의 사실적 이미지와 카메라 옵스큐라의 조리개 구멍에 의해 절단된 시각에서 이루어지는 '코드 있는 메시지'로서의 허구적 이미지를 구별했던 것이다.[5] 이에 손택수와 조현택은 옛 부엌이나 빈방의 카메라 옵스큐라 안에서 나비나 새나 유채꽃이라는 '실물/실체'보다 나비 그림자나 새 그림자나 유채꽃 그림자, 그 '그림자(影)'들이 어룽대는 환영(幻影)적 이미지가 그들이 추구하는 이미지임을 말한다. 그들의 예술이 지상의 사라져가는 존재에 대한 그리움을 추구하는 허구적 세계임을 보여준다. 나아가 손택수와 조현택의 이미지들은 카메라 옵스큐라가 빚어내는 허상, 또는 실상과 허상이 만화경처럼 어룽대는 환영 속에서 긴 사색에 잠기고 싶은 이들에게 지금 아파트 창문에 암막 커튼을 드리우고 그 커튼 사이로 낸 작은 바늘구멍을 통해 들어오는 빛을 따라 맞은편 실내에 맺히는 황홀한 바깥 풍경을 음미해 보기를 부추기고 있다.

---

4) 김혜원, ≪사진인문연구회 백인백색 기획 시리즈 3-빈집의 사회학≫전 기획의 글, ≪빈집의 사회학≫ 리플릿, 2017.
5) 롤랑 바르트, 조광희·한정식 옮김, 『카메라 루시다』개정판, 열화당, 1998, 14쪽, 18쪽.

사진에 관한 각서

    카메라(사진)는 발명 당시부터 대중의 열광을 받은 히트 상품이었고, 180여 년이 지난 지금까지도 새로운 모델이 출시될 때마다 지속적으로 대중의 관심을 받고 있는 핫(hot)한 상품이다. 1939년 사진술이 공표되었을 때 다게레오타입(Daguerreotype)을 보러 운집한 군중의 열광이나 사진 발명과 함께 회자되는 서구 예술가들의 열띤 사진 담론처럼, 외래품으로서의 카메라를 수입한 식민지 조선의 예술가들에게서도 사진 담론은 다양하게 펼쳐졌다. 동아일보 사진부장으로 일장기말소사건을 주도한 신낙균(申樂均)은 사진을 신문, 서적, 잡지, 의학계, 경찰계, 과학 등 응용 범위가 광대하여 인간 생활에 필수적인 '학술'로 보았고, 특히 사진이 '국가의 안위'를 지배하는 기술임을 강조하였다.[6] 일제 강제 해산 직전의 카프(KAPF, 조선프롤레타리아예술가동맹) 영화부 책임자였던 전평(全平)은 사진을 정치나 경제나 사회학에 대한 '이론체계'와 '교육'이 필요한 기계적 예술로 보았다.[7] 친일로 전향한 주지주의 문학이론가 최재서(崔載瑞)가 객관적이고 과학적인 '카메라-아이'로 대상을 관찰하는 방식

---

6) 신낙균, 『사진학강의』, 중앙기독청년회, 1928. 최인진 엮음, 『1920년대에 쓴 최초의 사진학』, 연우, 2005, 26쪽에서 재인용.
7) 전평, 「사진예술에 대하여 (1)-(5)」, 『조선일보』, 1934.4.3-4.8.

의 리얼리즘 소설론을 펼친 반면, '일제 감시대상 인물카드'에 2점의 범죄자 신상기록용 사진을 남긴 임화(林和) 등 마르크스주의 문학인들은 사진술을 단순한 모방 행위로 간주하여 사진기적 재현은 리얼리즘이 아니라고 반박하였다.[8] 정세와 전황에 따라 근대 과학기술이자 문화예술인 사진을 십분 활용한 일제의 지배 전략에 굴종해야 하면서 그에 저항해야 했던 이들에게는 사진에 대한 매혹과 우려의 양가감정이 더 미묘하게 전개될 수밖에 없었다.

$1 + 3$
$3 + 1$
$3 + 1 \quad 1 + 3$
$1 + 3 \quad 3 + 1$
$1 + 3 \quad 3 + 1$
$3 + 1 \quad 1 + 3$
$3 + 1$
$1 + 3$

선상의점 A
선상의점 B
선상의점 C

$A + B + C = A$
$A + B + C = B$
$A + B + C = C$

〈중략〉

(태양광선은, 凸렌즈때문에수렴광선이되어일점에있어서혁혁히빛나고혁혁히불탔다, 태초의요행은무엇보다도대기의층과층이이루는층으로하여금凸렌즈되게하지아니하였던것에있다는것을생각하니낙이된다, 기하학은凸렌즈와같은불장난

8) 홍덕구, 「이광수의 코닥(Kodak), 김남천의 콘탁스(Contax)-'사실의 세기'와 '재현의 전략'」, 『상허학보』 제55집, 상허학회, 2019, 342쪽.

은아닐른지, 유우크리트는사망해버린오늘유우크리트의초점은도처에있어서인문
의뇌수를마른풀과같이소각하는수렴작용을나열하는것에의하여최대의수렴작용
을재촉하는위험을재촉한다, 사람은절망하라, 사람은탄생하라, 사람은절망하라)

-이상, 「선에 관한 각서 2」 부분, 『이상 전집』

이상(李箱, 1910-1937)의 「선에 관한 각서 2」(1931)는 카메라에 관한 우려
와 각성의 목소리가 드러난 시이다. 7편의 연작시 『삼차각 설계도』 중 하나인
이 시에서 우선 눈에 띄는 것은 카메라 렌즈의 형상과 기능이다. 1연의 '1+3' 혹
은 '3+1'의 조합은 오른쪽으로 불쑥 튀어나온 카메라 렌즈를 형상화한 것이다.
이 '凸렌즈(볼록렌즈)'의 기능은 '태양광선'을 한곳에 모으는 '수렴작용'에 있
다. 그런데 선을 의미하는 1과 공간을 의미하는 3의 차원에서, 선상의 점 A와 B
와 C가 동일한 한 점을 향해 직선으로 '수렴'되는 현상은 바로 카메라 옵스큐
라가 완성한 데카르트적 원근법의 세계이다. 따라서 이상은 한 점으로 '수렴'
하는 이 볼록렌즈의 기능을 지속적인 동일성의 원리로 '수렴'을 '재촉'하는 유
클리드 기하학과 동일시한다. 즉 이상은 이 기하학을 선원근법을 낳은 과학기
술의 정수로서의 볼록렌즈와 같은 '불장난'으로 여기고 인류가 근대 서구 문명
을 상징하는 유클리드 기하학의 '위험'에서 벗어나 '인문의 뇌수', 인문정신의
정수를 추구하며 '절망'의 끝에서 다시 '탄생'해야 함을 촉구하고 있다.

일제 강점기에 서울 종로에서 사진관을 운영한 영업사진사이자 〈경성사진
사협회〉 창설 멤버로 활동한 신칠현(申七鉉, 1900-1992)의 〈자화상〉은 직업사
진가로서의 자신의 정체성을 드러낸 사진이다. 삼각대에 받친, 어깨 높이의 카
메라를 다루며 촬영에 열중해 있는 모습에는 카메라라는 근대 문물의 메커니
즘을 체득한 선각적 사진가로서의 자부심이 드러나 있다. 그러나 이 〈자화상〉
이 더 의미 있는 것은 이 사진이 카메라 옵스큐라가 완성한 데카르트적 원근법
의 질서를 해체하고 당당히 시각 주체를 선언하고 있는 사진이기 때문이다. 이

신칠현
〈자화상〉
젤라틴 실버 프린트
1926
사진 컬렉션 지평

성과 합리성에 기초하여 세계를 카메라 렌즈로 수렴되는 기하학적 공간으로 인식하는 데카르트적 원근법에는 시선의 주체와 시선의 대상이라는 이분법적 위계질서가 내재해 있다. 따라서 신칠현은 자신을 피사체로서의 원근법적 대상이 아니라 자신의 이미지를 능동적으로 재현하는 원근법적 주체로 전면화한다. 특히 대형카메라를 다루는 힘찬 주먹과 카메라를 주시하는 시선은 카메라라는 기계를 사진적 주체가 아닌 대상으로 인식시키는 데 기여하고 있다.

그러므로 당시 핫한 박래품으로서의 카메라 수용 시기의 사진 담론에서 확인해야 할 것은 식민 제국과 식민지 조선의 관계에서 식민화의 도구로 작동하는 카메라 기능에 대한 식민지적 무의식 혹은 의식적 공포나 경계가 조선인들에게 내재해 있었다는 사실이다. 경성고등공업학교(현 서울대 공대) 건축과를 졸업하고 조선총독부 건축 기사로 근무했던 이상의 경력은 카메라가 일본 제국주의의 식민지 개발 정책을 위한 테크놀로지로 기능했던 당시의 상황을 연상시킨다. 『조선시론』의 의뢰로 일반 사진가로 참여하여 순종(純宗)의 국장을 기록한 신칠현은 순종 인산 시 공포된 '국장 촬영규정'이 암시하듯, 시각적 주체와 시각적 재현의 메커니즘을 둘러싼 관(官)과 민(民)의 헤게모니 싸움을 추측케 한다.[9] 결국 이상의 시나 신칠현의 자화상은 식민 지배 시각 체제로서의 제국의 렌즈에 대응하기 위한 사진에 관한 각서였고, 이는 곧 식민지 조선인들의 엄숙한 실존적 메시지가 투영된 결과였는지도 모른다.

---

9) 오혜진, 「기계의 눈과 우울한 오브제-기술제국의 시각지배와 식민지의 사진 (무)의식」, 『사이(SAI)』 제10권, 국제한국문학문화학회, 2011, 179쪽.

암실의 추억

롤랑 바르트(Roland Barthes)는 자신이 쓴 사진론 제목을 '어두운 방(camera obscura)'이 아니라 '밝은 방(camera lucida, 원제 La Chambre claire)'으로 붙일 정도로, '카메라 옵스큐라'에서의 프로 사진가가 찍은 세련된 기호로서의 예술사진보다 '카메라 루시다'에서처럼 아마추어 사진가가 찍은 원초적인 이미지를 더 편애하였다. 그리고 그의 바람대로 오늘날 디지털 시대의 사진은 무수한 아마추어들의 원초적 이미지들을 양산하며 포토샵으로 대표되는 건식 명실(明室)에서 제작되고 있다. 그러나 일반적으로 아날로그 사진은 '촬영(shooting)-현상(developing)-인화(printing)'라는 일련의 '프로세스(process)'를 거치며 습식 암실(暗室)에서 이루어진다. 그것은 사진 이미지가 광학 장치를 통해 상(像)을 형성하는 물리적인 작용뿐만 아니라 물체에 닿은 빛에 대한 할로겐화은(AgX)의 감응이라고 하는 화학적인 작용에 의해 이루어지기 때문이다. 물론 이러한 사진의 영상화 과정에서 중요한 물리적 요소는 빛과 어둠이고, 암실은 이 빛과 어둠이 변증하는 시공간이라고 할 수 있다.

거대한 사진기 몸통 속의 세계,
보라, 이 어둡고 한정된 공간 속으로

새어들어오는 빛의 눈부심을
나는 별빛의 렌즈를 통해, 움직이는 매혹
그 존재의 신비를 희미하게 목격할 뿐이다

난 넋을 미치도록 쥐어짜, 發光한다
저 무심한 우주의 필름 속에, 살아 펄떡대는
이 호흡하는 순간의 관능을 새겨놓기 위하여
문득, 몸 안에 저장된 태양빛의 기억이
투명한 강물의 인화지로 나를 이끈다
마음을 놓아두고 강물에 안겨버린
그림자, 욕망이 떠나버린 내 현생의 폐허

나는 홀로 태어났고 홀로 죽어갈 것이다
삶이란 외마디 발광,
죽음 앞에서 미칠 수 없다면
이 생명의 황홀한 빛은 나를 맛보지 못하리
흐르는 물비늘 위의 은빛 정지,
고독한 자들은 시를 찾아 떠돌고
우주는 그들을 위해 영원의 오르가슴을 예비한다

난 잠시 죽음을 놔두고 그림자 숲속으로 간다
                    —유하, 「사진기 속의 우주」 전문, 『세운상가 키드의 사랑』

　　유하의 「사진기 속의 우주」는 우주라는 세계를 인식하고 경험하는 방식을 '암실'에서의 사진 제작 과정에 비유하여, '사진기'로 구현되는 영상 매체의 예술 세계를 지향하는 자신의 예술관을 드러내고 있는 메타시이다. 그것은 시로 등단하기 이전 단편 영화를 제작한 영화감독으로서의 유하[10]가 사진의 제작 공정 및 사진 이미지에 의미가 생성되는 방식을 잘 알고 있었기 때문이었다. 그는 어둡고 한정된 '카메라 옵스큐라' 안의 '렌즈'로 새어 들어오는 '빛'을 통해 존재의 신비를 목격하는 '눈'에서 출발하여 그의 예술이 완성되기까지의 과정을 사진 제작 '프로세스'에 따라 전개해 나간다. 즉 '태양빛의 기억'이 '현상액'

과 '정지액'이라는 '투명한 강물' 속 '흐르는 물비늘'의 '교반(agitation)' 과정을 거쳐 '은염'이 발린 '인화지' 위에 '은빛 정지'되는 과정을 보여주고 있다. 나아가 '그림자[影]'라는 환영(幻影)의 세계를 지향하면서 우주의 '필름' 속에 살아 호흡하는 순간의 관능을 새겨넣고 세계와의 동일화, 그 '영원한 오르가슴'을 꿈꾸는 높은 예술적 이상과 쓸쓸한 작가 정신을 보여주고 있다.

리처드 니콜슨(Richard Nicholson)의 〈암실 시리즈-야수토시 수미다(Darkroom Series-Yasutoshi Sumida)〉는 사라져가는 습식 암실을 촬영하여 아날로그에서 디지털로의 이미지 제작 방식의 변화를 상기시키고 있는 메타 사진이다. 벽으로부터 반사된 빛이 필름이나 인화지에 닿지 않도록 까맣게 칠해 놓은 벽이 매우 인상적인 이 암실 사진에서 중요한 것은 바로 사진이라는 매체의 물질성이다. 두 대의 테이블 위에는 각각의 확대기가 놓여 있다. 오른쪽 테이블 모퉁이에는 빛의 기억을 저장해 놓은 현상된 필름이 놓여 있다. 이 네거티브 필름을 확대기의 캐리어에 끼우고 초록상자 속 후지 인화지나 흰색상자 속 일포드 인화지에 노광(露光)을 한 후 현상액과 정착액의 화학적 처리 과정을 거치면 인화지 위에 상(像)이 정착되는 것이다. 리처드 니콜슨은 사진 발명 이래로부터 포토샵이 등장한 1990년까지 150여 년간 지속되어 온 기술적 복제 과정이 기본적으로는 이러한 물질성과 프로세스에 기반한 것임을 보여주고 있다. 그는 전통적인 카메라가 디지털카메라로, 필름이 메모리카드나 하이드라이브로, 습식 암실과 광학 확대기가 컴퓨터의 이미지 조작 소프트웨어의 알고리즘으로 대체되었음을 잘 알고 있었다.

---

10) 유하는 1986년 8mm 단편영화 〈게으름의 찬양〉을 제작했고, 1988년 동국대 연극영화학과 대학원에 입학했다. 같은 해 『문예중앙』 신인상으로 등단한 것을 보면 데뷔 전부터 영화에 대한 관심이 컸음을 알 수 있다.(「〈결혼은 미친 짓이다〉로 돌아온 감독 유하, 시와 영화의 나날들(1)」, 『씨네 21』, 2002.4.24 참조. http://www.cine21.com/news/view/?idx=2&mag_id=9135)

리처드 니콜슨
〈암실 시리즈−야수토시 수미다〉
2013

따라서 유하의 시나 리처드 니콜슨의 사진은 빛과 어둠이 변증하는 시공간으로서의 '암실'과 '확대기'와 '프로세스'가 이진 코드 0과 1이 증폭하는 시공간으로서의 '모니터'와 '포토샵'과 '프로그램'으로 바뀐 오늘날 이미지 제작 환경에서 아련한 추억을 불러일으킨다. 즉 이들의 시와 사진은 아날로그 사진 영상의 제작 원리에서 절대적 의미를 갖는 '암실'의 역할을 새삼스레 환기시킨다. 다만 유하는 '암실'의 작업 과정을 통해 작가의 창조적 정신성을 더 강조하였고, 리처드 니콜슨은 '확대기'나 '필름'이나 '인화지'와 같은 사진 매체의 물질성을 더 강조하였다. 그러나 여기에서 중요한 점은 작가의 창조적 정신성과 매체의 물질성이 바로 모더니즘을 이끌어 온 핵심 축이라는 사실이다. 그러므로 사진론『밝은 방』을 저술하면서 구조주의 이론가에서 후기구조주의 이론가로 전향하여 '저자의 죽음'을 선언하고 '독자'의 지위를 부상시켰던 바르트가 '어두운 방'이 아니라 '밝은 방'을 편애했던 것은 당연한 일이었다.

포스트 사진과 디지털 환영

　디지털의 등장으로 멀티미디어와 정보의 광야를 유목하며 자신이 원하는 음성, 문자, 영상 등의 정보를 자유자재로 채집하고 조작할 수 있는 능력의 소유자가 '아티스트(Artist)'를 넘어 '크리에이터(Creator)'라는 이름을 획득하는 시대가 되었다. 시청각 기술과 컴퓨터의 통합이 세상을 기록하고 해석하고 소통하는 방식에 거대한 변화를 가져와 이른바 포스트 사진(post-photographic) 시대를 열게 된 것이다. 포스트 사진 시대의 이미지는 이미지를 실제 세계의 사물에서 인과적으로 생성된 진실한 기록으로 간주하던 기존의 화학적 아날로그 사진에서 벗어나고, 단순히 비가시적이고 초현실적인 장면을 구성하고 조작했던 사진들로부터도 벗어난다. 즉 사진의 역사 초창기에 시도되었던 오스카 레일랜더(Oscar Rejlander)의 합성사진이나 존 하트필드(John Heartfield)로 대변되는 포토몽타주(photomontage), 초현실적 이미지로 외부 현실의 등가물이 없는 자율적 시각을 추구했던 모더니즘 사진이나 이미지 요소들을 자르고 붙이고 인용하고 결합하는 디지털 '전자브리콜라주(electrobricolage)'의 세계를 모두 뛰어넘는다.[11] 포스트 사진 시대의 이미지는 모든 감각 매체의 광범

---

11) 마틴 리스터, 「전자 영상 시대의 사진」, 리즈 웰스 엮음, 문혜진·신혜경 옮김, 『사진 이론』, 두성북스, 2016, 441-446쪽 참조.

위한 전환과 무수한 융합(convergence)을 가능케 한 유비쿼터스의 세계에서 과거와는 다른 감각으로 가상 세계를 경험할 수 있는 디지털 환영을 추구한다.

의자가 쑥쑥 자라고
의자의 아래에
자란 만큼의 깊은 우물이 생긴다
우물 층층이 보관되었던 옷들이 나와
사람과 물고기가
한 몸이 되었던 오랜 자국을 털어낸다
눈물을 흘리지 않고도
털어낼 수 있는 자국만을
의자는 기억하고 있는 것일까
털어낼 수 없는 자국은
의자 아래로 감추어져
의자는 쑥쑥 자라고
사람과 물고기는 의자 위에서만 산다
사람의 몸이던
물고기의 몸이던
　　　-박강우,「합성사진 혹은 더빙」전문,『새로운 시: 2009 만해축전사화집』

소아과 의사이면서 시집『앨리스를 찾아서』에서 뉴미디어와 관련한 시를 다수 발표한 바 있는 박강우의「합성사진 혹은 더빙」은 가상 세계를 디지털 영상처럼 보여주고 있는 시이다. 이 시는 "합성사진 혹은 더빙"이라는 제목이 시사하듯, 시각 매체와 청각 매체가 융합된 한 편의 디지털 영상을 묘사한 것으로 보인다. 특히 이 시는 "자라고" "생긴다" "나와" "털어낸다" 등 현재진행형 동사를 수반하는 묘사를 통해 이 "합성사진"이 스틸 이미지가 아니라 "더빙"을 얹힌 동영상 이미지임을 암시한다. 또한 이 시는 의미의 유기적 연관성이라는 전통적인 독법을 무시한 채, 자동화된 인간의 지각 방식을 흔드는 변형되고 왜곡된 이미지 속에서 초현실 혹은 가상현실 세계를 드러내고 있다. "쑥쑥 자

김호성, 〈유령 도시_뉴욕_N1402〉, 피그먼트 프린트, 140×210cm, 2014

김호성, 〈유령 도시, 뉴욕_B1415〉, 피그먼트 프린트, 75×75cm, 2014

라"는 "의자", "의자의 아래에" 생겨나는 "우물", "사람과 물고기가/한 몸이 되었던 오랜 자국을 털어"내는 "옷들", "의자 위에서만" 사는 "물고기" 등의 신화적 이미지들은 실제와 허구, 현실과 환상의 모호한 경계에서 우리의 고정관념을 흔들고 초현실의 낯선 세계를 경험하게 한다. 이는 박강우가 이들 이미지들을 연결할 고리를 가상과 현실이 혼재하고 융합되는 유비쿼터스의 세계 속에서 찾았기 때문이었다.

김호성의 〈유령 도시, 뉴욕〉은 초상권을 보장하기 위해 모호하게 이미지를 왜곡해 놓은 구글 어스의 거리뷰 이미지를 캡처하여 재구성한 사진들이다. 김호성은 환상적이고 몽환적인 이미지로 부유하는 뉴욕 풍경을 통해 현대인의 욕망과 집합 무의식을 표상하는 환등상(幻燈像)으로서의 대도시 판타스마고리아(phantasmagoria)적 특성을 보여주고 있다. 특히 모호하게 뭉개진 개인이나 인물 군상들은 메트로폴리스에서 살아가는 도시인의 익명성과 소외감을 더욱 극대화한다. 그러나 김호성의 사진에서 중요한 것은 그의 사진이 기록성이라는 사진의 본질적 특성에 의문을 제기한다는 점이다. 미디어의 발달로 동시 편재(遍在)적 시공간을 체험하게 되면서 뉴욕 도심에 발을 딛지 않고서도 뉴욕 웨스트 53번가의 바람에 나부끼는 성조기와 쇼핑가를 활보하는 뉴요커들을 '찍을' 수 있었던 그의 사진은 포토그램(photogram)을 제외하고는 언제나 대상물을 매개로 존재했고 대상물을 직접 지시하는 특성으로 '그때 거기'에 있었음을 인증해 온 사진의 본질을 돌아보게 한다.[12]

마틴 리스터(Martin Lister)는 『전자 영상 시대의 사진』에서 1990년대 이래 화학적 아날로그 처리법을 대체하고 암실에서 해방된 전자적 디지털 사진, 나아가 컴퓨터와 시청각 매체가 정지 사진과 융합된 디지털 영상이 주요 문화산

---

12) 김신양, ≪공간 이다 개관 기획전-이미지 루덴스≫ 기획의 글, 『네오룩』, 2015.
https://neolook.com/archives/20151020f

업으로 발전하면서 사진의 본성 자체를 뒤흔들고 사진의 존재론적 지위에 도전했다고 말한다.[13] 박강우는 다매체의 혼성적 이미지를 시적 장치로 활용한 실험적인 시를 통해 이미 존재하는 '무언가(something)'에 대한 재현의 문제, '실재(the real)'를 정의하고 이해할 새로운 방법으로서의 가상현실의 문제를 제기한다. 김호성은 실제 대상물이 없는 웹(web)에서 뉴욕 거리의 '유령' 같은 이미지를 '채집'한 '이미지 속 이미지'를 통해 '그때 거기'에 있지 않고서도 '지금 여기'를 제시할 수 있는 포스트 사진의 현 상황을 보여준다. 포스트 사진 시대의 시각 체계의 변화, 즉 보는 방식과 이미지 제작 방식의 변화를 초래한 디지털의 세계는 새로운 상상력과 리좀적 사유로 멀티미디어와 정보의 광야를 자유롭게 유목하는 이들에게 디지털 환영을 창조하는 유비쿼터스 세계에서의 '크리에이터'의 역할을 부여하고 있다.

---

13) 마틴 리스터, 앞의 글, 437쪽 참조.

■ 시인과 사진 1
한용운과 임화의 '일제 감시대상 인물카드'

1.

"님은 갔습니다. 아아, 사랑하는 나의 님은 갔습니다."로 시작하는「님의 침묵」을 쓴 만해 한용운(韓龍雲, 1879-1944)은 '조선불교유신론'으로 불교 개혁을 통한 사회 개혁을 기획한 승려이자, 3·1운동 민족대표 33인의 한 사람으로 3년 동안 수감생활을 했던 저항 시인이다. 창씨개명을 거부하고 학병 출전 반대 운동을 펼치며 일제와의 일체의 타협을 거부하다가 광복을 1년 앞둔 1944년 뇌졸중으로 별세하였다. "불쌍한 도시! 종로 네거리여! 사랑하는 내 순이야!/ 나는 뉘우침도 부탁도 아무것도 유언장 위에 적지 않으리라."로 끝나는「다시 네거리에서」를 쓴 임화(林和, 본명 임인식, 1908-1953)는 카프(KAPF) 중앙위원회 서기장을 지내며 '이식문화론'을 주장한 문학평론가이며, ≪유랑≫, ≪혼가≫ 등에 주연으로 출연하며 영화배우로 활동한 시인이다. 1947년 말 월북하여 1953년 남로당 계열이 숙청될 때 미제국주의의 스파이라는 죄명으로 사형당했다.

2.

이러한 문학적, 사회적, 정치적 이력으로 한용운과 임화는 일제 강점기 요시찰 인물로 관리되어 각각 2회의 신상카드용 기록사진을 남겼다. 근대 외래 문물의 하나로 조선에 수입된 사진은 일제 강점기에 신분 증명이라는 미명 아래 식민지 조선인들의 일거수일투족을 통제하는 감시와 처벌의 도구로 작용하였다.[14] 즉 식민지 조선의 행정관서는 사회 범죄를 미연에 방지하고 범인을 신속히 검거하기 위해 주민증 제도를 도입하여 사진을 신분 증명 수단으로 활용하였다. 특히 수감자의 신상을 기록한 수형기록표, 곧 '일제 감시대상 인물 카드'는 테러나 시위에 대비하여 요시찰 인물로 분류된 독립운동가의 수감과 감시를 위해 사용되었다. 이 '감시 카드'는 보통 두 장으로 구성되었는데, 앞장에는 수형자의 측면 사진과 정면 사진을 부착하고 이름, 연령, 키, 특징, 지문 번호 등을 적었다. 뒷장에는 본적, 출생지, 주소, 신분, 직업, 수형 사항, 전과, 기타 사항 등을 적었다.

3.

　오른쪽의 사진은 3·1운동 직후 서대문형무소에 수감된 한용운의 '감시 카드'이다. 1919년경 서대문형무소 벽돌건물 앞에서 찍은 위쪽 측면 사진에는 사진을 식별하기 위해 수인복 어깨에 임시로 붙인 '韓龍雲'이라는 이름이 눈에 띈다. 정면 사진의 왼편 옷깃에는 수인번호와 이름표가, 오른편에는 필름 번호인 보존원판번호 '七五六'(756)이 보인다. 사진 원판(필름) 뒷면에 검정색 필기구로 써서 인화하면 이처럼 글씨가 하얗게 거꾸로 바뀌어 나온다. 형형한 눈빛에 다소 불온해 보이는 인상의 한용운은 고개를 숙이고 있는데, 이는 '체머리'라는 병 때문이었다. 그는 1912년 만주 여행 중 그를 일본 정탐으로 오인한 조선인 청년에게 얼굴에 총을 맞고 평생 머리가 저절로 흔들리는 '체머리'를

---

14) 이경민, 『경성, 사진에 박히다』, 산책자, 2008, 17쪽.

한용운, 일제 감시대상 인물카드, 국사편찬위원회

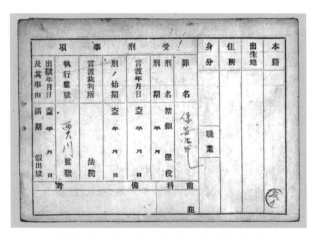

한용운, 일제 감시대상 인물카드, 국사편찬위원회

않고 있었다. 아래쪽 신상기록에 적힌 한용운의 죄명은 '치안유지법, 보안법' 위반이었다.[15]

4.

오른쪽 위 임화 사진은 종로경찰서에서 수사를 받던 1930년 9월 30일에 촬영된 사진이다. '林仁植'이라는 본명이 기재된 이 사진에서는 양복에 맨 나비넥타이, 뒤로 넘긴 숱 많은 머리, 도톰한 볼과 턱선, 살짝 미소 지은 눈빛과 입술이 화려한 은막 배우로서의 자신감을 보여주고 있다. 신상기록의 '최근형/기타 전과'에 적힌 "고등수배 동경사회주의자 연락"이라는 죄명은 임화가 도쿄에서 카프의 도쿄지부〈무산자사〉에 가담하면서 일경의 수사망에 걸려들었음을 보여준다. 아래쪽 사진은 1931년 10월 2일, 경찰서 내부에서 촬영한 사진이다. 측면 사진에는 글씨를 쓴 종이를 원판필름에 붙여 인화한 '16888'이라는 보존원판번호가 보인다. 측면 사진은 넥타이 없는 와이셔츠의 남루한 행색과 움츠려 굽은 등으로 자신감을 잃은 모습을 보여준다. 정면 사진은 날카로운 두 눈, 홀쭉한 두 볼, 말라붙은 입술 등 1년 사이에 수척해진 얼굴로 불안감을 드러내고 있다. 신상카드의 '상용수구개요(常用手口槪要)'에는 "치안유지법 위반"이라는 고무도장의 글씨가 찍혔다.[16]

5.

이러한 방식으로 일제 강점기에 작성된 수형기록표는 현재 국사편찬위

---

15) 정병욱, 「삼일운동 참여자 수감 사진」, 『웹진 역사랑』 통권 9호, 2020. 9. http:// www.koreanhistory.org/8206

16) 방민호, 「일제 감시대상 인물카드에 남겨진 임화의 사진」, 『계정 서정시학』 제2권 제3호, 계간 서정시학, 2016, 183-184쪽.

임화, 일제 감시대상 인물카드, 국사편찬위원회

임화, 일제 감시대상 인물카드, 국사편찬위원회

원회 한국사 데이터베이스 '일제 감시대상 인물카드'에 업로드되어 있다. 총 4,854명 인물에 대한 신상카드 6,264건이다. 물론 범죄 용의자의 사진과 정보를 함께 관리하는 이 아카이브 방식은 알퐁스 베르티옹(Alphonse Bertillon)의 인체측정 사진술에 의한 '베르티옹 카드'에서 유래하였다. 1879년 프랑스 파리경찰청의 베르티옹은 인체측정법과 사진촬영술과 언어 묘사를 범죄 수사에 도입하였다. 범죄 용의자 11개 부위의 신체를 측정하여 수치로 기록하고, 정면과 측면을 촬영한 두 장의 사진을 부착하며, 신상관련 사항을 텍스트로 기록하여 신원 확인을 수월하게 하였다.[17] 이는 과학적이고 객관적이란 찬사를 받으며 범죄 수사에 일대 혁신을 이루었고, 특히 식민제국주의가 피식민 타자의 신체를 기록하여 이들을 감시하고 처벌하는 데 적극 이용되었다. 물론 범죄자를

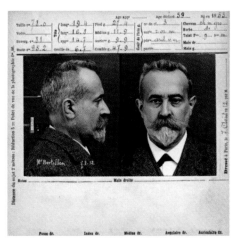

알퐁스 베르티옹이 자신이 개발한 범죄자 사진
형식으로 자신을 찍은 모습, 1893

17) 박상우, 『박상우의 포톨로지-베르티옹에서 마레까지 19세기 과학사진사』, 문학동네, 2019, 21-35쪽, 63-101쪽.

관리하기 위해 정면과 측면을 찍는 피의자 사진은 '머그(낯짝, 상판대기)'라는 속어에서 유래한 '머그 샷(Mug Shot)'이라 불리며 지금도 세계 각국에서 촬영되고 있다.

제2장 _ 이미지

사진, 나비, 바니타스 혹은 메멘토 모리

하이데거는 현존재를 태어나자마자 죽음 앞에 던져진 유한한 존재로 보고 이를 '죽음에 이르는 존재(Sein zum Tode)'라고 불렀다.[18] 그러나 이미 동서양에서는 유한자로서 갖게 되는 죽음의 공포나 인생의 허무함을 극복하고자, 삶을 경고하는 메시지로서의 여러 알레고리를 개념화해 놓았다. 우리에게 가장 익숙한 알레고리는 장자가 나비되어 날아다닌 꿈, 인생무상을 뜻하는 '호접지몽(胡蝶之夢)'이다. 불교의 '제행무상(諸行無常)'과 결부된 이 '호접지몽'의 교훈은 오랫동안 동양 문화예술의 전통 속에서 반복 재생산되어 왔다. '헛되고 헛되니 모든 것이 헛되도다'에서 유래하여 허무, 무가치, 공허를 뜻하는 '바니타스(vanitas)'나 '오늘을 즐기라'는 뜻의 '카르페 디엠(carpe diem)'을 포함하여 '죽음을 기억하라'는 의미의 '메멘토 모리(memento mori)' 역시 그 대표적인 알레고리이다.[19] '바니타스'와 결부된 '메멘토 모리' 사상은 중세의 기독교적 사유에 편입되었고, 이는 하나의 철학적 개념이 되어 16, 17세기 네덜란드 정물화나 그 후 유럽 예술 전반에 파급되어 사진예술로까지 계승되었다.

구본창의 〈굿바이 파라다이스(Goodbye Paradise)〉 연작은 인간에게 삶을

---

18) 소광희, 『하이데거 「존재와 시간」 강의』, 문예출판사, 2003, 153쪽.

구본창
〈굿바이 파라다이스〉 채집박스,
한지에 리퀴드라이트와 나무 상자
1993

박탈당한 연약한 생명체를 통해 덧없는 삶에 대한 연민과 인간 욕망의 부질없음을 드러내고 있는 '바니타스' 작품이다. 구본창은 자연사박물관이나 곤충체험관에서 이용하는 박제나 표본 형식을 자신의 작업 방식으로 차용하였는데, 이 작품은 박제된 나비를 클로즈업한 후 이를 감광유제를 바른 한지에 한 장 한 장 인화하여 곤충 채집박스 형식에 맞게 핀으로 꽂아 구성한 입체물이다. 그는 나비뿐만 아니라 잠자리 등의 곤충과 물고기, 새, 사슴 등의 동물을 소재로 야생의 '파라다이스'에서 자유롭게 숨쉬며 살았던 생명의 주체가 인간의 연구와 실험과 관찰의 객체가 되어 생을 잃고 오브제로 전락한 '실낙원(失樂園)'의 상황을 '굿바이 파라다이스'로 역설화(逆說化)하였다. 즉 그는 박제로 안치되어 전시되는 동물이나 표본으로 분류되어 진열되는 곤충을 통해 인간 역시 박제가 될 운명임을 시사하며 자연 파괴와 생명 경시 현상을 비판하였는데, 이는 인간 삶의 무상함과 인간 욕망의 허무함을 강조하며 현대 사회의 물질문명을 성찰하고 자연 생태와 환경을 파괴하는 현상에 경종을 울리고자 한 '바니타스' 예술의 주제와 동일한 맥락을 형성하고 있다.

> 사진기, 그 작은 상자 속의 끝 모를 우주
> 그녀, 잡을 수 없는 나비의 율동은 섬광처럼
> 나의 컴컴한 내부를 꿰뚫고 지나 어디론가 사라지고
> 굳어버린 나비의 날개, 한때의 나른한 미소만이

---

19) 메멘토 모리는 '죽음을 기억하라'는 뜻으로, 이미 고대부터 사용되었던 삶의 경고 메시지로 인식된다. 오늘날에는 정열적인 관능적 쾌락과 생의 집착을 의미하는 카르페 디엠과 바니타스에 이르기까지 메멘토 모리의 개념은 혼재되어 사용되고 있다. 문예사조적 관점에서 보면 메멘토 모리 사상은 바니타스와 결부되어 중세의 기독교적 사유에 편입되었고 조형예술에서도 그대로 계승되어 나타난다.(김정배, 「한국 현대시에 나타난 메멘토 모리」,『한국문화연구』 제24집, 이화여자대학교 한국문화연구원, 2013, 38-39쪽 참조.)

무심히 인화된다 시간은 완벽하게 증발하고,
별은 오래 전에 플래시처럼 폭발한다
죽음의 공포를 한입에 삼킨, 살아 있음의 엑스터시
현실이 빠져나간 시간의 바깥에서
그녀의 표정은 행복한 별빛의 벽화로 붙잡혀 있다

내 망막 저편에 움직이는 그녀 느낌의 지느러미,
혹은 그녀가 감춘 외설의 나비 율동,
난 내 감각의 바늘로 그 보이지 않는 피사체들을
고정시키고 싶다 오, 내가 열망한 건 미이라의 언어
모든 피사체들은 렌즈 속에서 불멸하는 죽음을 산다

죽음이라는 방부제가 모든 삶의 절실한 이미지들을
그대로 보존시켜줄 것이다
난 마음의 셔터를 누른다, 덧없이 사라질 이 순간
모든 매혹의 풍경들을 종이 피라미드에 미이라로 가두길 꿈꾸며
　　　　　　-유하, 「사진 속엔 그녀가 살지 않는다」 부분, 『세운상가 키드의 사랑』

　유하의 시 「사진 속엔 그녀가 살지 않는다」는 '메멘토 모리' 철학을 빌려 덧없이 사라질 인간의 삶과 죽음의 의미를 성찰하고 있는 시이다. 이 시에서 유하는 거대한 세계 속 자신의 욕망의 대상으로 "외설의 나비 율동"을 "감춘" "그녀"를 전면화한다. 그러나 삶과 죽음의 경계에 서 있는 "그녀"는 '죽음에 이르는 존재'로서의 유한자이다. "덧없이 사라질" '바니타스'의 상징물 "나비"와 같이 포획하는 순간에 사라져 "벽화"나 "종이 피라미드" 위에 "이미지"로 남게 될 허무한 대상인 것이다. 한편 대상이 사라진다는 것은 삶의 욕망도 사라진다는 것이다. 따라서 유하는 '카르페 디엠'의 의식으로 "살아 있음의 엑스터시"를 추구한다. 욕망으로 표상되는 이 거대한 세계에서 자신의 욕망과 그 대상의 부재로 인한 상실감을 순간의 황홀로 치환한다. 또한 "사진 속에는 그녀가 없다"며 사진의 본질이 '죽음'임을 인식한 유하는 "모든 피사체들은 렌즈

속에서 불멸하는 죽음을 산다"고 하면서 "사진"의 '메멘토 모리'를 상기한다. 유하는 이 '메멘토 모리'를 통해 죽음과 소멸로 치닫는 것들과의 관계를 복원하고 현존 의지를 다지며 죽음의 불가피성을 초월하고자 하였다.

 그런데 구본창이 '바니타스'를 표현하고 유하가 '메멘토 모리'를 체감하는 방식은 수전 손택(Susan Sontag)이 언급한 '사진'의 특성을 통해 이루어졌다. 모든 사진을 '메멘토 모리'로 규정한 손택은 사진이 순간을 정확히 베어내 꽁꽁 얼려 놓는 방식으로 속절없이 흘러가 버리는 시간을 증언해 준다고 하면서 사진을 한때 존재했던 사람들의 유물로 묘사하며 죽음의 순간을 방부 처리하는 사진의 특성에 주목한 바 있다.[20] 구본창은 '나비'의 실제 '박제물' 대신 '나비'를 찍은 '사진'을 작품의 형식으로 이용하며 '박제'와 '사진'을 동일시하였다. 유하 역시 죽음을 마주한 자의 언어가 "미이라의 언어"임을 확인하며 "감각의 바늘로 그 보이지 않는 피사체들을/고정"시키는 '사진'과 "죽음이라는 방부제"로 보존될 '미라'를 동일시하였다. 이처럼 이들이 모두 '사진'과 '박제'와 '미라'를 죽음을 동결한 영원불멸의 이미지로 인식할 수 있었던 것은 역설적으로 사진의 '메멘토 모리'가 삶의 절실한 이미지들을 영원히 살아 있는 것으로 현존시키기 위한 죽음의 초월 장치임을 알고 있었기 때문이었다. 물론 이 과정에서 곧 바스러져 사라질 연약한 날개로 인해 '바니타스' 도상이 된 아름다운 '나비'는 필멸의 시간성 앞에 내던져진 한시적인 인간 존재의 다른 이름이었다.

---

20) 수전 손택, 이재원 옮김, 『사진에 관하여』, 이후, 2005, 35쪽, 49쪽. 메멘토 모리는 '죽음을 기억하라'라는 뜻의 라틴어이다. 죽음의 필연성을 되새겨주는 징표(가령 해골)를 뜻하기도 하지만, 여기에서는 '죽어버린 순간'이라는 뜻으로 사용되었다.(위의 책, 286쪽 참조.)

푼크툼의 힘

　　롤랑 바르트(Roland Barthes)는 어머니의 죽음을 애도하며 쓴 사진에 대한 단상 『밝은 방』에서 그 집필 계기가 되었던 어머니의 유품, '온실 사진'을 끝내 보여주지 않았다. 그것은 어머니가 5살 때 찍은 '온실 사진'이 일반 독자에게는 흥미를 주지 못하고 자신의 내적 의식과 상관관계를 맺는 푼크툼(punctum)으로 작용하는 사진이기 때문이었다. 그에 의하면 스투디움(studium)은 사진가가 의도한 주제나 이데올로기로서 단일한 의미를 지닌 일반적이고 폐쇄적인 기호이다. 푼크툼은 사진가가 의도하지 않았는데도 찍힌, '중심'에서 벗어난 하찮은 '세부'로 모든 의미로 가득 찬 '텅 빈 의미'이다. 바르트는 사진가가 의도하고 찍은 스투디움으로 이루어진 사진은 특별히 나를 '찌르지' 않지만 우연히 거저 찍힌 푼크툼이 끌어당기면 그 사진은 쏜살같이 날아와 나를 '찔러' '상처'를 입히고 온통 의미로 채운다고 하면서 이러한 현상을 푼크툼의 역설이라고 불렀다. 그리고 온갖 기호, 말들이 쇠잔해지는 순간의 홀연한 깨달음을 통해 모든 사회적 코드를 위반하고 타인의 시선을 물려받기를 거부하는 푼크툼적 독법을 제안하였다.[21]

---

21) 롤랑 바르트, 앞의 책, 34-37쪽 참조.

어머니 앉으시고 그 왼편에 아버지
무명치마 저고리 어머니
제국시대 품 넓은 양복의 아버지
우리 근세사의 양친께서 서 계신다
오늘 비록 나날의 삶이 궁핍하여도
꿈과 희망의 가족사를 넘기기 위해
자 좋아요 앞을 똑바로 보시고

흘러간 역사처럼 빛바랜 사진 한 장, 〈 중략 〉

　가족사 촬영은 재연된다. 자식들의 결혼, 손주들의 백일 돌잔치, 양친의 무릎에 어린아이들이 새롭게 등장한다. 분가해 나간 가족사와 대조해 읽지 않으면 계보 파악이 힘들다. 양친의 얼굴에는 쓸쓸한 빛이 더해간다. 태평스럽게 웃고 있음에도, 이제 가족사의 한 엑스트라에 불과하다. 태평스레 웃고 있음에도.

아버지 앉으시고 그 왼편에 어머니
비단 치마 저고리 어머니
흰 머리에 주름살만 가득하여
덧없는 가족사의 한 페이지를 넘기며
안고 찍을 젖먹이도 뒤에 세울 자식도 없이
오늘 비록 삶이 그대를 속일지라도
아버지 앉으시고 그 왼편에 어머니
자 좋아요 그대로 눈 감지 마시고
기-ㅁ-치-이.
　　　　　　　　　　　　-최영철,「가족사진」부분,『가족사진』

　　가족 앨범 속 기념사진을 바라보며 가족사를 회상하고 있는 최영철의「가족사진」은 사진의 스투디움과 푼크툼의 기능을 확인하기에 좋은 시이다. 첫 연 "무명치마 저고리"와 "품 넓은 양복"을 입고 찍은 젊은 시절의 양친 사진은 이 시의 시적 자아에게 스투디움으로 작용하고 있다. 그것은 "제국주의" 시대에 촬영된 이 사진이 "흘러간 역사처럼 빛바랜 사진 한 장"으로서 사회사와 조우하고 중첩되는 역사를 지니고 공동체의 공적 서사로 작용하는 기호가 될 수 있기 때문이다. 따라서 시적 자아는 이 사진에 특별한 감정을 느끼지 않는다. 반면에 그는 마지막 연의 노쇠한 양친의 초상사진에서 큰 감정적 무너짐을 겪는다. 초라한 "무명치마 저고리"가 아니라 물질적 풍요를 상징하는 "비단 치마 저고리"를 입고 "흰 머리에 주름살만 가득"한 "어머니"의 모습에서 "가족사의 한 엑스트라"가 되어버린 양친의 인간사를 실감했던 것이다. 더구나 "기-ㅁ-치-이." 소리와 함께 찍힌 "쓸쓸한 빛이 더해" 가는 양친의 웃음은 긴 시간을 통과한 자만이 갖는 삶의 물리적 흔적이다. 따라서 시적 자아가 어찌할 수 없는 이 웃음이 이룬 흔적은 그에게만 고유하고 내밀한 '상처'와 고통의 형식으로 작용하는 푼크툼이었고, 그리하여 최영철은 그 웃음에 대한 구체적인 묘사나 진술을 생략해 버리고 말았다.[22]

　　주명덕의 《한국의 가족》 시리즈 중 하나인 오른쪽 사진은 푼크툼의 사례로 거론하기에 적합한 작품이다. 물론 이 사진에서 스투디움은 대가족제도와 공동체살이가 지닌 온정적 가치이다. 사회학자 이효재가 글을 쓰고 주명덕이 사진을 찍어 『월간중앙』에 발표한 이 포토에세이는 변화해 가는 한국 사회의 가족제도에 대한 비평적 사진 보고서였다. 그러나 이 사진이 우리 가슴을 건드려 요동치게 하고 정서적 파장을 불러일으키는 것은 사진가가 의도하지 않았거나 그 의도에서 멀리 떨어져 있는 어떤 '세부'들이다. 이를테면 바르트가 루이스 하인(Lewis Hine)의 사진에서 '모든 지식, 모든 교양을 '추방'하고 소년의 '당통식 칼라'나 소녀의 손가락에 감긴 '붕대'만을 바라보았듯, 그 '세부'들은 바닥에 바짝 엎드린 똥개의 뭉뚝한 꼬리 혹은 벌거벗은 배불뚝이 아이의 배꼽

---

22) 이는 바르트가 『카메라 루시다』의 집필 계기가 되었던 어머니의 '온실 사진'을 일반 독자는 흥미를 갖지 못하고 유일하게 자신의 내적 의식과 상관 관계를 갖는 사진으로 보고, 그 책에 게재하지 않은 것과 동일한 현상이다.

주명덕
〈한국의 가족_논산〉
젤라틴 실버 프린트
1971

이거나 학생 교모에 달린 배지 또는 치맛자락 밑의 버선코 고무신일 수 있다. 초가지붕 이엉을 엮은 새끼줄일 수도 있고, 초가 마당에 거칠게 난 바퀴자국일 수도 있다. 이 '세부'들은 모두 사진가가 의도한 주제 너머에서 보는 이의 경험을 환기하고 다양한 감정을 추체험하게 하는 푼크툼으로 작용할 수 있다. 주명덕의 이 사진은 객관적인 카메라의 뷰파인더 시선이 디테일하게 포착한 '세부'로 충만한 사진일수록 극적 긴장감과 미적 감동이 더 고조된다는 사실을 보여주고 있다.

그런데 바르트가 이원화한 스투디움과 푼크툼의 논리에서 중요한 것은 그것을 사진론으로 국한하지 않고 후기구조주의가 지향한 해체성이라는 세계 인식으로 확장하여 이해해야 한다는 점이다. 저자 중심의 생산 미학에서 벗어나 의미 생성을 독자에게 이양하는 푼크툼적 독법은 '저자의 죽음'을 선언하고 '독자의 탄생'을 불러왔다. 저자가 의도한 주제나 사회적 코드를 거부한다는 것은 제도화된 미학적 획일성에서 벗어나 독자의 경험에 의해 촉발된 개인적이고 주관적이고 다양한 문맥 짜기를 가능케 하는 것이다. 또한 푼크툼의 미학은 주체중심주의와 이성중심주의의 시선을 해체하고 타자 중심의 시각을 낳았다. 내가 의도하지 않아도 대상이 나를 '찌름'으로써 내가 '상처'를 입는다는 것은 인식 주체인 '나'를 인정하지 않고 이성에 기초하는 모든 판단과 해석을 유보한 채 대상 스스로 존재를 드러나게 하는 것이다. 이렇듯 바르트는 스투디움보다 더 큰 푼크툼의 힘을 빌려 모든 주체 중심의 이데올로기와 도그마를 해체하고 타자성과 다원성을 옹호하였다. 물론 '중심'이 아닌 하찮은 '세부'에 의미를 부여한 이 푼크툼의 힘이야말로 인간 의식의 개입을 허용하지 않고 세계를 '전적'으로 있는 그대로 보여줌으로써 프레임 안에 들어온 모든 대상에 대한 차별과 불평등을 뛰어넘는 카메라의 힘, 곧 사진의 힘이었다.

사진의 수사법, 은유와 환유

우리는 은유(隱喩, metaphor)라고 하면 김동명의 '내 마음은 호수요'라는 시구와 함께 'A=B'라는 등가 원리를 쉽게 들먹인다. 그러나 환유(換喩, metonymy)라고 하면 그 개념을 선뜻 떠올리지 못한다. 그것은 우리가 모더니즘의 중심축을 이루었던 은유나 상징 논리에 오랫동안 길들여져 왔기 때문이다. 그런데 사진은 본질적으로 환유적 속성을 갖는다. 그것은 사진이 존재론적으로 지표(指標, index)적 특성을 지녔기 때문이다. 사진을 실제의 자국, 흔적, 즉 지표로 보는 사진 인덱스론은 '자동 생성'(앙드레 바쟁), '복사광선의 보고'(롤랑 바르트), '빛의 낙인'(존 버거), '사진적 사실주의'(필립 뒤부아)와 같이 표현의 방점만 달리하면서 그 계보를 함께해 왔다. 특히 롤랑 바르트는 사진이 손가락의 지문이나 모래밭의 발자국, 데스마스크나 와이셔츠에 묻은 키스자국처럼 실제 대상을 직접 등사하듯 그대로 대고 찍어낸 인덱스임을 근거로 사진을 '코드 없는 메시지'라고 불렀다. 따라서 사진은 해석의 코드 없이 물질과의 직접적인 접촉을 통해 인접한 사물을 있는 그대로 지시하는 환유 체계를 갖는다는 점에서 은유나 상징 체계로 코드화된 담론을 갖는 문학이나 회화와는 차별화된다.

물론 알프레드 스티글리츠(Alfred Stieglitz)가 이퀴벌런트(Equivalent, 등가

알프레드 스티글리츠
〈이퀴벌런트〉
1929

물)라고 이름 붙인 '구름 사진' 시리즈는 은유 원리에 의해 제작된 사진들이다. 로만 야콥슨(Roman Jakobson)에 의하면 은유는 유사성의 원리에 의해 선택과 배제로 이루어지는 수사 기법이다. 스티글리츠는 이 사진에서 '구름'을 '나'의 객관적 상관물, 곧 엘리엇(T. S. Eliot)의 시학 용어인 등가물(等價物)로 보고 눈에 보이지 않는 '나'의 심리적 풍경과 구체적인 사물 '구름'을 오버랩하였다. 그런데 문제는 이 'A=B'의 은유 기법에서 '구름(B)'이 '구름(B)' 자체가 되지 못하고 원관념인 '나(A)'의 심리적 풍경을 위해 복무하는 보조관념으로 존재하게 된다는 점이다. 또한 원관념 '나'와 보조관념 '구름'은 중심과 주변으로 명백한 위계를 형성한다. 즉 은유 기법에서의 사물은 사물 자체가 되지 못하고 특정한 주체에 의해 특정한 의미로 왜곡되거나 변형되는 것이다. 스티글리츠 역시 주체중심주의적 시각으로 '구름'이라는 지시 대상을 선택하고 '구름'이 아닌 대상을 배제하면서 '구름'을 '나'의 심리적 풍경이라는 특정 의미에 종속시키며 세계를 중심과 주변으로 구분하고 있다.

> 당신이 앉았던 의자와
> 당신이 턱을 고였던 창틀과
> 당신이 마셨던 찻잔과
> 당신이 사용했던 스탠드와
> 벽시계와 꽃병과 슬리퍼를 모아
> 기념 사진을 찍었습니다
>
> 〈중략〉
>
> 두 장의 사진이 있습니다
> 두 장의 사진은 꼭같습니다 꼭같은
> 의자와 창틀과 찻잔과 스탠드와
> 벽시계와 꽃병과
> 슬리퍼가 있습니다

당신의
나의

아닙니다 의자의
아닙니다 창틀의
아닙니다 찻잔의
스탠드의
벽시계의
꽃병의
슬리퍼의 기념 사진입니다
아닙니다 당신과 나의……
　　　　　　　　　　-오규원, 「두 장의 사진」 부분, 『길, 골목, 호텔 그리고 강물 소리』

　　오규원의 「두 장의 사진」은 인접성에 의해 구조화되는 환유 원리를 공간 구조를 통해 보여주고 있는 시이다. 야콥슨에 의하면 환유는 인접성의 원리에 의해 결합과 통합으로 이루어지는 수사 기법이다. 오규원은 '당신'과 '나'가 함께 사용하는 방안의 소품들, 즉 서로 인접해 있는 '창틀'과 '찻잔'과 '스탠드'와 '벽시계'와 '꽃병'과 '슬리퍼'를 열거하며 '당신'의 시선이 이들에 주목하게 한다. 그리고 '아닙니다'라는 부정어를 반복하며 방안에서 찍은 두 장의 사진이 '당신'과 '나'만의 사진이 아니라 '창틀'과 '찻잔'과 '스탠드'와 '벽시계'와 '꽃병'과 '슬리퍼'의 사진이기도 하다는 사실을 강조한다. 이처럼 환유 기법은 인접성에 의해 'A와 B'로, 나아가 'C와 D와 E……'로 동등하게 결합되거나 통합된다. 즉 환유 기법은 인간의 의도나 해석, 판단과 평가를 배제하고 사물 세계를 있는 그대로 보여줌으로써 주체와 객체라는 인식론적 사고와 중심화의 논리에서 벗어나게 한다. 오규원은 사물과 사물의 수평적 관계를 보여주는 사진의 환유 원리를 빌려 중심과 주변이라는 위계를 무너뜨리고 세계의 평등 관계를 보여주고자 하였다

　　포스트모더니즘의 부상과 함께 그동안 주목받지 못했던 환유 논리는 언어

의 수사법이라는 테두리에서 벗어나 탈근대적 사유 체계로 중요하게 재조명된다. 세계는 추상적 관념이 아니며 굳어 있는 것이 아닌데도 우리는 특정한 코드의 은유 체계로 사물의 존재를 왜곡하여 규정해 왔다. 따라서 세계에 직접 접촉하여 그것을 정확하게 복사해 내는 인덱스나 '코드 없는 메시지'로서의 사진은 인간의 시선으로 의미를 고정하는 관념의 독재성에서 벗어나 생생하게 살아 있는 세계의 실체에 다가서게 하였다. 또한 우리가 사는 세계는 전체와 부분, 상하 관계의 수직 구조가 아니라 개체와 집합, 상호 관계의 수평적 구조로 되어 있는데도 우리는 은유 체계를 통해 세계를 선택하거나 배제하며 그것들을 차별해 왔다. 그러나 인접성에 의한 결합과 통합으로 이루어진 사진의 환유 체계는 주체와 타자로 위계를 구분하지 않고 세계 전체를 평등한 것으로 인식하게 한다. 이처럼 인간중심주의의 수사 체계였던 은유의 수직축을 버리고 타자 중심적 수사 체계인 환유의 수평축으로 중심축을 옮긴 포스트모더니즘의 사유에는 사진이라는 매체가 자리잡고 있었다. 그리고 이 인덱스로서의 사진의 환유적 속성은 1980년대 이후 사진 매체가 현대 예술사조에서 각광받을 수 있었던 명백한 근거가 되었다.

노에마 그 쓸쓸함에 대하여

　가서 돌아오지 않는 것들이 있다. 강물이 그렇고 시간이 그렇다. 모든 죽음
이 그렇고 때론 사랑마저 그렇다. 다행히 지시대상의 물리적 현존인 사진은 그
지표(指標, index)적 특성으로 그것들이 한때 존재했으나 지금 여기에 없다는
것을 보여준다. 롤랑 바르트는 이를 '노에마(noèma)'라 부르며, '존재 증명과
부재 증명'으로서의 '노에마'를 사진의 본질로 보았다. 즉 그는 '존재했던 것'
만을 다루는 사진에 시간의 문제를 연결하여, 사진에는 과거와 현재의 두 시제
가 결합되어 있다고 말한다. 사진은 '그것은-존재-했었음(ça-a-été)'을 통해 대
상이 현실적인 것(그것은-존재-했음)이었음을 인증하면서 동시에 지금은 그
대상이 죽어버린 것(그것은-여기에-없음)임을 증명한다. 그 결과 단지 '그것
이 있었다'라고만 말하는 이 '노에마'로서의 사진은 우리의 경험을 입증하고
그 사진적 진실로 이미지에 권위를 부여하게 된다. 나아가 과거의 실재성을 현
재 시점에서 보여주는 과정에서 시간의 흐름을 증언하면서 다가올 미래를 예
상하게 한다.[23]

　　나를 보고 있다. 카메라를 쳐다보는 순간 정지되어 있는 나를. 스물두살에서 정

---

23) 롤랑 바르트, 앞의 책, 87쪽 참조.

지된 내 나이를, 48킬로그램에서 정지된 내 몸무게를, 아직도 30년 전의 짜장면을 소화시키고 있는 내 배를, 무엇이 즐거운지 이빨이 다 보이도록 벌어져 있는 내 웃음을, 웃음 때문에 증오가 조금 지워지고 있는 내 표정을, 웃음 속의 내 치석을

〈중략〉

나를 보고 있다, 찬물에 빨랫비누로 머리 감은 나를, 빵구난 양말을 구두로 가리고 있는 나를, 누런 냄새 나는 속옷을 양복으로 가리고 있는 나를, 겁 많은 눈을 어색한 웃음으로 가리고 있는 나를, 자폐적인 수줍음을 겸손처럼 보이는 침묵으로 간신히 가리고 있는 나를, 빛에 낱낱이 드러났는데도 여전히 사진 속에서 숨을 곳을 찾는 나를

내가 보고 있다, 소닭돼지를 열심히 씹어 비듬과 무좀으로 만들고 있는 내가, 옆머리를 빗어올려 가까스로 가린 대머리로 무언가를 생각하려고 애쓰는 내가, 건조되고 있는 안구로 자꾸 무얼 보려는 내가, 뒤꿈치에서 각질이 벗겨지는 발로 어딘가를 부지런히 가고 있는 내가, 아직도 수염에서 슬픔과 두려움이 자라고 있는 내가

-김기택, 「옛날 사진 속에서 웃고 있는」 부분, 『껌』

관찰 대상의 세부를 마이크로렌즈로 접사하듯 사실적이고 즉물적으로 묘사하는 기법으로 시와 사진의 상호텍스트성 사례로 자주 거론되는 시인 김기택의 「옛날 사진 속에서 웃고 있는」은 두 장의 'Before-After' 사진을 통해 자신이 한때 어떤 모습으로 '존재했었는지'를 증언하고 있는 시이다. "나를 보고 있다"로 시작하는 1연과 3연에 제시된 두 장의 사진에는 시간의 흐름에 따라 변화된 시적 자아의 모습이 세밀히 묘사되어 있다. "스물두살"에 찍은 'Before' 사진에서 시적 자아는 "카메라를 쳐다보"며 "이빨이 다 보이도록" 해맑은 "웃음"을 짓고 있다. "증오가 조금 지워"질 정도의 밝은 웃음이다. 그러나 시간이 흐른 뒤에 찍은 'After' 사진에서 그는 "겁 많은 눈을 어색한 웃음으로 가리"고 "자폐적인 수줍음을 겸손처럼 보이는 침묵으로 간신히 가리"며 "사진 속에서 숨을 곳을 찾"고 있다. "스물두살에서 정지된" "나"보다 불안한 모습이자 위선

니콜라스 닉슨, 〈브라운 자매〉, 젤라틴 실버 프린트,
밀착인화 8×10inch, 1975

니콜라스 닉슨, 〈브라운 자매〉, 젤라틴 실버 프린트,
밀착인화 8×10inch, 2000

과 가식이 느껴지는 모습이다. 이렇듯 두 장의 "옛날 사진"은 인물의 인상을 왜곡 없이 즉각적으로 전달하면서, 과거에 '존재했었던' 그러나 현재는 찾아볼 수 없는 지난 모습을 증언하는 물리적 현존으로서의 '노에마'로 작용하고 있다.

시간의 흐름을 보여주는 시퀀스 방식으로 가족이나 주변 인물의 삶을 지속적으로 기록해 온 니콜라스 닉슨(Nicholas Nixon)의 〈브라운 자매(The Brown Sisters)〉는 그의 아내 베베의 네 자매를 43년 동안 매년 한 차례씩 촬영하여 8×10인치 대형 포맷의 섬세한 밀착인화로 보여준 43장의 연도별 연작사진이다. 현재 MoMA 웹사이트에서 볼 수 있는 이 시리즈는 1975년 첫 사진 이후로 2017년 마지막 사진까지 인물의 순서(왼쪽부터 둘째 헤더, 넷째 미미, 첫째 베베, 셋째 로리)를 바꾸지 않고 자연스럽고 꾸밈없는 모습으로 카메라를 응시하게 하여 시간 앞에서 인간의 모습이 어떻게 변모하는가를 보여주고 있다. 1975년 첫 사진에서 껄렁한 포즈의 앳된 자매들은 자신들 앞에 놓인 삶을 마주하며 당당하게 살아 있었다. 그러나 그들은 이미 죽었다. 2000년도 사진에서 노년에 이른 자매들은 세월의 흐름을 극명하게 보여주고 있다. 그런데도 그들은 앞으로 더 늙을 것이고, 죽음에 한 걸음씩 더 가까워질 것이다. 이렇듯 오랜 시간이 퇴적된 초상사진은 삶의 무상함을 불러일으키고 자매의 죽음까지 예견케 하며 삶과 죽음과 한 세대의 냉혹한 소멸을 생각하게 하는 '노에마'로 기능하고 있다.

바르트의 '노에마' 역시 '존재 증명 부재 증명'의 인증 기능을 넘어 육체와 죽음과 사랑을 말한다는 데 핵심이 있다. 바르트에게 '노에마'는 지시대상이 육체의 죽음처럼 치명적일 때, 자신과 사랑의 관계로 이어져 있을 때 더 강력한 푼크툼으로 다가온다. 따라서 김기택과 니콜라스 닉슨 또한 육체에 스며든 시간과 미래에 닥칠 죽음을 극복하는 힘을 자기애나 가족애로 보여준다. 김기택은 "옆머리를 빗어올려 가까스로 가린 대머리"나 "건조되고 있는 안구" 등

시적 자아의 육체를 미세 현미경으로 클로즈업하여 해부학자의 시선으로 들여다본다. 무력하게 늙어가는 왜소한 자신을 부정하는 이 냉소적이고 자기 환멸적 묘사는 자기애를 찾고자 하는 자아 성찰의 과정이었다. 닉슨은 시간에 의해 변화되는 육체의 개별적 형태뿐 아니라 존재론적으로 이어져 변하지 않는 혈연의 관계성까지 보여준다. 각각 떨어져 도도하게 서 있던 네 자매는 세월이 흐를수록 서로를 향해 다가서고 끌어안고 기대면서 점점 끈끈해진 가족애를 드러낸다. 중요한 것은 한 장의 사진에는 죽음을 가리키는 절박한 기호가 각인되어 있고, 우리는 미래에 닥칠 우리의 죽음을 바라본다는 점이다. 누구에게나 속절없이 봄날은 지나갈 것이고, 예고 없이 죽음은 도착할 것이다. 사진의 '노에마'는 강물 같은 시간의 흐름 앞에서 누군가 부재의 흔적을 소환하여 그의 실존을 되찾고자 할 때, 그 쓸쓸함을 견뎌낼 수 있는 유력한 조건이 탯줄처럼 단단하게 결속된 '사랑'임을 일깨우고 있다.

김동환의『삼천리』와 포토저널리즘

1.

"산 너머 남촌에는 누가 살길래/해마다 봄바람이 남으로 오네" 김동현이 곡을 쓰고 박재란이 노래하여 크게 히트를 친 대중가요「산 너머 남촌에는」은 파인 김동환(金東煥, 1901-?)의 시이다. 일본 유학 시절〈재일조선노동총동맹〉에 참여하였고 1925년 카프(KAPF)에 가담했던 김동환이 쓴 이 서정적인 노래는 해마다 봄을 맞으며 애창되고 있는 오늘날 우리들의 국민가요이기도 하다. 물론 우리나라 최초의 장편서사시로서 조선인 청년과 여진족 처녀의 사랑을 줄거리로 일제에 대한 항쟁의식을 드러낸『국경의 밤』이나 자식을 위해 근면한 삶을 사는 물장수를 노래한 시「북청 물장수」가 고등학교 국어 교과서에 실림으로써 김동환은 일반인에게도 상당히 친숙한 시인이다. 그러나 김동환이 취미로 사진 활동을 했던 아마추어 사진가라는 이력은 별로 알려지지 않았다.

2.

최인진의『한국사진사』에 의하면 여타 잡지들이 사진 게재에 눈을 돌리지 않고 있을 때, 김동환은 자신이 창간하고 경영한『삼천리』에 자신이 찍은 많은 사진을 게재해 관심을 끌었다고 한다. 아쉽게도 그가 남긴 사진들을 명확하게 가려낼 수는 없지만, 그의 사진 매체에 대한 인식은 사진에 깊게 관계했던 아마추어 사진가 활동에서 비롯되었다.[24] 김동인 역시 「문단 삼십년사」에서 『삼천리』가 김동환의 거실을 〈삼천리사〉의 편집실, 발행과 발송실, 영업실로 사용하고 있었고 김동환이 사진, 편집인, 기자, 하인을 겸할 정도로 빈약한 환경에서 일인다역의 힘으로 발간한 잡지임을 증언하고 있다.[25] 따라서 『삼천리』에는 아마추어 사진가로서의 김동환의 포토저널리즘에 대한 인식이 충분히 반영되어 있었다고 볼 수 있다. 물론 김동환이 찍은 사진이 실리지 않았다 하더라도, 『북선일일신문』, 『동아일보』, 『중외일보』, 『조선일보』에서 신문기자 생활을 했던 김동환이었기에 발행인, 편집인으로서의 사진에 대한 시각도 남달랐을 것이었다.

『삼천리』, 1929 창간호(7월호),
표지 그림은 안석주의 〈녹음〉

---

24) 최인진, 앞의 책, 278-279쪽.
25) 김동인, 「문단 삼십년사」, 『김동인전집 6』, 삼중당, 1976, 42쪽.

3.

『삼천리』는 1929년 6월 창간호(7월호)부터 1942년 1월까지 13년 6개월 동안 통권 152호를 발행한 종합 대중잡지이다. 취미·오락·교양뿐만 아니라 정치·경제·사회·문화·군사·국제·지리·문학·역사 등 식민지 근대화의 온갖 사회 의제들을 다룸으로써 1930년대 최대 발행 부수를 자랑하였다. 종간 후『대동아』로 이름을 바꾸어 1942년 5월호와 7월호, 1943년 3월호, 총 3권을 발간하고 폐간했으나, 일제 강점기에 발행된 모든 잡지를 통틀어 가장 오랜 기간 발행된 잡지였다.『삼천리』가 원고난, 경영난, 검열난을 겪으면서도 다른 잡지사들과의 치열한 경쟁 속에서 최고 인기를 누리며 최장수 잡지가 될 수 있었던 것은 무엇보다도 김동환의 잡지 기획력과 탁월한 정치적 감각 때문이었다. 김동환은 뚜렷한 이념을 지향하기보다는 일상적 차원에서의 다양한 정보를 대중적 코드에 맞춰 유통시킴으로써 급변하는 시대의 부침 속에서도『삼천리』의 명맥을 유지할 수 있었다.

4.

『삼천리』는 창간호에서 대중주의와 민족주의를 지향하는 매체임을 표명했는데, 이를 위한 전략 중 하나가 사진을 이용하는 것이었다.『삼천리』의 포토저널리즘 논리는 첫째, 표지 사진에서 여성 이미지를 활용하는 것이었다. 고전적 건물을 배경으로 고전적 분위기의 여성을 배치하여 여성을 민족을 표상하는 풍경 속의 탐미적 기호의 하나로 구성하였다.[26] 둘째, 본문 기사에서 여성에 대한 사진 화보를 사용하는 것이었다.『삼천리』는 조선의 지도자나 명사 등 영웅적 인물 표상 기사를 자주 기획하였는데, 이중 무용가 배구자·최승희, 여배우 문예봉·김연실, 가수 윤심덕 등의 기사와 사진으로 스타 마케팅을 시도하였다. 또한 서구 영화배우의 파격적인 이미지, 예술적 누드 사진, 수영복 사진을

『삼천리』, 1934 5월호　　　　　　　　『삼천리』, 1935 12월호,
　　　　　　　　　　　　　　　　　　　　무용가 최승희

화보로 활용하였다. 셋째, 우리나라 미인대회의 시초가 된 「삼천리 일색」, 즉
미쓰코레아 선발이라는 미디어 이벤트를 펼치는 것이었다. 이는 응모 요령을
광고한 후, 사진을 찍어 보낸 326명의 응모자 중 14명을 선발하여 지면에 발표
하는 형식이었다. 특선 최정원과 13명의 미인 사진이 실린『삼천리』10월호는
경쟁지였던『별건곤』을 앞질렀을 정도로 판매부수가 크게 늘어났다.[27] 넷째,
그라비어(gravure) 사진 화보를 게재하는 것이었다.『삼천리』는 사진 요판인쇄
의 일종으로 평판인쇄보다 이미지의 농담과 색채가 우수한 그라비아 사진 화
보를 선보였다.[28]『삼천리』는 이러한 방식으로 대중의 심리를 포착하여 대중화

26) 서유리, 「한국 근대의 잡지 표지 이미지 연구」, 서울대학교 대학원 고고미술사학
　　과 문학박사 학위논문, 2013, 198-202쪽.(도판 인용은 285-286쪽.)
27) 김지혜, 「한국 근대 미인 담론과 이미지」, 이화여자대학교 대학원 미술사학과 박
　　사학위 청구논문, 2015, 230-232쪽.(도판 인용은 292쪽.)
28) 박숙자, 「1930년대 대중적 민족주의의 논리와 속물적 내러티브-『삼천리』잡지를
　　중심으로-」,『어문논문』제37권 제4호, 2009, 351쪽.

『삼천리』, 1931. 9, 「삼천리 일색」 광고

『삼천리』, 1931. 10, 「삼천리 일색 발표」, 미스코리아 최정원

『삼천리』, 1931. 11, 배우 김연실

와 민족주의의 기획 모두에서 성공한 잡지였다.

5.

결국『삼천리』는 1937년 중일전쟁 이후 총독부의 선전도구가 되어 황국신민화운동을 펼치다 끝내는『대동아』로 개명하여 친일 잡지로 전향하고 말았다.『삼천리』종간호는 '미영격멸(米英擊滅)' 특집호로 꾸며졌다. 특히『대동아』는 기사의 절반 이상을 일본어 기사로 채우고 일제의 전쟁에 협력하는 등파시즘 체제에 순응하는 내용으로 채워졌다. 그러나 일제는 중일전쟁 사진을 풀(pool) 사진으로만 보도할 것을 강요했고, 사진을 비롯한 모든 취재를 통제하였기에『대동아』에 실린 사진을 김동환의 친일적 시각으로만 볼 수는 없을 것이다. 물론 김동환은 50여 편의 친일적 시와 평론을 썼고 전시 협력 단체인〈임전보국단〉을 출범시켰으며 친일단체〈조선문인협회〉에서 활동하였다. 그 결과 해방 후 김동환은 자신의 친일 행위를 자수하여 반민족행위자처벌법위반으로 실형 선고를 받았다. 자신의 친일 행위를 사죄하는 수필「반역의 죄인」(1952)도 발표하였다. 아들 김영식(1933-2008) 역시 친일문제 전문연구기관〈민족문제연구소〉의 회원이 되어 아버지의 친일 부역 자료를 학계에 제공하고 민족과 역사 앞에 용서를 빌며 친일파 후손이 조상의 친일 혐의를 인정한드문 사례가 되었다. 그러나『평화일보』(1949. 5. 8.)에 친일 이유를 "잡지를 위해"라고 밝혔던 김동환은 6·25 전쟁 중 납북되어 1958년〈재북평화통일촉진협의회〉중앙위원으로 일하다 12월 집단수용소로 추방당했다. 그리고 이후 행적에 관해서는 알려진 것이 없다.[29] 해마다 봄바람이 남으로 오건만, 그의 소식은전혀 들려오지 않는다.

29) 전영표,「파인의《삼천리》와《대동아》지의 친일성향연구」,『출판 잡지연구』제9권 제1호, 출판문화학회, 2001, 36쪽.

제3장 _ 공적 사진

증명사진의 두 얼굴

한때 폭발적으로 유행했던 스티커 사진에 이어 최근 사진사 없는 사진관이 젊은 층에서 인기를 끌고 있다. 스마트폰 어플앱도 다양하게 출시되어 자기 만족이나 자기 과시를 위한 셀피뿐만 아니라 자격증 용도의 증명사진까지 자신이 직접 연출하여 찍는 시대가 되었다. 이렇듯 이미지 소비 방식이 업그레이드될수록 시각적 권력과 주체의 재생산 문제도 재소환된다. 미셸 푸코(Michel Foucault)와의 지적 연계 속에서 '사진과 권력'의 문제를 제기한 존 탁(John Tagg)은 현대 국가라는 제도적 공간 안에서 작동되는 사진의 작용과 기능을 이론화하였다. 즉 그는 기록의 수단이자 증거의 원천이 되는 사진이 과학, 의학, 법률, 정치, 가족 등의 영역에까지 그 기능을 확대해 온 사실을 추적하였다. 그 결과 존 탁은 병원, 정신병원, 감옥, 학교 등의 도구가 증명사진에서 탄생하였고, 이때 카메라의 응시가 경찰 제도와 함께 지식과 담론이라는 형태로 신체에 관여하면서 신체가 미세 권력의 대상이 되었다고 하였다. 특히 존 탁은 경찰 제도와 사진이 함께 발전하는 과정에서 초상사진이 규율의 대상으로서의 신체를 사진 아카이브라는 기록 시스템에 가두어 목록화하였고, 그 결과 신체는

30) 존 탁, 이영준 옮김, 「사진과 권력」, 『사진이론의 상상력』, 눈빛, 2006, 169-206쪽.

진실을 털어놓도록 강요되고 복종되고 순치되는 대상이 되었음을 시사하였
다.[30]

3cm×4cm
저 네모 칸 속에 풀 붙여진 얼굴은
내가 아닌 것 같습니다
모서리마다 귀가 잘린 채
두 눈 가득 단풍 드는 저 얼굴은
아무래도 내가 아닌 것 같습니다

〈중략〉

내가 결국 자신을 증명해 보이지 아니하면 안 될 때
저렇게 내가 진짜 나 아님을 부정하지 아니하면 안 될 때
나는 헌 구두며 만년필 그리고 빈 술병들
지나가는 구름 모두모두 불러 모아
하나 둘 셋 찰칵! 증명사진을 찍습니다
흑백으로 컬러로 증명사진을 찍습니다

3.5cm×4.5cm
저 사각형 속에 누워 풀 딱 붙여진 얼굴은
내가 맞는 것 같습니다
목만 달랑 걸린 양 어깨가 없는
머리 가득 흰 눈 무겁게 이고 있는 저 얼굴은
아무래도 내가 맞는 것 같습니다

안개 속에도 조금 풀 무더기에도 조금
골짜기에도 유행가에도 먼 전생에서도 사실
나는 조금씩 조금씩 풀 붙여져 있었습니다
한 귀퉁이에서부터 떨어질락말락 하는
풀 붙여져 있었습니다
정말입니다
　　　　　　　　　　　　　　　　　-강경주, 「증명사진」 부분, 『나는 꽃핀다』

강경주의 「증명사진」은 "증명사진"이 신원 확인이라는 미명 아래 인구를 감시하고 통제하는 도구로서 이데올로기를 지닌 권력으로 작동되고 있음을 인식하고 있는 시이다. 이 시의 시적 자아는 자신을 "증명"하기 위해 촬영한 "3cm×4cm/저 네모 칸 속에 풀 붙여진 얼굴은/내가 아닌 것 같습니다"라며 자신을 부인한다. 그것은 규격에 맞는 신체와 단정한 포즈를 요구하는 공공적 용도의 사진 안에 감시와 통제의 실체를 은폐한 관료주의적 기획이 내재해 있음을 인식했기 때문이었다. 따라서 시적 자아는 인상학적 측정 방식으로 시민의 신원을 확인하는 "증명사진"에 순치되지 않기 위해 "헌 구두며 만년필 그리고 빈 술병들/지나가는 구름 모두모두 불러 모아" 찍은 "증명사진"으로 "내가 결국 자신"임을 "증명"하고자 한다. "자신"을 "네모 칸 속에 풀 붙여진" 존재가 아니라 "한 귀퉁이에서부터 떨어질락말락 하는" 존재로 인식하며 등록부에 목록화되어 관찰 대상이 되는 것을 거부한다. 그것도 한순간 정지된 사진 이미지가 아니라 "먼 전생"으로부터 "안개"나 "풀 무더기"나 "골짜기"나 "유행가"에 격동하는 내면 세계의 흔적을 가시화하면서 사진촬영이라는 행위가 어떠한 방식으로 지식 권력에 저항할 수 있는지를 보여주고 있다.

정윤순의 《Me, Escape》 연작은 삶과 죽음의 경계에서 육체의 고통과 정신의 외상을 극복하고 자신의 정체성을 증명하고자 한 탈출 서사로서의 셀프 포트레이트(self-portrait)이다. 이 작업은 첫눈이 내렸던 고속도로에서 43중 추돌사고로 허리뼈가 끊어져 6개월간 병상에서 사투를 벌이며 몸부림쳤던 드라마틱한 개인 서사에서 출발한다. 따라서 이 사진에는 생에 대한 불안과 죽음에 대한 공포 속에서 자신의 존재를 확인하며 보냈던 처절한 시간이 응축되어 있다. 즉 그는 하늘의 먹구름과 싯누런 흙탕물로 상징되는 암울한 상황에서 삶의 동반자인 강아지와 함께 난파선 같은 병원 침대를 타고 탈출하는 자신의 모습을 먼 곳을 응시하고 있는 포즈로 연출하였다. 따라서 이 사진은 고통을 극복하기

정윤순
⟨Me, Escape⟩
디지털 피그먼트 프린트, 147×196cm
2020

위한 엄숙한 행위예술이자 삶의 희망을 찾기 위한 절박한 신체 언어라고 볼 수 있다. 그런데도 이 사진은 근대 이후 진단 의학이 병리적 증상을 진단하고 질병을 분류하기 위해 개인의 신체를 카메라 앞에 부리는 현 시스템을 상기시킨다. 분명 정윤순은 좋든 싫든 의료진이 시키는 대로 인덱스(index)로서의 의학 사진에 '찍혀' 자신의 병리적 징후를 확인해야만 했다. 그러나 이제 정윤순은 스스로 '찍어' 미학적 대상으로 바꾼 이 셀프 포트레이트를 통해 자신의 투병 의지와 치유 과정을 증명하고 있다.

존 탁은 사진의 권력에 저항하는 방법으로 지배적인 이미지의 의미를 가르

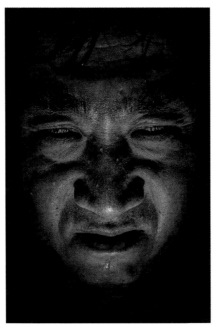

정윤순, 〈Me, Escape〉, 디지털 피그먼트
프린트, 50×33.3cm, 2018

는 사진 형식이나 사진 포맷을 채택하는 방식, 사진 찍힌 사람과 보는 사람의 관계를 달리하는 방식 등의 문화적 전략을 제시하였다. 내면 세계의 흔적뿐만 아니라 "모서리마다 귀가 잘린 채/두 눈 가득 단풍 드는 저 얼굴"이나 "목만 달랑 걸린 양 어깨가 없는/머리 가득 흰 눈 무겁게 이고 있는 저 얼굴"을 '주체'로 내세운 강경주의 사진은 신체 규율의 맞은편에 서서 초상사진의 형식과 포맷을 바꾸어 찍은 "증명사진"이다. 그것은 그동안 초상사진이 통제와 관리의 효율성을 위해 일정한 형식에 맞춰 우리의 신체를 규격화해 왔기 때문이다. 병원 바깥에서 고통의 치유 과정과 자유로운 생으로의 탈주 의지를 다양한 신체 포즈와 얼굴 표정으로 보여준 정윤순의 셀프 포트레이트는 찍는 사람의 관계를 바꾸어 의학사진의 의미를 가르는 사진이다. 우리가 의학사진의 대상이 되면 우리 삶의 조건에서 유리되어 강요된 포즈로 사진에 '찍히므로', 마틴 켐프(Martin Kemp)는 의학적 관찰을 위해 사진을 얻어내는 과정을 환자를 대상으로 한 '연출사진'이라고 말한 바 있다.[31] 스티커 사진과 사진사 없는 사진관, 강경주의 증명사진과 정윤순의 셀프 포트레이트는 근대적 지식 체계 속 파일-인덱스를 위해 신체를 타자화하는 폭력으로서의 증명사진과 이러한 기획의 대척에서 개인 주체의 정체성을 찾고자 모색하는 증명사진의 두 얼굴을 우리에게 보여주고 있다.

---

31) Kemp, Martin., "A Perfect and Faithful Record: Mind and Body in Photography before 1900." in *Beauty of Another Order*, (ed.) A Thomas, Yale University Press, 1997, p. 121-127. 강은미, 「19세기 프랑스 신경정신의학사진의 사진적 진실과 미학」, 홍익대학교 대학원 미학과 석사학위논문, 2018, 7쪽에서 재인용.

이미지의 정치학

선거철이 되면 모든 캠프의 홍보팀에서는 입후보자의 이미지 메이킹에 사활을 건다. 선거가 실현가능한 정책이나 공약이 아니라 TV나 SNS 콘텐츠 등 이미지를 활용한 미디어로 치러지기 때문이다. 육성으로 대중과 직접 소통했던 광장의 정치가 영상으로 전파되는 이미지 정치로 바뀌자 여론 형성에서 사진과 영상이 갖는 힘은 더 막강해졌다. 발터 벤야민(Walter Benjamin)은 기술적 복제 매체인 사진 매체가 예술 작품의 제의 가치를 전시 가치로 바꾸었다는 점에서 민주적 힘을 찾아 이를 낙관했지만, 이러한 이미지의 정치 행태에 대해서는 매우 우려하였다. 그는 복제 기술로 인한 전시 방법의 변화가 예술 분야에서뿐만 아니라 정치 분야에서도 드러난다고 보았다. 매체가 혁신될수록 더 많은 대중이 연설하는 사람을 사진이나 영상으로 만날 수 있게 되므로 정치가가 촬영 기구 앞에 몸소 나서서 스스로를 국민 앞에 전시하는 것이라고 하였다. 따라서 벤야민은 독재자가 승리자로 부상하는 새로운 도태 작용을 지적하며, 부르주아 민주주의가 처한 위기를 통치자가 카메라를 이용하여 자신의 이미지를 공적(公的)으로 전시하는 데에서 찾았다.[32]

---

32) 발터 벤야민, 반성완 편역, 『발터 벤야민의 문예이론』, 민음사, 2012, 216쪽.

우선 그놈의 사진을 떼어서 밑씻개로 하자
그 지긋지긋한 놈의 사진을 떼어서
조용히 개굴창에 넣고
썩어진 어제와 결별하자
그놈의 동상이 선 곳에는
민주주의의 첫 기둥을 세우고
쓰러진 성스러운 학생들의 웅장한
기념탑을 세우자
아아 어서어서 썩어빠진 어제와 결별하자

이제야말로 아무 두려움 없이
그놈의 사진을 태워도 좋다
협잡과 아부와 무수한 악독의 상징인
지긋지긋한 그놈의 미소하는 사진을—
대한민국의 방방곡곡에 안 붙은 곳이 없는
그놈의 점잖은 얼굴의 사진을

〈중략〉

선량한 백성들이 하늘같이 모시고
아침저녁으로 우러러보던 그 사진은
사실은 억압과 폭정의 방패이었느니
썩은놈의 사진이었느니
아아 살인자의 사진이었느니

〈중략〉

신주처럼 모셔놓던 의젓한 얼굴의
그놈의 속을 창자밑까지도 다 알고는 있었으나
타성같이 습관같이
그저그저 쉬쉬하면서
할말도 다 못하고
기진맥진해서
그저그저 걸어만 두었던
흉악한 그놈의 사진을

오늘은 서슴지않고 떼어놓아야 할 날이다
　-김수영, 「우선 그놈의 사진을 떼어서 밑씻개로 하자」 부분, 『김수영 전집-Ⅰ 시』

　김수영의 「우선 그놈의 사진을 떼어서 밑씻개로 하자」는 "사진"과 "동상"을 시각적 구심점으로 삼아 이미지의 정치학을 펼치는 독재자에 대한 저항 의지를 드러낸 시이다. 4·19 직후인 1960년 4월 26일 이른 아침에 쓴 이 시에는 혁명의 열띤 어조가 그대로 드러나 있다. 김수영은 "협잡과 아부와 무수한 악독의 상징"인 독재자가 "점잖"고 "의젓한 얼굴"로 "미소" 짓고 있는 "사진"이 "사실은 억압과 폭정의 방패"임을 폭로한다. 그것은 그가 국가 지도자의 "사진"과 "동상"을 통치와 지배를 위해 신화를 만들어 내는 권력 작용의 장(場)으로 인식했기 때문이었다. 즉 그는 국가 권력에 대한 경외심과 복종심을 유도함으로써 독재자의 체제 유지 수단으로 작용하는 상징 권력의 역기능을 "다 알고는 있었"다고 말한다. 다만 "타성같이 습관같이/그저그저 쉬쉬하면서/할말도 다 못하고/기진맥진해서/그저그저 걸어만 두었던" 사실을 반성하며 이제 그 "타성"과 "습관"에서 벗어나기를 제안한다. "살인자의 사진"인 "그놈의 사진을 떼어서 밑씻개로 하"거나 "그놈의 사진을 태워" "썩어빠진 어제와 결별하"기를 촉구하고 있다.

　요셉 쿠델카(Josef Koudelka)의 〈다뉴브강(The Danube)〉은 철거된 레닌 동상을 조각조각 해체하여 큰 배에 싣고 떠나는 장면을 포착하여 소비에트연방 체제와 사회주의의 몰락을 상징적으로 보여주고 있는 풍경 사진이다. 1989년 베를린 장벽이 무너지자, 동독 곳곳에 세워진 레닌 동상은 철거되었다. 1968년 '프라하의 봄'을 진압한 소련군 침공을 세계에 알리고 조국 체코슬로바키아에서 추방당한 망명자 쿠델카는 고향과 조국 없이 집시처럼 유랑하다 루마니아에서 이 장면을 만났다. 영생의 권력과 불멸의 권위를 부여하고자 제작된 20세기의 거대한 기념물이 밧줄에 묶여 어디론가 끌려가는 모습이 바다를 향해 도

요셉 쿠델카
〈다뉴브강〉
밀착 인화 6×17cm
1996

도하게 흘러가는 다뉴브 강물과 대비되어 그는 권력의 무상함을 실감했을 것이다. 그래서인지 한때 저 동상을 둘러쌌을 후광 대신 레닌의 뒷목이 의지하고 있는 얼기설기한 받침대와 그 아래로 드리운 어두운 그림자가 거칠고 스산한 흑백 계조 속에서 더욱 서늘하다. 쿠델카는 자신의 삶을 헤집고 지나갔던 사회주의의 이상이 깃발을 내리고 도도한 역사의 강물 저편으로 사라지는 한순간을 6×17cm의 파노라마 프레임 속에 압축시켜 놓았다.

피터 버크(Peter Burke)는 『이미지의 문화사』에서 성상 파괴가 종교 영역에서만이 아니라 정치 영역에서도 일어난다고 말하며, 이를 정치적 반달리즘(vandalism)이라고 불렀다. 그리고 성상 파괴가 아니라 오히려 '반기념물'의 형식으로 영웅의 동상이나 역사적 기념비를 건립하는 것이 전복적인 힘을 발휘할 수 있음을 몇 사례를 들어 제시하였다. 그리고 중요한 것은 이런 이미지들이 과거 문화의 정신 구조를 재구성하는 데 활용될 때에 가치가 있다고 하였다.[33] 김수영은 "그놈의 사진"과 "동상" 대신 "민주주의의 첫 기둥을 세우고/쓰러진 성스러운 학생들의 웅장한/기념탑을 세우"기를 제안하며 사회적 통합이 이루어지기를 기대하였다. 쿠델카는 레닌 동상이라는 상징 권력, 국가가 제작한 시각적 프로파간다의 종말을 통해 우상, 그 시간과 기억의 방부 이미지 역시 덧없는 것임을 묵시록적으로 보여주었다. 결국 김수영의 시와 쿠델카의 사진이 증언하는 것은 이미지 정치가 국가적 정체성을 확인하고 공동체를 결속하는 공적 목적이 아니라 권력 강화의 사적 목적으로 기획된다면 그 권력은 화무십일홍(花無十日紅)일 것이고, 이미지 또한 한 잎의 꽃잎처럼 피었다 질 것이라는 사실이었다.

33) 피터 버크, 박광식 옮김, 『이미지의 문화사』, 심산, 2005, 127-130쪽.

사진의 아이러니, 식민과 탈식민

1839년에 발명된 사진은 사실을 있는 그대로 재현하는 힘으로 세계 곳곳으로 즉시 전파되어 나갔다. 특히 다게레오타입은 제국주의 시대를 맞아 식민 지배자의 영웅적 활동을 기록하고 더 많은 식민지 침략을 위한 주요 정보 수단으로 이용되었다. 따라서 데릭 프라이스(Derrick Price)는 「조사하는 자와 조사받는 자」에서 대영 제국 전성기에 유럽에서 발명된 사진이 카메라를 상징적 통제의 도구로 삼아 그 첫 피사체로 전 세계의 피식민지인을 대상화한 사실을 지적하였다. 그는 영국이 작은 규모의 군대로 광대한 영역을 통치하고 피식민지인을 통제할 수 있었던 것이 사진을 비롯한 뛰어난 정보 체계를 장악한 데 있었다고 보았다. 이들 정보 체계가 인상학에 근거하여 민족, 인종, 계급, 사회적 범주 간의 '객관적인' 차이를 보여주고자 하였고, 그 과정에서 식민지배자의 '시선'을 받는 사람이 특정한 종류의 복식과 사회적 역할, 물질문화를 체현하는 포즈를 취하도록 요구받으며 '타자'로 사진 찍혔다고 하였다. 프라이스는 사진이 그 재현 과정에서 '응시'의 대상을 길들이며 식민 권력의 한 수단으로 작용해 온 것을 밝혀내었다.[34]

---

34) 데릭 프라이스, 「조사하는 자와 조사 받는 자」, 리즈 웰스 엮음, 앞의 책, 123-130쪽.

무라카미 텐신
〈압송당하는 전봉준 장군〉
1895
(사진 출처: 눈빛아카이브)

〈압송당하는 전봉준 장군〉은 1895년 2월 27일, 무라카미 텐신(村上天眞)이 갑오농민혁명을 이끌다 체포되어 발에 입은 중상으로 가마를 타게 된 전봉준을 찍은 사진이다. 텐신은 후에 통감부 어용사진사 지위에 올라 일본제국주의의 조선 침략에 가장 크게 기여한 사진사였다.[35] 그는 1894년 12월 2일 일본 군사들에게 체포된 후 서울 일본영사관으로 호송되어 심문받다가 일본영사관 구내에서 법무아문으로 인도되기 직전의 전봉준을 촬영하였다. 이 사진을 촬영하도록 허락한 이는 3월 29일 전봉준의 사형 판결문에 서명한 일본 영사 우치다 사다츠치(內田定槌)였다. 따라서 이 사진은 일본제국주의의 적으로 간주되어 감시와 처벌의 대상이 된 '타자'의 사진이었다. 즉 상투 튼 전봉준이나 삿갓을 쓰고 짚신을 신고 겨울인데도 잠방이를 입은 가마꾼은 특징적 복식을 통해 '객관적인' 차이를 보여주는 피식민 '타자'였고, 이때 카메라는 감시와 처벌, 통제와 훈육을 수행하는 식민 권력의 한 수단이었다. 4월 24일 교수형을 당한 전봉준의 이 사진은 3월 12일자 『오사카매일신문』에 〈압송당하는 전봉준 장군〉으로, 5월 10일자 일본 사진집 『전국사진화보』에 〈동학당 수령 전녹두 및 조선 순사〉로 게재되었다.

눈 내리는 만경들 건너 가네
해진 짚신에 상투 하나 떠 가네
가는 길 그리운 이 아무도 없네
녹두꽃 자지러지게 피면 돌아올거나
울며 울지 않으며 가는
우리 봉준이
풀잎들이 북향하여 일제히 성긴 머리를 푸네

〈중략〉

---

35) 김문자, 「전봉준의 사진과 무라카미 텐신(村上天眞)-동학지도자를 촬영한 일본인 사진사」, 『한국사연구』 154, 한국사연구회, 2011, 254쪽.

우리 성상 계옵신 곳 가까이 가서
녹두알 같은 눈물 흘리며 한목숨 타오르겠네
봉준이 이 사람아
그대 갈 때 누군가 찍은 한 장 사진 속에서
기억하라고 타는 눈빛으로 건네던 말
오늘 나는 알겠네

들꽃들아
그날이 오면 닭 울 때
흰 무명띠 머리에 두르고 동진강 어귀에 모여
척왜척화 척왜척화 물결소리에
귀를 기울이라

-안도현, 「서울로 가는 전봉준」 부분, 『서울로 가는 전봉준』

안도현의 「서울로 가는 전봉준」은 동학농민혁명이라는 역사적 사실에 "한 장 사진"이 불러일으키는 역사적 상상력이라는 문학적 장치를 이용하여 자신의 탈식민 의지를 드러내고 있는 시이다. 이 시에서 시적 자아가 바라보고 있는 것은 식민제국주의의 기획 성과인 "전봉준"의 압송 장면을 찍은 "한 장 사진"이다. 그는 "누군가 찍은 한 장 사진"을 보며 "들꽃들"로 표상되는 민중들을 향해 "척왜척화 물결소리에/귀를 기울이"기를 요청한다. 특히 그는 "해진 짚신에 상투"를 한 "전봉준"의 "타는 눈빛"에 주목하였다. "기억하라고 타는 눈빛으로 건네던 말", "척왜척화"의 의미를 되새기며 외세 침탈에 의한 부끄러운 역사를 청산하고자 하는 의지를 보여주었다. 안도현은 "한 장 사진"과 시인과 독자 사이에 벌어지는 소통을 '저항'의 의미로 확대하면서, 당시 미제국주의의 비호 아래 군사 독재 정권의 폭력과 억압이 일상화되었던 후기식민주의 시대를 살아가는 피식민지인으로서의 시대적 소명을 드러내고 있다.

그런데 무라카미 텐신의 사진과 안도현의 시에서 중요한 것은 이 "한 장 사진"이 막연한 "누군가"가 찍은 "사진"이 아니라 무라카미 텐신으로 대표되는 식민지배자가 찍은 "사진"임이 드러날 때 그의 시가 더 큰 힘을 획득하게 된다는 사실이다. 안도현의 시가 발표된 것은 1984년 동아일보 신춘문예에서였고, "전봉준"을 찍은 "누군가"가 텐신임이 밝혀진 것은 2010년 김문자의 국제학술대회 발표에서였다. 전봉준은 무라카미 텐신이 사진을 찍겠다고 했을 때 이를 반색하며 다친 곳을 아파하면서도 협조적인 자세를 취하였다고 한다. 이로써 그는 죽음을 앞두고 식민 제국의 '타자'로 사진 찍혀야 하는 수모 속에서도 그 강렬한 눈빛과 함께 근대 개혁의 주체로서의 기개와 의연함을 남길 수 있었다. 그리고 일제가 찍은 "한 장 사진" 속 무언의 "말"이 "오늘 나는 알겠네"라는 시인이나 독자의 인식으로 이어지면서 들불처럼 타오르던 혁명 정신과 구한말 우리 역사를 기억할 수 있게 하였다. 시대를 뛰어넘어, 식민 주체가 찍은 "한 장 사진"이 식민주의 담론에 저항하고 탈식민적 의지를 다지는 수단이 되는 아이러니를 전봉준은 이미 알고 있었을 것이었다.

졸업사진의 어제와 오늘

졸업식장에서 눈물이 사라졌다. 졸업사진을 둘러싼 졸업 문화도 바뀌었다. 대학 졸업 앨범을 찾아가는 졸업생도 드물어졌고, 교복을 착용하는 고등학교의 졸업사진에서 교복차림이 사라지기도 하였다. 그러나 그동안 학교는 제복을 입고 있는 학생들의 초상사진과 졸업 앨범으로 규율과 훈육의 권력을 수행해 왔다. 특히 학위복과 사각모라는 제복을 갖추고 단정한 모습으로 질서정연하게 촬영한 졸업사진은 학교라는 구성원이 이루어 낸 결실을 기념하고 사회적 이상을 드러내며 소속감과 복종심을 유도하는 미세 권력으로 작동해 왔다. 존 버거(John Berger)는 신사복이 신체적 정체성이나 그것을 입고 있는 사람들의 권위를 유지시켜 준다고 하면서 신사복과 경험, 사회적 구조와 기능이 일치함을 증명하며 이를 '계급적 패권'이라고 불렀다. 마찬가지로 제복을 갖춰 입고 졸업사진을 찍는 행위 역시 시각장(field of vision) 안에서 주체의 지위를 특정한 곳에 놓기 위한 사회적 행위이자 '계급적 패권'으로 작용해 왔다.[36]

개나리꽃을 두르고 기념 촬영을 한다
졸업사진을 미리 찍는다고 한다

---

36) 존 버거, 박범수 옮김, 「신사복과 사진」, 『본다는 것의 의미』, 동문선, 2002, 45-57쪽.

최루탄 냄새를 맡아야
개나리가 피던 시절이 있었지
최루탄 없어도 잘만 피는
눈부신 개나리꽃을 두르고 문득
함께 사진 찍고 싶은 사람들

그때 화염병 나르면서
짱돌 던져대던 아이들
최루탄 범벅으로 피투성이로
질질질 끌려가던 아이들
화염병에 불붙던 전경들
쇠몽둥이로 설치던 백골단들

〈중략〉

개나리꽃 한가지 꺾어 들고
최루탄도 짱돌도 모르는 아이들과
허전한 기념 촬영을 한다
최루탄 냄새를 안 맡아도
덧없어라, 쓰라린 눈물이 난다

-정양, 「사진찍기 2」 부분, 『살아 있는 것들의 무게』

정양의 「사진찍기 2」는 규율과 훈육 권력이 작동하는 방식에서 중요한 역할을 하는 "졸업사진"을 통해 1980년대 계엄령으로 대학을 폐쇄했던 제5공화국 군부독재 정권을 비판하고 있는 시이다. 이 시는 "최루탄 냄새를 맡아야/개나리가 피던 시절이 있었"을 정도로 "화염병에 불붙던 전경들/쇠몽둥이로 설치던 백골단들"로 상징되는 군부 세력과 "화염병 나르면서/짱돌 던져대던" 저항 세력의 무력 투쟁이 일상화되었던 시기를 배경으로 한다. 물론 이 시에서 유혈 무력 투쟁의 주체는 운동권 학생들이었다. 그런데 지금 대학교수인 시적 자아는 '학사'라는 정체성을 부여하고 '동문'이라는 소속감과 결속력을 강화하는 "졸업사진"을 찍으며 그 '계급적 패권'에서 제외된 제자들을 호명하고 있다. 그것은 군부독재 권력이 투쟁에 가담한 학생들을 제적시켜 일부 학생들이 "졸업사진"을 찍을 수 없었기 때문이었다. 따라서 정양은 "함께 사진 찍고 싶은" 제자들을 회상하며 "쓰라린 눈물"로 "기념 촬영"을 하는 장면을 통해 "최루탄"에 맞서 싸우다 투옥되거나 수배의 대상이 된 "아이들"을 상기하며 독재 권력에 대한 비판 정신을 보여주고 있다.

다음 쪽의 대한민국 임시정부 독립운동가들의 기념 촬영 장면과 코로나 19 의료진의 모습은 의정부고등학교 졸업사진에서 고른 2장의 사진이다.* 의정부고는 2009년부터 단정한 교복차림의 부동자세로 찍는 획일적인 졸업사진에서 벗어나 졸업생들이 개성 있는 모습을 직접 연출, 분장하여 찍는 졸업사진으로 매년 화제를 불러모으고 있다. 영화·만화·게임 등의 유명 캐릭터를 패러디한 사진, 한 해의 가장 핫한 사건 사고 및 이슈와 트렌드를 담은 사진, 사회나 시대에 대한 해학과 풍자를 담은 사진 등 기발한 아이디어와 재기발랄한 코스프레 사진으로 언론의 주목을 받으며 인기를 끌고 있다. 더구나 이들은 단순히 졸업사진을 졸업 앨범에 수록하는 것을 넘어 경기도교육청 유튜브를 통해 졸업사진 촬영 광경을 실시간 방송하기도 하였다. 학생자치회 페이스북에 졸업사진을 공개하기도 했으며 이에 대한 주제로 온라인 커뮤니티에서 열띤 토론을 벌이기도 하였다. 나아가 그간의 졸업사진을 사회, 문화, 게임 등의 주제별로 카테고리화하고 연도별로 분류하여 〈의정부고등학교 졸업사진 레展드〉(의정부 예술의전당, 2016)라는 이름의 전시회를 열며 이색적인 졸업사진 문화의 전통을 이어가고 있다.

정양의 시와 의정부고의 졸업사진에서 눈여겨보아야 할 것은 사진 아카이브 및 파일이 구축한 '계급적 패권'이나 규율과 훈육에 대한 의식이 예전과 다

---

* 이 2장의 사진은 저작권에 의해 게재하지 않았음을 밝힌다.

른 양상으로 변화하고 있다는 사실이다. 정양의 시가 보여준 졸업사진은 규율이 잘 잡힌 모습으로 찍는 졸업사진이었다. 많은 사람이 유니폼(uniform)을 입고 동일한 자세로 찍는 졸업사진은 훈육적 메커니즘을 상징하는 기호가 된다. 그러나 찾아가지 않는 최근의 대학 졸업 앨범은 '동문'이라는 '계급적 패권' 대신 졸업 유예와 청년 실업의 현실을 상징하는 기호가 된다. 더구나 유니폼 대신 코스프레 복장을 선보이는 의정부고의 콘셉트 졸업사진은 규율과 훈육이라는 학교 규범을 수행하는 대신 청소년들의 관심사를 중심으로 기획되어 그들만의 개성을 표출하는 역할을 하고 있다. 수전 손택은 졸업사진을 찍는 장소에 나타나지 않는 것이 십대 아이들에게는 반항심을 드러내는 일종의 제스처라고 말한 바 있다.[37] 그러나 이제 교복 없이 찍는 졸업사진은 여러 고등학교로 퍼져나가 십대 청소년들의 개성과 창의성을 드러내는 자유로운 행위예술의 시각장으로 작용하고 있다.

37) 수전 손택, 앞의 책, 25쪽.

박노해의 글·사진전과 포토에세이

1.

평생토록 죄진 적 없이
이 손으로 우리 식구 먹여 살리고
수출품을 생산해 온
검고 투박한 자랑스런 손을 들어
지문을 찍는다
아
없어, 선명하게
없어

―박노해, 「지문을 부른다」 부분, 『노동의 새벽』

짧은 시행으로, 팽팽한 긴장감으로, 고된 노동으로 사라진 지문을 '선명하게' 보여준 「지문을 부른다」는 시인이자 노동운동가인 박노해의 시이다. 현장 노동자로 일하던 1984년 첫 시집 『노동의 새벽』으로 세상에 이름을 알리고 감시를 피해 사용한 필명 박노해는 '박해받는 노동자의 해방'이란 뜻이다. 군사정부의 금서 조치에도 100만 부 가까이 발간된 이 시집으로 박노해는 '얼굴 없는 시인'으로 불리며 한국민주화운동의 상징적인 인물이 되었다. 그는 〈남한사회주의노동자동맹〉, 이른바 '사노맹' 사건의 핵심 인물로 지목되어 1991년

사형 선고를 받았으나 무기징역으로 감형되어 7년 수감 생활을 하다 1998년 광복절 특사로 풀려나왔다. 이후 민주화운동유공자로 복권되었으나 "과거를 팔아 오늘을 살지 않겠다"며 국가 보상금을 거부하고 사회적 발언을 금한 채 권력의 자리에서 벗어나 스스로 잊히는 길을 택했다. 대신 세계의 가난과 분쟁 현장을 찾아 반전, 평화, 생태 활동가로서의 새 삶을 시작하였고, 그때 박노해가 의지한 것은 오래된 만년필과 35mm 렌즈를 단 낡은 필름 카메라 한 대였다.

2.

오랫동안 잊힌 박노해라는 이름을 10년 만에 세상에 새로 알린 것은 당시 〈갤러리 M〉 대표이자 〈한국매그넘에이전트〉 대표 이기명이 기획한 박노해의 2010년 첫 사진전 《라Ra 광야》(갤러리 M)였다. 이는 출소 후 2003년부터 이라크 전쟁터에 뛰어든 박노해가 이라크, 레바논, 팔레스타인 등 첨예한 분쟁이 일어나고 있는 중동 지역과 빈곤 지역에서 4만여 컷의 사진을 찍어 34점의 흑백 사진과 3점의 컬러 사진, 총 37점을 선보인 중동사진전이었다. 그의 사진은

박노해의 글·사진전 《걷는 사람》 전시장, 라 카페 갤러리, 2021

국경 너머 분쟁 현장과 빈곤 지역에서 평화 활동을 펼치며 펜 대신 카메라로 쓴 시였다. '태양, 태양빛, 신성한 빛'을 뜻하는 고대 이집트어 'Ra'가 의미하듯 살아 있는 진실을 포착한 '빛으로 쓴 시'이기도 했다. 물론 37컷의 사진들마다 박노해가 한줄 한줄 직접 쓴 글이 사진 옆에 캡션처럼 붙기도 하였다.

두 번째 사진전《나 거기에 그들처럼》(세종문화회관/광주 무각사, 2010)은 아프리카, 중동, 아시아, 중남미에서 촬영한 120점의 작품을 선보인 전시였다. 이는 4개 대륙에서 촬영해 온 12여 년의 사진 활동을 총망라한 전시였다. 세 번째 사진전《다른 길》(세종문화회관, 2014)은 티베트, 인도네시아, 라오스, 파키스탄, 버마, 인디아의 아시아 6개국에서 촬영한 사진 7만여 컷 중 엄선된 120점을 선보인 전시였다. 박노해는 지도에도 없는 마을의 가난하고 척박한 땅에서 노동으로 대지를 일구는 아시아인의 강인한 삶을 통해 희망의 세계관을 제시하였다.

이후 박노해는 2012년부터 〈라 카페 갤러리〉에서 현재《아이들은 놀라워라》로 21번째 사진전을 이어가고 있다. 〈라 카페 갤러리〉는 '생명' '평화' '나눔'을 기치로 한 비영리 사회운동단체 〈나눔문화〉가 운영하는 박노해 평화사진전 상설 전시관이다. 박노해는 현재 세계 곳곳에서 자급자립하는 삶의 공동체 〈나눔농부 마을〉을 통해 새로운 사상과 대안적 삶의 혁명을 사진과 함께 추구하고 있다.

3.

박노해는 사진전을 열 때마다 사진집을 출간하였다. 첫 사진집『라 광야』(2010)는 첫 개인전《라 광야》에서 선보인 사진과 글로 구성된 사진집이었다. 특이한 것은 오른쪽 페이지에는 사진이, 왼쪽 페이지에는 글이 있고 이 텍스트가 영어, 한글, 아랍어의 3개 언어로 실렸다는 점이다. 두 번째 사진집『나 거기

박노해의 첫 사진집 『라 광야』 본문

박노해의 사진집 『나 거기에 그들처럼』 본문

에 그들처럼』(2010)은 13만여 컷의 흑백 필름에서 엄선한 160점의 사진과 박노해가 쓴 글을 함께 실은 사진집이었다. 이는 사진과 글을 각 페이지에 실은 『라 광야』와는 달리, 사진과 글이 별도의 캡션 페이지에 실리도록 편집되었다. 『다른 길』(2014) 역시 아시아 땅의 역사와 문화와 인물의 사연을 10여 줄로 시처럼 녹여낸 글을 함께 엮은 사진집이었다. 이는 박노해의 사진 인화를 전담해 온 아날로그 흑백 프린트 전문가 유철수와 독일에서부터 17년 동안 사진과 그림 인쇄만을 연구해 온 유화의 아트 프린팅으로 제작되어 높은 퀄리티를 자랑하였다.

또한 박노해는 4권의 사진에세이 시리즈를 출간하였다. 『하루』(2019), 『단순하게 단단하게 단아하게』(2020), 『길』(2020), 『내 작은 방』(2022)은 이전 사진집보다 좀 더 글의 길이가 길어난 에세이 형태로 한글과 영어를 함께 구성하였다. 반면에 『걷는 독서』(2021)는 컬러 사진만을 엄선하여 "꽃은 달려가지 않는다"와 같은 단 한 문장의 글을 한글과 영어로 편집하였다. 423편의 문장으로 구성한 『걷는 독서』는 고대 문명의 독서 행위인 '걷는 독서'의 체험을 오늘날에 전하는 새로운 형식의 책이었다.

4.

박노해는 "시는 국경을 넘는 순간 언어의 국경을 넘을 수 없었지만, 카메라는 국경을 넘을 수 있었다."며, 시와 글로는 다 전달할 수 없는 문자의 한계를 절감하여 글보다 더 호소력 있는 카메라를 들었다고 고백한 바 있다. 그러나 매번 사진전이나 사진집에는 사진과 글을 섞어 메시지 전달 효과와 감동의 진폭을 넓혀 왔다. 한때 불순한 노동자 시인이자 불온한 사상가였던 박노해는 만국 공통의 영상언어인 사진뿐만 아니라 아포리즘과 같은 짧은 글이 어우러진 포토에세이로 국경과 종교와 인종을 초월하여 인류의 고통과 슬픔을 강렬하

박노해의 글·사진전《걷는 사람》, 전시장 라 카페 갤러리, 2021

게 증언하고 인간 해방을 위한 희망을 생생하게 노래하고 있다.

　　나에게는 오래된 만년필과 낡은 카메라 하나뿐
　　나의 시는 작고 힘없는 사람들, 그 이야기의 받아쓰기이고
　　나의 사진은 강인한 삶의 기도, 그 영혼을 그려낸 것이다.

　　　　　　　　　　　　　　　　　　　　　－박노해,《라La 광야》에서

제4장 _ 사적 사진

가족사진의 민낯

사진이라는 매체와 가장 오랜 친연성을 지녀온 것은 아무래도 가족이라는 공동체일 것이다. 거실 벽에 붙여놓건 탁자 위에 올려놓건, 기념과 기억을 위한 상징적 오브제로 집안을 장식하고 있는 것이 우리네 가족사진이다. 지갑 속에 넣거나 핸드폰의 배경화면에 올리거나 손에 들고 다니다가 타인에게 꺼내놓는 이미지도 바로 가족사진이다. 따라서 패트리샤 홀랜드(Patricia Holland)는 가족사진을 가족제도의 유일한 자취로 보고, 그것을 가족의 화합과 결속을 과시하기 위한 일련의 이미지로 간주하였다. 그에 의하면 특히 아이들은 가정 중심의 가치를 시각적으로 보여주는 중요한 표지이다. 동시에 아이들과 함께 찍은 가족사진 역시 안락한 삶이 가능하고 또 그렇게 되어가고 있다는 믿음과 희망을 보여주는 표지가 된다.[38] 수전 손택이 자녀의 어린 시절을 사진으로 담아두지 않은 부모를 자녀에 무관심한 부류로 보았던 것도 이 같은 논리 때문이었다.[39]

토목공학자로서 성균관대 부총장을 지냈던 전몽각(全夢角, 1931-2006)의

---

38) 패트리샤 홀랜드, 「자세히 훑어보니 달콤하구나: 개인사진과 대중사진」, 리즈 웰스 엮음, 앞의 책, 210-215쪽.
39) 수전 손택, 앞의 책, 25쪽.

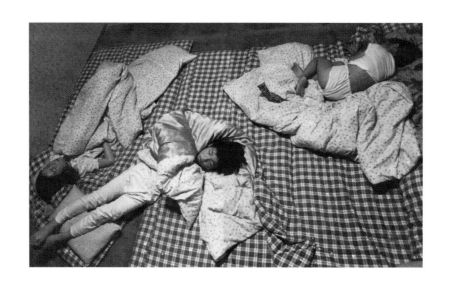

전몽각
〈윤미네 집〉
젤라틴 실버 프린트
1970년대 초반 추정

사진집 『윤미네 집』(도서출판 시각, 1990)은 1964년부터 1989년까지의 약 25년 간 맏딸 윤미의 나날을 기록한 사진집이다. 물론 딸의 손을 잡고 들어가야 했던 결혼식 사진은 사진가 강운구가 찍었지만, 이는 전몽각이 맏딸 윤미가 태어난 날부터 시집가던 날까지를 카메라로 기록한 사진 일기이다. 전몽각은 1960년대 〈싸롱 아루스〉와 〈현대사진연구회〉에서 활동하던 사진가였다. 그러나 이 사진에서는 사진가로서의 어떠한 연출도 사진적 기교도 시도하지 않고 가족의 시시콜콜한 일상을 가감 없이 기록해 놓았다. 지금 이 사진의 주인공은 단잠에 곤히 빠져 뒹굴며 자고 있는 꼬맹이들이다. 이불을 돌돌 감은 윤미의 사자갈기 머리칼도, 윤미가 쭉 뻗은 다리를 피해 머리를 벽 쪽으로 바짝 붙인 아이 얼굴도, 이불을 걷어차 낸 아이의 팬티 바람도, 하루 종일 뛰어놀고 들어와 피곤한 날의 거칠고 어수선한 잠자리를 보여주고 있다. 중요한 것은 카메라 렌즈 너머로 자녀를 바라보고 있는 따뜻한 부정(父情)이다. 때론 사랑으로 때론 염려로, 자녀의 성장을 지켜보는 모든 부모의 먹먹한 마음이기도 하다.

> 아버지 내게 화분을 들리고 벌을 세운다 이놈의 새끼 화분을 내리면 죽을 줄 알아라 두 눈을 부라린다 내 머리 위의 화분에 어머니 조루를 들고 물을 뿌린다 화분 속의 넝쿨이 식은땀을 흘리며 자란다 푸른 이파리가 자란다 나는 챙이 커다란 화분모자 벗을 수 없는, 벗겨지지 않는 화분모자를 쓴다 바람 앞에 턱끈을 매는 모자처럼 화분 속의 뿌리가 내 얼굴을 얽어맨다 나는 푸른 화분모자를 쓰고 결혼을 한다 제멋대로 뻗어나가는 넝쿨을 뚝 뚝 분지른다 넝쿨을 잘라 새 화분에다 심는다 새 화분을 아내의 머리 위에 씌운다 두 아이의 머리 위에도 덮어씌운다 우리는 화분을 쓰고 사진관에 간다 자 웃어요 화분들, 찰칵 사진사가 셔터를 누른다
> ─유홍준, 「가족사진」 전문, 『상가에 모인 구두들』

그러나 유홍준의 「가족사진」은 이상화된 "가족" 이미지로 균열의 징후를 은폐하는 "가족사진"을 통해 "가족" 관계의 신화와 모순과 허상을 드러내고 있는 시이다. 이 시의 시적 자아는 "가족사진"을 찍으며 "아버지 내게 화분을

들리고 벌을 세"우고 "어머니 조루를 들고 물을 뿌"리는 아동학대의 가정폭력과 그로 인해 자라난 무의식 속의 상처를 떠올리고 있다. 문제는 "화분 속의 넝쿨이 식은땀을 흘리며 자"라나 "챙이 커다란 화분모자"를, "벗을 수 없는, 벗겨지지 않는 화분모자를 쓴다"는 사실이다. 즉 불우한 유년기의 트라우마는 성인이 되어서도 치유되지 않는 견고한 것이어서, "푸른 화분모자를 쓰고 결혼을 한" 후 "새 화분을 아내의 머리 위에 씌"우고 "두 아이의 머리 위에도 덮어 씌"울 정도로 오래도록 지속된다는 것이다. 따라서 유홍준은 고통스런 현실이나 얽히고설킨 가족관계를 "자 웃어요"라는 강요된 행복의 미소로 위장하고 "가정"의 격식과 안락을 연출하는 "가족사진"을 빌려 가족제도의 실상을 폭로하고 있다.

　패트리샤 홀랜드는 가족사진은 가정생활의 의례가 되어, 실제로는 그렇지 않지만 '그래야만 할 것 같은' 시각 이미지로 가족의 분열을 감추고 중산층에게 강요된 '행복 만들기'라는 이상적인 가족상을 상징화한다고 지적하였다.[40] 유홍준의 시는 이상적인 이미지를 연출하는 가족사진의 표면 아래 가정폭력이라는 더 끔찍한 공포가 내재되어 있고, 가족 분열의 징후가 초조하게 도사리고 있음을 보여준다. 반면에 전몽각의 사진은 일상의 현실 속에서 경험하는 가족의 사생활이 날것 그대로 표출된 가족사진의 민낯을 보여준다. 당연한 것은 동일한 배경과 조명 아래 단정한 의상과 행복한 미소의 포즈로 가족 신화를 조장하는 전형화된 가족사진이 우리의 삶을 소외시키는 길들여진 이미지라는 점이다. 오히려 같은 시간과 공간을 함께 살면서 서로 부대끼며 겪어야 하는 생로병사, 그리고 그에 따른 희로애락이 드러난 민낯의 가족사진의 이미지가 가족애의 가치뿐만 아니라 카메라의 진실과 사진의 생명력을 더 생생하게 입증하고 있다.

---

40) 패트리샤 홀랜드, 앞의 글.

결혼사진은 미친 짓이다?

코로나 19로 예식업계가 큰 타격을 입었다. 이는 드레스실, 미용실, 폐백실, 사진실 등의 여러 시설과 다양한 이벤트의 웨딩 컨설팅을 앞세워 소비문화와 교묘히 결합된 예식산업에서 웨딩사진업계가 입은 경제적 타격이기도 했다. 인생의 성(聖)스러운 하루, 사랑과 행복과 청춘의 봄날이 영원히 지속될 것처럼 결혼에 대한 환상을 부추겼던 결혼사진이 인기 상품이었기 때문에 그 타격은 적지 않았을 것이었다. 패트리샤 홀랜드는 카메라가 공동의 기념일에 의례화된 요소로 확고히 자리잡았다고 하면서, 이 결혼사진이 의례적인 축사나 축하객의 축하만큼 축하 의식의 일부가 되었음을 언급하였다. 그는 가족 및 공동체 의식을 공고히 하는 의례적인 행사일수록 특정 규칙이 중요해지는데, 이 규칙은 행사를 특별하게 만드는 의상을 입은 신랑 신부가 함께 찍은 사진을 통해 남녀가 신랑 신부처럼 보이는지, 공식적인 결혼식의 예절을 지키는지를 입증하게 된다고 하였다. 그리고 결혼식은 이러한 사진의 규칙을 지키는 전문사진사가 고용되는 행사이고, 결혼사진의 힘은 이 관습을 수용하는 데서 생겨난다고 하였다.[41]

---

41) 패트리샤 홀랜드, 앞의 글, 215-228쪽.

민충식, 〈신식결혼〉, 젤라틴 실버 프린트, 1910년대, 사진 컬렉션 지평

민충식, 〈신식결혼〉, 젤라틴 실버 프린트, 1910년대, 사진 컬렉션 지평

민충식(閔忠植, 1890-1977)이 개화기의 신식결혼식을 찍은 위 두 장의 사진은 당시 전통적으로 공유되던 결혼에 대한 시각적 표상이 해체되는 과정을 보여주고 있다. 1888년 정동교회에서 한용경의 신식결혼식이 처음 이루어진 후 기존의 유교식 혼례는 새로운 양상으로 변모되었다. 연동교회의 세례교인으로 〈연동교회〉 사진을 찍었던 민충식의 위쪽 사진은 종로 5가 연동교회에서 치러지고 있는 결혼식 장면이다. 신부의 친정집 앞마당에서 치러지던 구식결혼과는 달리, 기독교 선교단체와 신식교육의 수혜를 받았던 이들이 치른 '예배당 결혼'은 당대 새로움의 한 표상이었다. 아래쪽 사진은 동숭동 낙산 성곽을 배경으로 찍은 사진이다. 가마가 아닌 서구식 마차 앞에 서서 원삼이 아닌 일반 한복 차림을 하고 있는 신부는 연지곤지 없는 얼굴에, 머리에는 족두리가 아닌 화관을 쓰고 있다. 사모관대 대신 검은 두루마기를 입고 갓을 쓴 신랑 옆에는 신랑의 부모인 듯한 이들이, 이들 앞에는 서양식 부케를 든 댕기머리의 두 들러리 화동이 서 있다. 구식혼례와 신식혼례, 유교적 전통의식과 서구적 근대의식의 가치재 등이 서로 충돌하고 공존하는 이 신식결혼은 우리나라의 고유문화를 배척하고 일제의 근대화론을 펼치고자 했던 당대 식민지 정책의 일환이기도 했다.

　　당신이 찍은 사진을 현상했어요
　　기억나시죠? 같이 미술관에서 찍은 사진 말이에요
　　당신이 찍은 바구니 오브제마다 노란 비옷을 입은 여자가 한 명씩 들어가 있지 뭐예요 얼굴이 명확히 찍히지는 않았지만 나는 그들의 눈 속에 있는 고장난 버스를 볼 수 있었어요 지금도 덜덜거리는 소리를 듣고 있답니다 사진을 서랍 속에 넣어두어도 계속 소리가 들려요

　　저는 요즘도 결혼식장에 비디오 촬영을 나가고 있어요
　　오늘 찍은 신랑 신부는 떨려서 표정을 잡지 못하겠다며 미안해했고 무척 좋으니 염려 말라고 했어요 그렇게 열심히 찍었던 적은 없었을 거예요 늘 따분했던 앵무새 주례도 더듬거리며 모처럼 말다운 말을 하더군요 결혼식이 끝난 후 두 장님

은 축복을 받으며 나갔죠 순간 내가 찍은 건 그들이 볼 수 없다는 것을 알게 되었어
요

　　파울 클레의 그림 「지저귀는 기계」 앞에서
　　저 찍어준 것 기억나세요? 마지막으로 찍은 사진 말이에요
　　현상한 사진에 저는 없고 당신의 시선만이 있더군요
　　그래서 당신에게 보냅니다
　　　　　　-정재학, 「사진에 담긴 편지」 전문, 『어머니가 촛불로 밥을 지으신다』

　정재학의 「사진에 담긴 편지」는 '결혼사진'을 통해 사회적 관습으로 간주
되는 "결혼"의 허상을 확인하고 있는 시이다. 2개의 서사를 갖는 이 시는 "결혼
식장"에서 "비디오 촬영" 일을 하고 있는 시적 자아가 연인이 찍어준 "사진"을
마치 결별하듯 연인에게 보내며 쓴 "편지" 형식을 띠고 있다. 그것은 시적 자아
가 사랑하는 이와의 "시선"의 교류 없이 단절된 사랑을 "고장난 버스"로 인식
했기 때문이었다. 그런데 이 시에서 시적 화자에게 결정적인 깨달음을 준 것은
"결혼식장"에서 "촬영"한 "비디오"였다. 정사진(停寫眞)과 마찬가지로 동사
진(動寫眞)으로서의 "비디오" 역시 공식적인 "결혼식" 예절을 입증해 주는 사
회적 관습의 하나로 자리잡아 왔다. 문제는 시적 화자가 "촬영"한 "신랑 신부"
가 바로 "장님"이었다는 사실이다. 정재학은 자신을 "볼 수 없"음이 분명한 데
도 "결혼"이라는 의례를 증명하기 위해 "비디오"를 "촬영"하는 모습을 통해,
근대적 예식장이 출현한 이후 의식을 상품화하는 자본주의 사회의 문화산업
논리 속 "결혼"과 사랑의 진정한 의미를 성찰하고 있다.
　결혼사진은 한 시대의 사회문화적 맥락과 가치관이 표출된 다층적 텍스트
이다. 그것은 두 남녀가 만나 백년해로를 약속하며 부부로 재탄생하면서 가족
공동체를 이루는 인륜지대사를 입증하는 단순한 차원을 넘어선다. 민충식 사
진에서의 예배당은 신앙이라는 본래의 문맥에서 벗어나 신문명을 상징하는

근대적 공간으로 작용하였다. '예배당 결혼'은 개화된 지식인, 신여성, 부유층, 기독교 문화를 접한 이들이 근대의 스펙터클(spectacle)을 체험할 수 있는 새로운 문화 양식이었다. 정재학의 시 역시 결혼사진이 전유하는 이미지가 근대 이후의 예식산업이 만든 사랑과 결혼에 대한 환상에서 구현된 가시적인 결과물임을 시사한다. 다만 결혼에는 사랑 즉 '사진'이나 의상 등 "결혼"이라는 형식을 정당한 것으로 여기는 사회적 관습을 뛰어넘은, 연인 간 "시선"의 교류가 전제되어야 함을 확인한다. 그러나 어느 영화의 제목처럼 사랑 없는 결혼이 미친 짓이든 아니든 분명한 것은 실제의 일상보다 더 환상적인 극적 이미지를 연출함으로써 그 성스러운 순간의 주인공이 되고자 하는 불변의 심리가 낳은 중요한 시각적 코드이자 의례 문화가 바로 결혼사진이라는 점이다.

사진 신부와 디아스포라의 꿈

　먼 곳에 서로 떨어져 있는 생면부지의 남녀가 한 장의 사진으로 선을 보고 결혼식을 올리던 때가 우리나라에 있었다. 특히 우편으로 사진을 교환한 후 배우자의 사진 한 장을 들고 혈혈단신 태평양을 건너가 낯선 하와이 땅에서 결혼식을 올렸던 '사진 신부(Picture Bride)'는 20세기 초 자본주의 체제가 디아스포라(Diaspora)를 양산했던 특정 시기, 특정 지역에서 생겨난 일시적인 풍속이었다. '사진 신부'가 사진 속 인물에게 자신의 인생을 걸 수 있었던 것은 사진을 실재의 대리물로 인식한 결과였다. 사진을 유사-존재이자 부재의 징표로 본 수전 손택은 사람, 먼 곳의 풍경, 아득히 떨어져 있는 도시, 지나간 과거 등을 찍은 사진이 우리를 몽상에 빠져들게 한다고 하였다. 이런 사진은 사진 속 대상에게 더 가까이 다가설 수 없다는 느낌을 주기도 하는데, 그런 느낌이 오히려 멀리 떨어져 있는 대상을 더욱 더 갈구하도록 사랑의 감정을 부추긴다는 것이었다. 이러한 사진은 부적처럼 쓰이면서 감상적이면서도 주술적인 감정을 보여주는데, 손택은 이러한 감정을 또 다른 현실을 맞이하고 싶어 하는 노력으로 해석하였다.[42]

---

42) 수전 손택, 앞의 책, 36쪽.

하와이 사진 신부
1915
가운데가 천연희
ⓒ 이덕희(Duk Hee Lee Murabayashi)
한국학중앙연구원 장서각 소장

이 사진은 1915년 미국 하와이로 건너가기 위해 잠시 머무른 일본 고베에서 찍은 '사진 신부'의 기념사진으로 디아스포라의 삶과 하와이 이주의 역사를 보여주고 있다. 가운데 꽃을 들고 있는 천연희(千年熙, 1896-1997)는 경남 진주 출신으로 정숙여학교 고등과 4학년을 마친 후 19세인 1915년 마우이섬의 노동 이민자 길찬록에게 시집을 간 '사진 신부'였다. 당시 하와이는 원주민의 감소로 사탕수수 재배 노동력의 부족 사태를 겪자 노동력이 값싼 조선인 노동자를 모집하였고, 술과 노름과 아편에 빠진 독신 노동자의 노동력을 안정화하기 위해 결혼 정책을 시행하였다. 이 하와이 노동 이민 때 시작된 '사진 결혼'으로 1924년까지 우리나라에서 태평양을 건넌 '사진 신부'는 951명이었다. 그런데 신부를 얻기 위한 신랑의 '사진'은 고국을 떠날 때 찍었거나 사진관에서 조작한 젊은 모습의 사진들이라, 실제 남녀의 나이 차이는 20-30세에 이를 정도였다. 즉 '사진 신부'는 하와이가 지상 낙원이라는 달콤한 꼬임에 속아 들어간 이들이었고, 이들 중에는 하와이 이민 사회의 목사가 중매하여 건너간 기독교 신자들이 많았다. 이 '사진 신부'들이 하와이 이민을 감행했던 것은 가난의 고통과 일제의 탄압과 여성에 대한 억압이 없는 세상에서 살기 위해서였다. 천연희 역시 아버지가 돌아가신 후 기독교로 개종한 어머니의 허락으로 자유로운 세상을 찾아 이국땅을 찾은 '사진 신부'였다.[43]

〈전략〉   그리고
부산의 양복점을 통과해
단지 최근에 들어본
이름의 섬으로 자신을 데려가려고
배가 기다리고 있는
부두까지는

---

43) 문옥표 외 4인, 『하와이 사진신부 천연희의 이야기』, 일조각, 2017, 5-167쪽.

먼 길이었던가?
와이알루아 제당 공장
바깥 막사의
등에 불이 켜졌을 때
그리고 그의 방안이
사탕수수 대롱에서 날아 들어온
나방들의 날개로 훤해졌을 때
한 남자가 그녀의 사진을
불빛에 비춰보면서
기다리고 있었던
그 섬의 기슭으로?
내 할머니는 어떤 것을
자신과 함께 가지고 오셨을까? 그리고
자신보다 열세 살이 많은
자기 남편이라는
낯선 이의 얼굴을
들여다보게 되었을 때,
그녀는 저고리의 비단 옷고름과,
사내들이 사탕수수를 불태우는
주변 들판에서 불어온
메마른 바람으로
부풀어 오른 치마의 끈을
다소곳이 풀었던가?

〈전략〉   And

was it a long way
through the tailor shops of Pusan
to the wharf where the boat
waited to take her to an island
whose name she had
only recently learned,
on whose shore

a man waited,
turning her photograph
to the light when the lanterns
in the camp outside
Waialua Sugar Mill were lit
and the inside of his room
grew luminous
from the wings of moths
migrating out of the cane stalks?
What things did my grandmother
take with her? And when
she arrived to look
into the face of the stranger
who was her husband,
thirteen years older than she,
did she politely untie
the silk bow of her jacket,
her tent-shaped dress
filling with the dry wind
that blew from the surrounding fields
where the men were burning the cane?

-캐시 송, 김양순 번역, 「사진 신부」 부분[44]

이 시는 '사진 결혼'을 통해 하와이로 이주해 온 여성의 삶과 이민 3세대로
서의 자신의 정체성을 탐색하고 있는 시이다. 일인칭 여성 화자의 목소리로 자
전적 내용을 담고 있는 이 시는 하와이에서 태어나서 성장한 한국계 미국 여
성 시인 캐시 송(Cathy Song)의 첫 시집 『사진 신부(Picture Bride)』(1983)의 주

---

44) 김양순, 「아시아계 미국시의 재편성: 캐시 송, 명미 김, 수지 곽 김의 차이를 중심
으로」, 『미국학논집』 제42권 제3호, 한국아메리카학회, 2010, 208-210쪽.

요 모티프이다. 캐시 송의 "할머니"는 23살의 나이에 "한 남자"를 만나기 위해 "부산"을 떠나 하와이 "와이알루아 제당 공장"으로 이주해 온 "사진 신부"였다. "그녀의 사진을/불빛에 비춰보면서/기다리고 있었던" 할아버지는 그녀보다 "열세 살"이나 많은 "사탕수수" 농장 노동자였다. 하와이로의 첫 노동 이민이 시작된 1902년부터 1905년까지 7,226명의 조선인이 태평양을 건넜지만, 새로운 땅을 찾아 이주한 이들 노동 이민자의 삶은 "사탕수수를 불태우는/주변 들판에서 불어온/메마른 바람"처럼 험난하기만 하였다. 그러나 캐시 송은 "저 고리의 비단 옷고름"과 "부풀어 오른 치마의 끈을/다소곳이 풀었던" 초야(初夜)의 이미지를 통해 하와이의 전원 풍경과 노동 현장을 배경으로 펼쳐진 한 가족사와 한인의 하와이 이주사의 첫 순간을 시각화한다. "내 할머니는 어떤 것을/자신과 함께 가지고 오셨을까?"라는 의문형 문장으로 "사진 신부"의 꿈의 실현 여부에 주목하게 한다.

따라서 '사진 신부'에서 눈여겨보아야 할 것은 사진이 또 다른 현실을 맞이하고 싶어 하는 노력이라는 수전 손택의 메시지이다. 손택은 대상의 확장으로서의 사진이 대상을 획득하거나 통제할 수 있는 주술적 감정을 보여준다고 하였다.[45] 식민지 현실에서 벗어나고자 했던 천연희는 농장일, 식당일, 세탁일 등의 온갖 역경을 이겨내고 사회 활동에 참여하며 자신의 인생을 개척한 독립적이고 진취적인 여성이었다. 자신의 뿌리와 유산에 가치를 둔 캐시 송은 '사진 신부'인 할머니의 삶과 가족 서사를 통해 자의식을 표출함으로써 미국 문학의 주요 작가로 부상하였다. 여기에서 잊지 말아야 할 것은 일제 강점기의 '사진 결혼'에는 '사진 신부'를 통해 미국 본토와 하와이 한인 동포의 항일 운동 의지를 잠재우기 위한 일제의 정치적 동기가 개입되어 있었다는 사실이다. 그런 상

---

45) 수전 손택, 앞의 글.

황인데도 당시 '사진 신부'들은 척박한 타국 생활 속에서도 독립운동자금을 모으고 대한민국임시정부 후원회를 운영하는 등 조국 독립을 위해 앞장서며 하와이 한인 사회의 발전을 이루는 데 헌신하였다. 결국 '사진 신부'에게 실재를 소유하고자 하는 욕망으로서의 사진은 자유로운 세상으로의 이주와 일제에 대한 저항의 꿈을 실현하도록 주술적인 힘을 발휘한 한 장의 부적이었다.

여행사진, 역사라는 이름의 기념품

죽장망혜(竹杖芒鞋)라는 말이 있다. '죽장'은 대지팡이, '망혜'는 짚신이란 뜻으로, 이는 먼 길을 떠날 때의 아주 간편한 차림새를 이르는 말이다. 옛사람들은 손으로는 대지팡이를 짚고 어깨에는 한 꾸러미의 짚신을 메고 행운유수(行雲流水)처럼 유유자적하며 자연을 완상하였다. 반면 오늘날 우리들은 스마트폰을 장착한 셀카봉을 들거나 카메라를 목에 메고 지역과 국경을 부지런히 넘나든다. 여행지에서 찍은 사진을 SNS에 즉시 올려 여행을 인증하고 그 이미지를 널리 공유한다. 카메라 없는 여행은 생각할 수가 없는 것이다. 따라서 수전 손택은 일종의 전리품처럼 작용하는 사진이 진짜로 여행을 떠났고 일정대로 지냈으며 정말로 즐거웠다는 점을 증명해 줄 뿐만 아니라 가족, 친구, 이웃이 볼 수 없는 세계에서 행해진 소비 활동까지 입증해 준다고 하였다. 또한 그는 이러한 사진이 경험을 증명해 주는 방법이 되기도 하지만 그것을 일종의 이미지, 일종의 기념품과 맞바꾸어 경험을 거부하는 방법이 된다고도 하였다.[46] 패트리샤 홀랜드 역시 사진 발명 초기에 가졌던 카메라의 제국주의적 야망이 현대의 여행과 관광이라는 보다 유순한 여가 생활의 기록으로 대체된 후,

---

46) 수전 손택, 앞의 책, 26쪽.

사진 찍는 일이 여행객 경험의 본질적인 부분이 되었다고 언급하였다.[47]

몇 차례나 낙화암에 올랐던가를
잊어먹었다 이곳에 오면 언제나
잊고 살던 목숨이 새삼스럽다
아닌게아니라 빠져 죽고 싶도록
저 아래 물결이 곱다

역사는 음흉해도 낙화암에는
떼죽음도 거짓말도 아름다운가
믿기지 않는다는 듯이
목숨 대신 돌팔매를 던져보는 사람들
바위 끝에 서서 사진 찍는 사람들
날더러는 셔터만 눌러달라는 사람들
남는 건 사진뿐이라고
빨리 박아달라고 키득거리는 목숨들

이곳에 오면 언제나
돌팔매처럼 떠나버린 목숨들이
꽃잎처럼 짓밟히던 목숨들이
궁녀로 비적으로 빨갱이로 폭도로
학살과 암매장과 떼죽음으로
깎아지른 세월을 거슬러오는
생목숨들이 그립다

〈중략〉

눌러달라는 대로 일삼아서 셔터를 눌렀다
눈물겨운 목숨들이 함부로 찍힐 것만 같다
　　　　　　　　　－정양, 「낙화암 2」 부분, 『나그네는 지금도』[48]

---

47) 패트리샤 홀랜드, 앞의 글, 183쪽.
48) 「낙화암 2」를 처음 발표했을 때의 제목은 「사진찍기 1」이었다.

정양의 「낙화암 2」는 여행사진의 허구성을 비판하면서 역사의식의 회복 의지를 드러내고 있는 시이다. 물론 정양은 이미 「낙화암 1」에서 "백마강"으로 "꽃처럼 뛰어내"린 "삼천궁녀들"이 백제 마지막 의자왕의 "궁녀"가 아니라 주둔지의 여자 즉 침략국의 군대에 희생당한 여성 피해자들이었다고 역사를 재해석하여 시화한 바 있다. 곧 "삼천궁녀들"은 "나라 잃고 가장 잃고 사내 잃고/나당연합군에게 무참히 짓밟힌/백제의 아녀자들"이었다는 것이다. 따라서 「낙화암 2」에서 시적 화자는 "낙화암"에 올라 "잊고 살던 목숨"들을 "새삼스럽"게 그리워하지만, 여행객들은 "남는 건 사진뿐"이라며 빨리 "셔터만 눌러달라"고 그를 채근한다. 이는 사진으로나마 역사의 유적지를 소유했다는 상징적 효과로 여행사진이 역사의 경험을 박탈하고 오히려 역사를 상품화하기 때문이었다. 그 결과 정양은 "궁녀로 비적으로 빨갱이로 폭도로" 몰려 "학살과 암매장과 떼죽음"을 당한 우리 역사 속 모든 "눈물겨운 목숨들"을 떠올리며, "백제의 아녀자들"이 당한 성폭력과 "떼죽음"의 진실을 모르고 "사진"만 찍는 여행객들을 질책하고 있다.

박형근의 〈The Second Paradise〉는 제주에서 태어나 자란 자신에게 실존의 터전이었던 제주도가 관광지로 변해가는 모습을 기록한 연작사진이다. 그는 이국정취가 물씬 풍기는 포토제닉한 여행지를 찾아 많은 시간을 사진촬영에 할애하는 관광객의 모습을 피사체로 포착하였다. 지금 관광객은 삼방산을 배경으로 말안장에 올라 사진을 찍고 있다. 오른쪽 파란 텐트 앞 어린이 무리는 사진 찍을 순서를 기다리고 있다. 왼쪽 자갈밭에는 삼방산을 동일한 배경으로 찍은 사진 액자가 진열되어 있다. 그러나 자연 속에 진열된 액자나 들판에 우뚝 선 크레인의 이질적인 모습이 암시하듯, 제주도는 결코 아름답거나 낭만적이기만 한 장소가 아니다. 이곳은 미군정 시기였던 1948년 4월 3일 오름의 봉화를 계기로 양민을 공산주의 폭동자로 몰아 도민 10퍼센트에 달하는 3만여 명

박형근
⟨The Second Paradise-13⟩
C-프린트, 100×135cm
2001

의 목숨을 무차별 학살한 4·3사건의 발생지였다. 따라서 4·3의 처참한 일화를 집안어른들로부터 전해 듣고 자란 박형근은 한가롭게 사진을 찍고 있는 관광지의 일상적 풍경 이면에 숨은 역사적 참극을 드러내고자 하였다. 즉 그는 바다를 터전으로 거친 삶을 살았던 섬사람들의 마음속에 '이어도'가 환상의 섬 'paradise'로 자리잡았던 대신, 이 화산섬의 역사가 망각되고 한낱 기념사진의 배경이 되어 기념품으로 소비되고 있는 현 상황을 'second paradise'로 역설화(逆說化)하였다.

수전 손택은 산업화가 여행과 관광의 경험을 이미지나 기념품으로 맞바꾸면서 역사적 현장을 구경거리로 일상화한 현실을 지적하였다.[49] 그것은 대중에게 과거의 역사를 망각하게 하거나 포기하게 하고, 국내 정치 및 세계 정세를 대중의 의식 뒤편으로 밀어넣는 여행사진의 역기능 때문이었다. 정양은 "백제의 아녀자"들이 당한 성폭력과 "떼죽음"의 진실을 모르고 "삼천궁녀들이 꽃처럼 뛰어내렸다"라는 지배담론을 "그냥 믿어버리는 이"들의 세뇌된 의식을 문제시하였다. 역사의 경험을 망각하고 여행사진을 찍는 현상을 비판하며 역사의식의 회복 의지를 강조하였다. 박형근은 관광지의 익숙한 풍경을 비틀고 뒤집는 방식으로 피로 얼룩졌던 시간과 남은 상처를 소환하였다. 사진 속 말발굽을 1947년 3·1절 기념행사에 참여한 가두시위대를 저지하다 아이를 치고 6명에게 발포하여 4·3사건의 발단이 되었던 기마경찰의 말발굽과 오버랩시켰다. 그리하여 역사의 비극까지도 여행사진이라는 기념품이 된 지금, 승마복의 저 붉은 색깔은 4·3을 상징하는 '돔박꽃(동백꽃)'뿐만 아니라 낙화암에서 몸을 던진 백제 아녀자들의 꽃잎 같은 목숨들까지 생각하게 한다. 우리 눈에 쉽게 보이지 않는 모든 파시즘적 망령에 목숨을 빼앗긴 타자들의 억울한 희생이 피었다지는 꽃잎보다 처연하기 때문이다.

---

49) 수전 손택, 앞의 글.

애도의 형식, 사후 사진과 영정사진

1980년대까지만 해도 집 대문에 '謹弔'(근조)라 쓰인 조등(弔燈)이 걸리고 '喪家'(상가)라 쓰인 마름모형의 종이가 붙어 있는 모습을 쉽게 볼 수 있었다. 망자와 산 자의 거리가 멀지 않아 주로 망자에 대한 애도의 형식이 집안어른을 중심으로 집안에서 치러졌다. 이처럼 죽음이 우리 삶과 일상의 한 부분으로 친숙하게 인식되었던 것은 동서양이 마찬가지였지만, 삶과 죽음을 구분하고 죽음을 터부시하게 된 것은 근래에 이르러서였다. 특히 세계대전을 전후로 죽음이 동시다발적으로 우리 앞에 노출되자 죽음이 충격과 공포의 대상이 되었고, 의학의 발전으로 병원의 냉동고에 시신을 방부 보존하게 되면서 오늘날과 같은 장례 의식이 자리잡게 되었다.[50] 그런데 앙드레 바쟁(Andre Bazin)은 시체를 방부 처리하여 보존함으로써 죽음에 저항하고자 하는 미라 콤플렉스(mummy complex)에서 조형예술의 기원을 찾은 바 있다. 또한 대상이 존재했던 흔적으로서의 지표(index)적 특성을 사진의 본질로 들면서 사진을 시간에 대해 방부 처리한 것으로 인식하였다.[51] 수전 손택 역시 순간을 정확히 베어내 꽁꽁 얼려 놓는 식으로 모든 사진이 속절없이 흘러가 버리는 시간을 증언해 준다고 하면

---

50) 박은진, 「유령론으로서의 죽음사진 연구」, 홍익대학교 대학원 예술학과 석사학위 논문, 2018, 19쪽.

서, 사진을 메멘토 모리(memento mori: 죽음을 기억하라)로 규정하였다.[52]

　다음의 사후 사진(Post-mortem Photography)은 19세기 빅토리아시기에 유럽에서 유행했던 사진으로, 타인의 죽음을 자신의 삶 가까이에 두었던 당시의 장례 문화를 보여주고 있다. 콜레라, 폐결핵 등의 전염병으로 사망하는 사람이 많았고 특히 영유아의 사망률이 높았던 이 시기에는 갑작스럽게 떠난 이들을 기억하기 위해 죽은 자의 얼굴을 촬영하여 삶의 흔적을 박제시킨 사후 사진이 유행하였다. 지금 대가족이 모여 찍은 이 기념사진에서는 흰 드레스에 검은 스타킹과 구두를 신은 소녀가 잠에 빠진 듯 양탄자에 누워 있다. 소녀의 뒤에는 꽃다발이, 앞에는 인형과 장남감이 놓여 있다. 이렇듯 사후 사진은 좋은 옷을 입히고 평소에 아꼈던 인형 등을 옆에 두고, 누워 잠자고 있거나 혹은 눈을 뜨고 의자에 앉아 있거나 서 있는 등 죽은 이를 마치 살아 있는 사람처럼 연출하여 찍는 사진이었다. 특히 이 가족사진처럼 살아 있는 가족이 죽은 이와 함께 찍는 사후 사진이 꽤 유행하였다. 1880년경까지만 해도 가족, 친구, 애완동물의 죽음을 평화로운 모습으로 직접 기록하는 관습이 공개적으로 허용되었고, 이러한 사후 사진이 전문 스튜디오의 진열장이나 일반 가정의 거실에 디스플레이되기도 하였다.[53] 이처럼 사후 사진은 비록 심장은 멎었지만 망자의 영혼만큼은 늘 가족과 함께 하기를 바라는 마음에서 제작된 사진이었다.

---

51) 지표(index)적 특성으로 사진을 '자동 생성'의 이미지로 본 앙드레 바쟁은 그리스도를 매장할 때 쓰인 '토리노의 성스런 시의(屍衣)'처럼 사진은 "시간에 대해 방부처리를 행하여 다만 시간을 그 자신의 부패로부터 지킬 뿐"이라고 하였다.(앙드레 바쟁, 앞의 책, 20쪽.

52) 수전 손택, 앞의 책, 35쪽.

53) 박은진, 앞의 논문, 20쪽.

사후 사진
다게레오타입

삼성병원 장례예식장
흑백 영정사진 속의 구용이
두꺼운 뿔테 안경 너머로
"귀가 먹으니
내부의 소리가 들린다"*고
속삭인다.
눈으로 말하고 귀로 듣는
소리, 그
긴 파장이 고이는
고요.

* 김구용의 「송 108」 마지막 구절
　　　　　 -주문돈, 「흑백 영정사진」 전문, 『삶과꿈의 앤솔러지 좋은 시 2003』

　주문돈의 「흑백 영정사진」은 고인의 죽음을 조문하는 과정에서 "영정사진"
을 바라보며 돌이킬 수 없는 시간의 흐름을 확인하는 시로, 오늘날 아시아 국
가에서 치르는 장례 문화의 일단을 보여주고 있다. 서양과 달리 빈소에서 제
사를 지내는 아시아 장례 문화에서의 핵심 요소는 죽음을 미리 대비하여 살아
생전에 찍는 "영정사진"이다. 최대한 밝고 온화한 표정으로 찍어 삶의 정점을
재현하는 "영정사진"은 자신이 한때 존재했었음을 생생하게 증명한다. 이 시
에서도 시적 자아는 "삼성병원 장례예식장"에서 검은색 띠가 둘려진 "흑백 영
정사진 속"의 "두꺼운 뿔테 안경"을 쓴 시인 "김구용"을 바라보면서 그의 삶
을 회고하고 있다. 그 과정에서 "구용"의 시집 『송 백팔』 중 마지막 시 「송 108」
의 "귀가 먹으니/내부의 소리가 들린다"라는 마지막 시행을 떠올린다. 그러나
"눈으로 말하고 귀로 듣는/소리, 그/긴 파장이 고이는/고요"처럼, 이승의 "소
리"는 저승에 가닿지 못해 산 자와 죽은 자 사이에는 "고요"만이 흐르고 있다.
이처럼 이승과 저승의 단절된 세계 속에서, 인물의 생존 모습을 구체화하여 삶
의 생생한 흔적을 보여주는 "영정사진"은 부재하는 육체에 불멸성을 부여함

으로써 산 자와 죽은 자의 거리를 좁혀 주는 역할을 한다. "영정사진"은 사자 (死者)의 생전 모습을 시각적으로 현존시킴으로써 부재로 인한 상실감을 극복하고자 제작된 사진이었다.

패트리샤 홀랜드는 기억에서 소멸되지 않기 위해 인물의 육체를 영상으로 현존시킨 사진을 공동체의 중요한 통과의례이자 사회적 통합의 상징으로 보았다. 그는 죽음이 가족 생활이나 공동체 생활의 중요한 일부분이었고, 죽은 사람이나 죽어가는 사람의 육체를 영원히 기억하고자 찍는 기념사진이 그들이 아니라 그들의 삶과 죽음을 목도하고 애도할 사람들을 위한 일반적인 문화적 실천이었다고 하였다.[54] 죽음과 직접 대면하는 일이 드문 오늘날 우리들에게는 죽은 자와 산 자가 함께 사진 찍는 모습이 낯설고 기괴하게 느껴지지만, 19세기 사후 사진은 실제 죽은 이의 얼굴을 포착함으로써 그와 함께한 추억과 기억으로 비애와 상실감을 메우고자 했던 애도의 한 형식이었다. 마찬가지로 주문돈의 시에서도 생전의 얼굴을 정확히 재현한 영정사진은 장례식장에서 상주와 조문객의 조문을 위해 사용되었다가 다시 고인을 추모할 때 신위로 사용되는 애도의 형식이었다. 그러나 사랑하는 이의 죽음에 대한 애도의 형식이 시대나 지역에 따라 어떻게 변모하든 간에, 사후 사진이나 영정사진이 보여주는 것은 봄날 같은 우리 인생에도 이미 죽음이 내재되어 있다는 사실이다. 아이러니한 것은 우리 삶에 잠복해 있는 이 생물학적 종말을 시간의 부패로부터 오래도록 지켜 주는 것이 바로 죽음을 경고하는 '메멘토 모리'로서의 사진 매체라는 점이다.

---

54) 패트리샤 홀랜드, 앞의 글, 195쪽.

그 신비한 텍스트, 사진관 진열 사진

사진을 통해 사랑과 죽음을 이야기하는 《8월의 크리스마스》는 '초원사진 관'을 전북 군산 지역에 세팅하여 로케이션한 영화이다. '사진관'이 그 이름을 '스튜디오'로 고쳐 고급화, 대형화되고 웨딩 포토, 베이비 포토, 프로필 사진, 가족 사진 등으로 전문화되며 진열장 사진의 분위기가 바뀌다 보니 사진의 본 질을 암시하는 사진관으로는 시골 변두리 사진관이 적격이었을 것이다. 한 인 간이 태어나서 죽기까지 전 생애에 걸쳐 찍는 온갖 종류의 사진들이 한자리에 진열된 변두리 지역의 사진관은 보는 이로 하여금 어떤 특별한 느낌에 젖게 한 다. 따라서 패트리샤 홀랜드는 사진관 유리창에 걸린 초상사진을 비롯한 '사적 사진'에서 '사용자(user)'와 '독자(reader)'를 구분하였다. 그는 '사적 사진'이 '사용자'에게는 자신의 일상생활을 기억하고 거기에 의미를 부여하는 수단이 되지만, '독자'에게는 해독 행위나 역사적 탐사 작업처럼 의미를 캐내야 하는 신비한 텍스트가 된다고 하였다. 즉 고통의 순간이 아니라 삶의 격식이나 위엄 을 갖춘 의미 있는 순간을 기록하길 원했던 이 '사적 사진'이 그 맥락에서 떨어 져 나오면 미적 즐거움이나 역사적 기록이라 할 만한 어떤 것도 제공하지 못하

---

55) 패트리샤 홀랜드, 앞의 글, 177쪽.

는 빈약하고 덧없는 것이 된다는 것이었다.[55]

　단지 그렇게 기억되고 있을 뿐
　결국 방향이 없는, 그리하여 종말이 없는, 단 한 번도 인화되지 않은 것들이 추
억일까
　어느 정지된 순간에 대한 덧없는 집착이 희망의 정체였을까
　서울 출장길 늦은 귀가의 택시 속에서 만난 신안동 고갯길
　희망사진관의 입간판이 낯설다; 아니, 정확히 말해
　희망이란 낱말이 왠지 낡고 생소한 느낌이다

　그런데도 길거리로 향한 형광 불빛 속에 드러난 사진의 얼굴들은
　어찌하여 모두들 오래 행복한 표정들을 짓고 있는 것일까
　어찌하여 그 많은 잊고 싶은 것들 속에서도
　저처럼 끄떡없이 변치 않은 열망들로 살아 있는 것일까

　〈중략〉

　여전히 아니라고 도리질치며 지나가는 매서운 북풍소리
　가장 가까운 것들조차 따스하게 대하지 못했던 불구의 시간들을 고백하고 싶어
진다

　보라, 그러니 저 사진틀 속에 영원히 멈춰 있는 것들조차
　이미 존재했던 것이 아니었을지 모른다
　그건 오히려 미처 드러나지 못한 요청이었을 뿐

　여전히 우릴 살아 불타게 하는 것들은
　저 스러질 듯 서 있는 현실의 희망사진관 너머
　아직 기억되거나 생각나지 않은 낯설음 속에
　모든 희망들이 추문이 된 바로 이 세월의 그리움 속에
　끝내 지워지지 않을 무모한 절정의 섬광들로 빛날 뿐
　　　　　　　　　-임동확, 「희망사진관」 부분, 『처음 사랑을 느꼈다』

　임동확의 「희망사진관」은 "사진관"의 '진열 사진'을 신비한 텍스트처럼 읽
으며 사진과 이미지의 본질을 해독하고 있는 시이다. 지금 시적자아는 "행복

한 표정"으로 "희망사진관"에 진열된 초상사진들을 바라보고 있다. 그들은 "길거리로 향한 형광 불빛 속에 드러난 사진의 얼굴들"로 "모두들 오래 행복한 표정들을 짓고 있"다. "사진틀 속에 영원히 멈춰 있는" "변치 않은 열망들로 살아 있는" "얼굴들"인 것이다. 그러나 그는 "지나가는 매서운 북풍소리/가장 가까운 것들조차 따스하게 대하지 못했던 불구의 시간들"을 떠올리며 "저 사진틀 속에 영원히 멈춰 있는 것들조차/이미 존재했던 것이 아니었을지 모른다"는 결론에 이른다. 이는 저 초상사진이 '사용자'의 "기억"과 의미의 맥락에서 떨어져 나가 빈약하고 "덧없는" 비현실적인 것이 되었기 때문이다. 따라서 임동확은 "희망사진관"이 보여주고자 하는 "희망"을 "방향이 없는, 그리하여 종말이 없는" "덧없는 집착"으로 여긴다. 그는 "여전히 우릴 살아 불타게 하는 것들"은 "희망"이 아니라 "모든 희망들이 추문이 된 바로 이 세월의 그리움 속"의 "섬광들"에 있는 것이라고 믿는다. 즉 임동확은 우리 삶의 추동력이 미래에 대한 "희망"이 아니라 지난시절에의 "그리움"에 있고, "그리움"을 불러일으키는 힘이 "섬광"처럼 번쩍이는 빛의 매체로서의 "사진"에 있음을 확인하고 있다.

워커 에반스(Walker Evans)의 〈페니 사진관(Penny Picture Display)〉(1936) 역시 미국 조지아주 사바나의 한 사진관 유리창문에 붙은 초상사진을 신비한 텍스트로 읽으며 사진의 문화적 상징 의미를 해독하고 있는 사진이다. 1938년 사진집 『미국의 사진(American Photographs)』에 발표된 이 사진에서는 'STUDIO'라는 글씨에 가려 보이지 않은 사람을 제외하고, 총 225명의 인물이 한 무리의 군중을 이루고 있다. 즉 가로 3개×세로 5개, 총 15개의 격자창이 한 덩어리의 사진으로 구성되어 있고 15개의 각 격자창 안에는 각각의 인물사진이 독립되어 있다. 동일한 인물이 2번 반복되는 경우도 있지만 각각 다른 남성, 여성, 아이, 가족의 얼굴들이다. 에반스는 언젠가는 사라질 인물들, 혹은 이미

워커 에반스
⟨페니 사진관⟩
사바나, 조지아
1936

사라진 인물들의 얼굴이 그물망 같은 격자창에 포획되어 보존된 이 값싼 키치적 사진을 보았을 때의 느낌을 "그것은 굉장히 재미있고 매우 감동적이고 매우 슬프고 매우 인간적"이었다고 밝혔다.[56] 그리고 그는 이 진열 사진을 남녀노소, 빈부귀천, 지위고하를 가리지 않고 자신의 초상을 소유할 수 있게 한 사진의 민주적 소명으로 해독하였다.[57] 또한 완고하게 평면적으로 구성된 이 격자창문을 엄격한 평등의 원칙에 따라 어떠한 특권의 여지없이 개인에게 제몫의 자리를 분배해 주는 민주주의의 장(場)으로 인식하였다.

  패트리샤 홀랜드는 아주 가난한 사람들 중 많은 수가 자신의 초라한 집에서 벗어나도록 해 주는, 장엄하거나 이국적인 배경의 스튜디오 초상사진을 선호했다고 말한다.[58] 그리고 이러한 사진관의 '사적 사진'을 현실의 닮음이 아니므로 오히려 해독될 필요가 있는 신비한 텍스트로 간주하였다. 이에 임동확은 '희망사진관' 진열 사진을 통해 사진은 희망이 아니라 그리움을 불러일으키는 매체이며, 1/125초의 섬광처럼 번쩍이는 빛의 텍스트로서의 사진이 실재의 순수한 전사(傳寫)와는 거리가 먼 허구적 이미지임을 암시하였다. 반면에 에반스는 비록 현실과는 다를지라도 일반 대중이 희망하는 삶의 모습을 영속적인 이미지로 구현해 놓은 민주적인 매체로서의 사진과 사진관의 역할을 확인하였다. 이처럼 임동확의 시와 에반스의 사진은 개인의 존엄성을 포착하여 삶의 여러 의미 있는 국면을 기록한 '사적 사진'과 사진관 진열 사진을 신비한 텍스트로 보고 쓴 사진에 의한 사진론이었다. 다만 시인 임동확은 '희망'이라는 추

56) Craig Carlson, 「Walker Evans And Democracy」, 2014. http://www.craigcarlson. net/2014/07/18/walker-evans-and-democracy/

57) Thierry Grillet, RACONTE-MOI UNE HISTOIRE: 1936, LE "STUDIO" DE WALKER EVANS. https://www.polkamagazine.com/raconte-moi-une-histoire-1936-le-studio-de-walker-evans/

58) 패트래샤 홀랜드, 앞의 글, 201-202쪽.

상명사에 매료되어 사진과 이미지의 본질적 의미를 드러내었고, 사진가 에반스는 'STUDIO'라는 물질명사에 꽂혀 사진과 사진관의 사회문화적 역할을 드러내었다. 물론 익명의 얼굴을 노출시킨 사진관 유리창의 진열 사진은 '8월'에 느닷없이 만난 '크리스마스'처럼 우리들 앞에 불쑥 나타나 또 다른 독해를 요구하는 투명하게 열려 있는 텍스트이기도 하다.

■ 시인과 사진 4

신현림과 탈장르의 현대사진

1.

신현림은 시, 에세이, 사진, 회화, 퍼포먼스 등 장르의 경계를 허물며 전방위적으로 예술 활동을 펼쳐 온 시인이자 사진가이다. 이는 서양화과 지망생으로 디자인학과에서 잠시 수학한 후 자퇴하고 아주대에서 국문학을, 상명대 문화예술대학원에서 비주얼아트를 전공한 독특한 이력과 무관치 않다. 1994년 첫 시집『지루한 세상에 불타는 구두를 던져라』이후 1996년에 발표한『세기말 블루스』는 베스트셀러 1위와 스테디셀러로 기록되었고, 신현림은 당대 제도권 담론을 뒤흔든 전위적이고 도전적인 여성 시인이라는 평가와 함께 세간의 주목을 받았다. 특히 세계와의 불화를 도발적이고 자극적인 언어로 파격적으로 드러내면서도 시에 자신이 직접 작업한 사진, 회화, 콜라주 등을 삽입하여 개성적인 시인으로 한국 시단에 자리하였다. 시에 시각적 이미지를 활용하는 이러한 탈장르의 실험적 작업은 최근 시집『울컥, 대한민국』(2021)에 이르기까지 계속되었다.

2.

신현림이 대중에게 인지도를 높이며 폭넓은 사랑을 받게 된 것은 사진과 글

신현림 사진전《아我! 인생찬란, 유구무언》의 전시장, 갤러리 룩스, 2004

을 결합한 사진에세이집에 힘입은 바 크다. 외젠 앗제, 로버트 프랭크 등 독보
적인 사진가의 사진세계와 세계사진사의 경향을 소개한『나의 아름다운 창』
(창비, 1998), 외국 사진가뿐만 아니라 강운구, 구본창, 최민식 등 한국 사진가
를 소개한『희망의 누드』(열림원, 1999), 게오르그 핀카소프 등 젊은 예술가 20
여 명의 사진 작품을 소개한『슬픔도 오리지널이 있다』(동아일보사, 2002)는
국내외 사진가들의 사진 세계를 시인의 감수성과 언어로 해독하여 사진 읽기
의 지평을 넓힌 사진에세이였다.

　또한 신현림은 박물관, 미술관 등을 다니면서 세계의 명화와 글, 사진과 회
화와 글을 엮은 미술에세이집, 미술시집을 발표하여 현대미술이 '보고 읽는'
것임을 알려주었다. 등잔박물관, 화석박물관, 옛돌박물관 등 전국 46개 박물관
을 답사하여 쓴『시간창고로 가는 길』은 자신이 직접 사진을 찍고 글을 붙인 기
행에세이이자 국토탐방 가이드북이었다. 크리스티앙 볼탄스키, 제프 월, 소피

칼, 장샤오강, 위에민쥔, 배준성, 정연두 등 뛰어난 상상력과 실험정신으로 현대미술을 이끌고 있는 작가들의 치열한 작업을 소개한 『신현림의 너무 매혹적인 현대미술』은 동시대 미술의 지형과 작품세계를 소개한 미술에세이였다. 또한 『신현림의 미술관에서 읽은 시』는 미술관에서 작품들을 보면서 연상되는 시를 한 편씩 떠올려 엮은 미술시집이었다. 신현림은 이미지가 문화를 이끄는 세상의 뜨거운 현대 예술 현장에서 현대미술이 어려운 것이 아니라 쉽고 경쾌하고 매혹적인 것임을 알려주었다.

나아가 신현림은 우리 세대 가장 첨예한 예술 현장을 취재하여 시와 에세이, 사진과 그림으로 상호매체성을 더욱 활용하면서 현대미술이 대중에게 쉽고 친근하게 다가갈 수 있도록 도슨트 역할을 하였다. 조셉 니세포르 니엡스, 외젠 앗제, 앨빈 랭던 코번, 루이스 하인, 알프레드 스티글리츠, 구본창, 김대수, 정주하, 이갑철, 성남훈, 임안나 등이 소개된 『사랑은 시처럼 온다』는 사진과 그림과 시의 컬래버였다. 라즐로 모홀로-나기, 노부요시 아라끼, 김남진, 김녕만, 최병관, 노순택, 윤정미 등의 사진이 소개된 『애인이 있는 시간』 역시 국내 국립미술관과 유명 갤러리뿐만 아니라 50여 개 국가의 미술관과 아트페어에서 만난 사진과 회화 등을 현장감 있게 소개한 시와 에세이, 사진과 회화의 컬래버였다. 이처럼 신현림은 세계 곳곳을 여행하며 세상의 모든 이미지가 독창적인 예술세계의 원천이 될 수 있음을 입증하였다.

3.

시집에 자신의 사진, 회화를 삽입하던 신현림이 본격적으로 사진전을 개최하고 자신의 사진집을 출간한 것은 사진을 전공하고 나서부터였다. 첫 사진전 《아我! 인생찬란, 유구무언》(갤러리 룩스, 2004)은 자신의 아파트 주변에서 만난 낡고 익숙하고 친밀한 사물과 공간과 풍경을 낯설고 기묘한 이미지로 보여

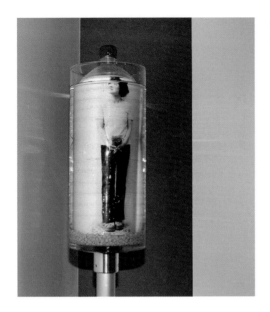

신현림, 〈나는 한 병의 생수다〉,
설치, 2004

준 개인전이었다. 자기 독백적인 시적 제목들과 함께 액자 없이 묶음 형식으로
벽에 붙인 이 절제되지 않은 150여 점의 이미지는 서로 충돌하면서 덧없는 일
상의 한순간을 감각적으로 보여주었다. 신현림은 이 전시와 함께 사진에세이
집 『아我! 인생찬란 유구무언』(문학동네, 2004/2015)을 출간하였다. 이는 소소
한 일상이나 외로운 내면 풍경을 통해 삶과 죽음의 의미를 통찰한 사진에세이
였다.

두 번째 사진전은 생명의 근원인 물을 소재로 한 사진, 설치, 퍼포먼스를 보
여준 《작아지고, 멀어지고, 사라지는 사람들》(갤러리 나우, 2006)이었다. 20여
점의 사진은 아름다운 자연 풍경 속에서 소실점을 향해 작아지고, 멀어지고,
사라지는 유한한 존재들에 주목한 작품이었다. 〈나는 한 병의 생수다〉, 〈힘드
시죠, 시수(詩水)를 드세요〉는 생수 한 병과 시를 나누어 주는 행사를 곁들인
설치 작품이었다. 〈여행, 혹은 순례길에서 길어온 물〉은 여행지 곳곳에서 모아

온 물과 죽은 갯벌 새만금에서 촬영한 3점의 사진을 함께 설치하여 물질문명과 환경오염을 비판한 작품이었다. 〈치유의 문을 여는 일곱 인의 춤〉은 갈증을 해소시켜 주는 물을 통해 치유라는 주제를 함축적으로 보여준 퍼포먼스였다.

세 번째 사진전《사과밭 사진관》(류가헌, 2011)은 근대사의 질곡 속에서 희생된 이들을 진혼하기 위해 사과밭에서 연출한 사진, 설치, 퍼포먼스를 기록한

신현림, 사과밭 사진관

신현림의 『사과밭 사진관』 표지

작업이었다. 구한말의 사진, 일제강점기 독립운동가와 저항시인의 사진, 독립운동을 했던 외조부와 이산의 슬픔을 겪고 있던 어머니 등 자신의 가족사가 담긴 사진을 통해 국권 상실과 남북 분단에 대한 역사의식과 동시대 현실을 드러내었다. 또한 사과를 주제로 작업한 서양 회화를 사과밭에 걸어 놓거나 책, 장난감, 화장대, 옷가지들을 펼쳐 놓거나 딸과 함께 퍼포먼스를 펼치면서 사과밭을 제의의 공간으로 만들어 역사의 진보를 기렸다. 사과를 오브제로 한 정물 사진을 포함한 이 90여 점의 컬러 사진은 사진집 『사과밭 사진관』(눈빛, 2011)으로 출간되었다.

2005년부터 최근까지 이어지는 작업은 사과를 풍경 속에 배치하는 '사과 여행' 시리즈이다. 이는 2014년 《사과 여행》(갤러리 담) 및 사진집 『사과 여행』(사월의눈)에서부터 2019년 《겨울 사과-덴마크전 #9》(갤러리 B)에 이르기까

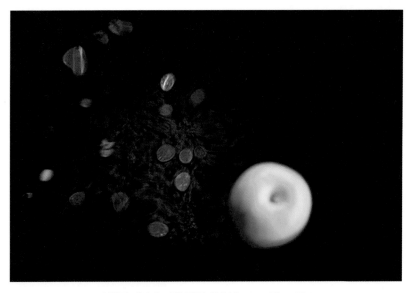

신현림, 〈사과 여행_광주 원효사〉, C-프린트, 2014

신현림의 사진집 『사과 여행』 표지　　　신현림, 〈사과꽃 당신이 올 때_예산〉,
　　　　　　　　　　　　　　　　　　　잉크젯 프린트, 2019

지 20여 년간을 지속적으로 이어온 시리즈였다. 이 '사과 여행' 시리즈는 역사
적으로 의미 있는 국내외 유적지나 미술관, 혹은 평범한 일상적 풍경이나 자신
의 반지하 방을 배경으로 사과를 공중에 던지거나 풍경 속에 배치하여 찍은 결
과물들이었다. 한 알의 사과는 우주와 자연과 제물의 상징으로, 그때 퍼포먼스
를 하고 사진을 찍는 신현림은 그의 표현처럼 풍요를 위한 제의를 치르며 우주
와 자연과 인간을 연결하는 제사장이었다. 또한 사과는 자유의 상징으로, 그때
신현림은 존재를 성찰하고 자기 성숙을 이루고자 하는 자유로운 영혼의 방랑
자였다.

4.
　신현림은 자신이 직접 찍은 사진으로 사진에세이집을, 자신이 그린 그림으

로 그림에세이집도 출간하였다.『빵은 유쾌하다』(2000)에서부터『글을 쓰고 싶은 날』(2015)까지의 사진에세이집과『아무것도 하기 싫은 날』(2012),『깨달은 고양이』(2018)의 그림에세이집이 그것이었다. 이들은 대체로 어두운 가족사를 이겨내어 시인이 되고, 이혼의 아픔을 이겨내고 싱글맘으로 당당하게 서기까지의 고통과 고독 속에서 사랑과 희망을 잃지 않고 살아온 자서전적 영상 에세이였다. 자신의 상처를 통해 상처받은 이들의 마음을 위로하고자 한 치유 성장 에세이이기도 했다.

신현림은 20여 년에 이르는 동안 때론 일기 쓰듯 충실한 기록으로, 때론 오브제의 섬세한 연출로, 때론 관객과 직접 소통하는 퍼포먼스(performance)로, 시로 접근하기 어려운 영역을 여러 이미지와 텍스트와 행위예술로 표현하였다. 특히 블러(blur)와 아웃 포커스(out of focus) 기법을 이용한 몽환적이고 감각적인 이미지로 신현림 특유의 사진언어를 구사하면서 불확실한 삶의 진실과 깊은 내면의 울렁거림을 시각화하였다. 시적 감수성으로 세상의 모든 이미지에 섬세하게 반응하면서 현대미술의 상상력을 자유롭고 활달한 어법으로 해독하였다. 이처럼 신현림이 장르의 경계를 넘나드는 전위적이고 실험적인 작업으로 현대사진과 현대미술의 지형을 확장하며 시와 사진을 삶의 원동력으로 삼을 수 있게 한 것은 스물여섯 살 때 서점에서 우연히 만난 로버트 프랭크였다.

제5장_

이승하의
'사진시'에 나타난
시 텍스트와 사진 이미지의
상호매체성

이승하의 '사진시'에 나타난 시 텍스트와 사진 이미지의 상호매체성

1. 시와 사진의 상호매체 현황과 이승하의 '사진시'

본 연구의 목적은 이승하의 '사진시'[59]에 나타난 시 텍스트와 사진 이미지의 상호매체성을 사진 수용의 양상, 매체 결합의 양상, 매체 혼성의 효과를 통해 고찰함으로써 이승하의 '사진시'가 지향한 시세계와 시문학사적 의의를 규명하는 데 있다. 그것은 이승하가 시 텍스트에 사진 이미지를 도입한 '사진시'를 압도적인 비중으로 발표하여 문학 예술의 표현 영역을 확대하고, 전통적인 서정시와 순수시를 뛰어넘은 실험적이고 독창적인 '해체시'의 영역을 확장해 놓은 시인으로 널리 알려져 있기 때문이다. 물론 이승하는 1984년 시 텍스트에 뭉크의 회화를 수용한 「뭉크와 함께」로 등단한 이후, 회화·만화 등 다양한 시각 이미지를 시에 도입하여 파격적인 형식 실험을 주도한 바 있다. 그러나 그가 선도적으로 시도한 형식 및 장르 실험은 국내외 신문·잡지·사진집에 실린 사

---

* 이 논문은 2015년 대한민국 교육부와 한국연구재단의 지원을 받아 수행된 연구
 (NRF-2015S1A5B5A07041986)로, 『건지인문학』과 『일상의 인문학: 문학 편』에 게
 재되었음을 밝힌다.
59) '사진시'라는 이름은 박경혜의 명명을 빌려 왔음을 밝힌다.(박경혜, 「문학과 사
 진-장르혼합의 가능성에 대하여-」, 『현대문학의 연구』 제18권, 현대문학연구학회,
 2002, 63쪽.

진뿐 아니라 제목·캡션·기사 원문까지 차용한 '사진시'에서 주로 이루어졌다. 시적 사유를 위해 시에 사진을 도입하는 소극적인 방식이 아니라, 사진을 시의 대상으로 삼아 새로운 의미를 창출하는 적극적인 방식으로 문자 매체와 영상 매체의 혼성을 시도하였다.

텍스트와 이미지의 결합, 문자 매체와 영상 매체의 상호매체 현상은 사진이라는 매체의 본질적 특성에서 기인하였다. 19세기 기술적 복제 수단으로 발명된 카메라는 한 시대의 생산 관계와 지각 방식에 깊은 영향을 끼쳐, 예술 형식과 예술적 발상과 예술 개념까지를 획기적으로 바꾸어 놓았다. 특히 지표(index)적 특성으로 '자동 생성'[60]된 이미지로서의 사진, 현실을 있는 그대로 재현하는 '코드 없는 메시지'[61]로서의 사진은 복제성이라는 특성과 함께 모더니즘의 독창성과 원본성의 신화를 깨뜨리고 포스트모더니즘의 상호텍스트적 현상을 주도하였다. 그리하여 문학 예술에서도 시·소설·에세이 등의 장르가 사진과 접목되면서, 사진이 수록된 문학 작품이나 한 작품 안에서 사진 이미지가 구조적인 역할을 수행하는 문학 작품을 일컫는 '사진 문학(picture literature)'이라는 새로운 장르를 탄생시켰다.

따라서 이승하 사진 매체가 문화예술 전반에 영향을 미치고 문학 텍스

---

60) 앙드레 바쟁은 사진을 존재론적 관점에서 파악하였다. 사진을 빛이 중개하여 사물의 특징을 포착한 것, 즉 "최초의 사물과 그 표현과의 사이에 또 하나의 사물(비생명적인 도구, 즉 렌즈 또는 카메라) 이외에는 아무것도 개재하지 않"는 '자동 생성'의 이미지로 보았다.(앙드레 바쟁, 박상규 역, 『영화란 무엇인가?』, 시각과언어, 1998, 19쪽.)

61) 롤랑 바르트는 "사진에서 하나의 파이프는 완강하게, 언제나 하나의 파이프일 뿐이다."라고 말하며, 사진의 형식 곧 기표와 사진이 지시하는 대상물인 내용 곧 기의가 구분되지 않는 특성을 들어 사진을 '코드 없는 메시지'라고 정의하였다.(롤랑 바르트, 조광희·한정식 옮김, 『카메라 루시다』 개정판, 열화당, 1998, 14쪽.)

트 역시 영상 이미지와 상호텍스트적 관계를 맺는 매체 변동 상황을 직시하여, '사진시'라는 새로운 형식과 장르 실험을 선도하였다. 시집『폭력과 광기의 나날』(1993)에 실린 시 55편 중 20편,『생명에서 물건으로』(1995)에 실린 시 55편 중 5편,『인간의 마을에 밤이 온다』(2005)에 실린 65편의 시 중 3편에서 시와 사진의 상호매체성을 실천적으로 구현하였다. 그러나 이승하가 3권의 시집에 실린 28편의 시편에 총 46컷의 사진을 수용하였음에도 불구하고, 최근까지 한국

---

62) 이승하 '사진시'에 대한 단편적인 연구 중 본 연구가 주목한 것은 다음 3편의 연구이다. 2002년에 발표된 박경혜의 학술논문 「문학과 사진-장르혼합의 가능성에 대하여-」는 텍스트와 이미지의 관계에 대한 선행 연구가 없는 상황에서 문학과 사진의 관계와 장르 혼성의 가능성을 시사한 매우 의미 있는 연구였다. 그러나 이 논문은 지나치게 범박하고 일반적인 사진론에 치우쳐 다분히 시론적(試論的)인 성격을 띠게 되었고, 시와 사진의 장르 혼성에 대한 구체적이고 실제적인 작품 분석은 이승하의 「공포의 한낮」 단 1편에서만 이루어졌다.

2009년에 발표된 이홍민의 석사학위논문 「한국 현대시에 나타난 대중매체의 수용양상 연구」는 한국 현대시가 수용한 대중매체를 탐색하는 과정에서 시와 사진의 상호매체성을 거론한 연구였다. 그 결과 이 논문 역시 이승하의 「이 사진 앞에서」와 「공포의 한낮」 2편만을 구체적인 분석의 대상으로 한정하였다.

2014년에 출간된 이승하의 평론집『한국 시문학의 빈터를 찾아서 2』에 실린 「사진이 들어가는 한국 현대시의 흐름」은 한국 현대시의 사진 수용 양상을 통시적으로 살펴본 연구였다. 1988년 최초로 시에 사진을 도입한 박남철에서부터 황지우, 함민복, 이승하, 신현림, 이승훈에 이르는 '사진시'를 분석하여 한국 포스트모더니즘의 일단을 보여준 '사진시'가 이승훈을 제외한 대부분의 경우 사회참여적 의식을 지향한 것을 확인하고, '읽히는 시'에서 '보여주는 시'로 전환을 꾀한 '사진시'가 시각화와 공간화를 모색했다는 점에서 그 의의를 찾았다. 따라서 이승하의 연구는 한국 시문학사에서 '사진시'가 전개된 양상을 역사적으로 개괄하면서 그 기본 자료를 구축해 놓았다는 데 큰 의의가 있다. 그러나 이 연구도 이승하 자신이나 다른 시인들의 '사진시'에 집중하여 시와 사진의 상호매체성을 심도 있게 연구한 것이 아니기 때문에, 사실상 이승하의 '사진시'에 대한 본격적인 연구는 전무한 실정이라고 볼 수 있다.

현대시 연구와 비평에서 그의 '사진시'에 대한 본격적인 연구는 진행된 것이 없었다.[62]

그러므로 1984년에 등단하여 30여 년간 시작 활동을 펼치며 12권의 시집을 출간한 이승하의 시력이나, 실험성과 독창성으로 이승하 '사진시'가 한국 시문학사에서 차지하고 있는 문학적 위상을 고려할 때 그의 '사진시' 연구의 필요성을 제기할 수 있다. 특히 영상언어와 영상 매체와 영상문화에 대한 연구가 불가피한 현 영상 이미지 시대에서, 더구나 사진과 문학의 상호매체성 연구가 진전된 독일을 비롯한 해외 문학의 연구 현황들로 미루어 보아, 이승하의 '사진시'에 나타난 시와 사진의 상호매체성에 대한 연구는 시급히 도전해야 할 과제라고 여겨진다.

그리하여 본 연구는 이러한 학문적, 시대적 요청을 수용하여 이승하의 '사진시'에 대한 최초의 본격적인 작품론이 될 수 있도록 기존 선행 연구가 도출한 문제점과 한계점을 극복하는 방식으로 차별화된 연구 방법을 확보하고자 하였다. 그 결과 이승하 '사진시'의 시편들을 사진 수용의 양상, 매체 결합의 양상, 매체 혼성의 효과를 통해 구체적으로 고찰하는 과정에서 수전 손택(Susan Sontag)의 '사진의 윤리성' 개념, 발터 벤야민(Walter Benjamin)의 '생산자로서의 작가' 개념, 롤랑 바르트(Roland Barthes)의 '중계(ancrage)와 정박(relais)'의 개념을 연구 방법론으로 삼았다. 물론 본 연구는 방법론이 작품 분석에 앞서는 연구를 지양하고 문학 연구가 가장 중요하게 수행해야 할 개별 작품 분석에 주력하면서 사진 장르별로 5편, 편집 형식별로 2편, 의미 구성 방식별로 3편, 총 10편의 시를 구체적으로 분석하고자 한다. 그리하여 기존에 진행된 시론적·사진 철학적·사진미학적 접근과는 분명한 차별성을 가지고 사진 매체의 장르와 기능과 미적 특성 등에 입각한 매체 활용성을 부각시킴으로써, 본 연구는 이승하의 '사진시'가 지향한 시세계와 시문학사적 의의를 규명하게 될 것이다.

2. 사진 장르에 따른 사진 이미지 수용 양상

2.1. 저널리즘 사진을 수용한 시

이승하가 '사진시'에서 인용한 총 46컷의 사진 중 31컷이나 되는 사진 이미지는 국내외 신문과 시사 잡지에서 발췌한 저널리즘 사진(Photojournalism)이었다. 정기적으로 발행되는 신문·잡지 등의 인쇄 매체를 주요한 전달 수단으로 하는 저널리즘 사진은 사회의 복잡다단한 사건을 기록하여 보도하는 것을 주된 목적으로 한다. 사건이 발생한 순간의 현장(그때-거기)에 있었던 '사건의 목격자'로서 사건이 실제 일어났음을 입증하는 것을 주요 기능으로 삼기 때문에, 저널리즘 사진은 육하원칙(5W1H)에 의거하여 기술하였음에도 불구하고 미흡함을 보이는 기사(words)의 보도 내용에 신빙성을 부여해 준다. 더구나 저널리즘 사진은 역사의 한 순간에 발생한 사건에 대한 시각적 기록물로서의 사실성과 보도 내용에 조작을 가하지 않는 진실성을 생명으로 사건에 공공적인 뉴스 가치를 부여함으로써, 의제를 설정하고 여론을 형성하며 현실을 개선하는 데 막강한 사회적 영향력을 미쳐 왔다.

도둑질했다고 매를 맞는 흑인 소년이
『TIME』지에 실려 있군요.
인류의 역사는 폭력의 역사였습니다.
소수민족에 대한, 약소민족에 대한
동족에 대한, 가족에 대한
폭력의 역사였습니다.
신을 찬양하고 사랑을 설교하면서도
칼을 휘두르고 방아쇠를 당겨왔으니
폭력은 참 얼마나 자연스러운 행위입니까.
얼마나 자연스러운 반복 행위입니까.

폭력은 폭력을 낳고
폭력은 폭력을 확산시켜
큰 폭력이 작은 폭력을 지배할지라도
저는 폭력을 반대하는 자들 편에
가담하겠습니다, 형님.
아무리 얻어맞을지라도
기절하지 않으면 정신은 더 또렷해졌지요.
한 인간의 폭력이 저를 장성케 했을지라도
저는 절망의 힘으로
폭력을 행사한 이를 용서하겠습니다.

아니, 용서할 수 없습니다.
정당한 폭력이, 해방을 위한 폭력이
하늘 아래에 있다 하더라도
폭력이 용서되어서는 안 될 것입니다.
　　　　　－「폭력에 관하여－동하 형님께」 전문, 『폭력과 광기의 나날』

　「폭력에 관하여－동하 형님께」에 실린 사진 역시 "『TIME』지에 실"린 저널리즘 사진이다. "도둑질했다고 매를 맞는 흑인 소년"을 촬영한 이 저널리즘 사진은 "폭력"의 현장을 거짓 없이 보여 주는 객관적 자료로 기능하면서, 그 강렬한 이미지로 독자의 감정과 이성에 직접 호소하고 있다. 따라서 이승하는 "흑인 소년"이 당하는 참혹한 현실을 외면하지 않고, "인류의 역사는 폭력의 역사"임을 밝히며 "폭력"에 저항하는 자신의 입장을 드러낸다. "인류의 역사"에서 자행된 "지배" 세력과 피지배 세력 간의 갈등을 떠올리며, "폭력은 폭력을 낳"기 때문에 어떠한 "정당한 폭력"도 심지어 "해방을 위한 폭력"까지도 "용서되어서는 안 될 것"임을 강조한다. 그리하여 "말콤 X는/비폭력이 역사적으로 시대착오라고 했"고 "프란츠 파농은/식민지인은 폭력 속에서, 폭력을 통해/자유를 발견한다고 했"을지라도, 자신은 "폭력을 반대하는 자들 편에" 설 것임을 비장하게 선언하고 있다.

이승하가 신문이나 잡지의 맥락 속에 놓여 있던 저널리즘 사진을 비중 있게 수용하여 시의 맥락 속에 재구성해 놓은 것은 저널리즘 사진과 자신이 견지한 정치적·사회적 입장과의 연관성 때문이었다. 즉 그는 저널리즘 사진이 지닌 사실성과 진실성, 그로 인한 여론 형성의 힘과 사회 개선이라는 공익적 가치를 인식하였던 것이다. 그리하여 이승하는 "매를 맞는 흑인 소년" 사진을 빌려, "폭력"이 동서고금을 통해 지구촌 곳곳에서 자행되고 있음을 폭로한다. 나아가 "저를 장성케" 한 아버지의 "폭력"을 가부장제 권위주의가 낳은 "가족에 대한/폭력" 행위로, 전 세계에 횡행한 인간에 대한 "폭력"을 "소수민족"과 "약소민족"과 "동족"에 대해 공권력이 조장한 "폭력" 행위로 간주한다. 이처럼 이승하는 사회적이고 공적 사진인 저널리즘 사진을 인용하여 내밀한 가족사적 차원의 "폭력"과 공론화된 사회사적 차원의 "폭력"을 동일시하면서, 정치적·사회적 상황에 대한 자신의 입장을 선명하게 밝히고 있다.

그러나 사실적이고 객관적이어야 할 저널리즘 사진은 윤리적 역기능도 지니고 있다. 손택은 『사진에 관하여』[63]에서 이미지의 과잉 시대를 맞은 현대 사

---

63) 수전 손택, 이재원 옮김, 『사진에 관하여』, 이후, 2005, 36-48쪽.

회에서의 '사진의 윤리성' 문제를 심도 있게 성찰하였다. 그는 사회의 잘못된 단면을 적나라하게 묘사한 의식화된 사진은 도덕적 충동을 유발시키지만, 고통의 이미지를 계속 보다 보면 현실감이 떨어져 오히려 그러한 사진 이미지가 인간의 양심을 둔감하게 만든다면서 그를 우려하였다. 나아가 손택은 실제 현실과 사진 이미지로 재현된 현실 간의 거리가 타인의 고통을 스펙터클로 소비하게 하고, 그러한 '거짓 이미지'가 미적 대상으로 격상되면서 역사를 생략시킨 사실을 지적하였다. 따라서 사진의 윤리적인 내용은 오래 가지 못하므로, 사진이 단순한 현실의 기록에서 벗어나 보는 이에게 도덕적 영향력을 발휘하려면 정치 의식이 먼저 담보되어야 함을 강조하였다.

1
오늘 그대 앞에 놓인 그 종이는
자술서입니까 전향서입니까
쓰자니 손 떨리고 가슴 두근거리는
왜곡 보도하는 기사문입니까
이실직고하는 참회록입니까
그 많은 친일 문인 가운데
참회록을 쓴 이는 없는 대한민국의
지식인들은 오늘도 종이 앞에 앉아 있습니다

-「종이-지식인들에게」 부분, 『폭력과 광기의 나날』

「종이-지식인들에게」는 이승하 또한 이데올로기의 도구로 전락한 저널리즘 사진의 윤리적 역기능을 우려하고 있었다는 사실을 알려 준다. 위의 사진은 경제개발과 자주국방을 내세워 유신헌법을 만들고 종신 대통령을 기획했던 박정희 정권 때 "통일주체국민회의에서 간접투표로 대통령 선거를 하는 장면"[64]을 촬영한 저널리즘 사진이다. 국가나 사회가 이데올로기를 내세워 전략적으로 사용한 사진이자, "권총을 차고서 정계로 진출한 군인들을 옹호하는" 사진인 것이다. 그런데 이승하는 이 사진이라는 "종이" 매체를 빌린 시 텍스트에서 "참회록"·"자술서"·"전향서" 등의 "종이"의 사회적 역할에 대해 질문하고 있다. "참회록"이나 "양심 선언서"를 쓰지 않고 "자술서"나 "왜곡 보도하는 기사문"이나 "전향서"나 "판결문"을 쓰고 있는 이들이나 "투표용지 앞에서/붓두껑을 들"고 있는 이들에게 "지식인"의 역할을 상기시킨다. 그것은 '펜이 칼보다 강하다'는 사실을 믿는 이승하가 진정한 "지식인"이란 어떠한 사회적 상황이나 정치적 억압 속에서도 당대를 위한 발언으로 진실을 대변해야 하는 존재라고 생각했기 때문이었다.

이처럼 이승하는 권력의 수중에 들어가 특정 이데올로기의 선전 도구가 되어 편파적인 "왜곡 보도"를 일삼는 저널리즘 사진을 빌려 권력과 "지식인"의 관계, "지식인"의 사회적 역할들을 성찰하였다. 그것은 이승하가 "사진은 일종의 파편일 뿐이기에, 그 도덕적·정서적 중요성은 사진이 어디에 삽입되는가에 따라 달라진다. 즉, 사진은 어떤 맥락에서 보이는가에 따라 변한다."[65]라고 말한 손택처럼, 사진도 그것을 이용하는 사람의 신념과 가치관에 따라 사실을 "왜곡"하고 진실을 뒤바꾸는 매체임을 인식하고 있었기 때문이었다. 결국 이승하는 현실을 폭로하는 수단이 아니라 현실을 은폐하는 수단으로 쓰인 저널

---

64) 이승하, 『한국 시문학의 빈터를 찾아서 2』, 서정시학, 2014, 315쪽.
65) 수전 손택, 앞의 책, 158쪽.

리즘 사진을 빌려, 특정 이데올로기의 도구로 전락한 신문과 예술의 비윤리적 현실과 독재 정권을 옹호하는 "지식인"들의 비양심적인 실태를 비판하였다.

2.2. 다큐멘터리 사진을 수용한 시

이승하가 수용한 사진 중 6컷은 정범태·최민식·유진 스미스(Eugene Smith)·발터 스튜더(Walter Studer)가 찍은 다큐멘터리 사진(Documentary Photography)이었다. 보통 일시적 상황의 시사적 사건을 기록하는 저널리즘 사진과 달리, 'document' 즉 '기록한다'라는 사진의 본질적 속성에서 출발한 다큐멘터리 사진은 인간이 처한 실존적 상황 즉 인간과 세계의 관계에서 더 근본적이고 영구적인 진실을 기록하는 사진이다. 물론 빈곤과 소외, 사회적 약자 등의 문제에 중점을 둔 사회적 다큐멘터리 사진은 현실 기록을 바탕으로 사회 참여적 성향과 현실 개조에의 의식을 보여 주었다. 부조리한 사회 구조나 제도, 인간의 참상과 절망 등을 소재로 하여, 이러한 현상의 문제점을 심층적으로 분석하고 그 해결책을 제시하였다. 그러나 다큐멘터리 사진은 인간사의 모든 양태에서 본질적인 것을 추출하여 표현하는 것을 원칙으로, 생에 내재한 리얼리티를 포착하여 그것을 주관적으로 표출하는 사진이다. 사회를 소재로 한 날카로운 현실 인식의 산물이면서 인간 삶을 소재로 한 주관적인 표현 매체라는 양면적 특성을 지닌 표현 양식이 바로 다큐멘터리 사진인 것이다.

−최민식 사진집 『人間』 제6집에서

또 한 인간의 죽음이 잉태한
아픈 시간의 인자들
산 자들, 무슨 죄 있어
망자를 울며 보내고
상복 불태우고

연기 사라진 하늘가로
그대 자식이 입었던 수의도
불태워져 연기로 사라질 터이니
사라질 것은 차례차례
이 땅에서 다 사라질 터이니
울지 말아라 이승의 피붙이들아
저 저승이 여기보다 못하진 않으리
그 어떤 끈보다 질기다는
사람의 명줄이야 반드시 끊기는 법

이 땅과 저 태양도 반드시 식는 법
그러니 너무 그렇게 울지 말아라
시간은 누구에게나 공평하니
지상에서 울리는 모든 시계 소리는
인간을 위한 진혼곡이니.

−「시계를 찬 상제」 전문, 『생명에서 물건으로』

이승하는 「시계를 찬 상제」에서 "최민식 사진집 『人間』 제6집"에 실린 다큐멘터리 사진을 인용하였다. "최민식"(崔敏植, 1928-2013)은 시대를 기록한다는 사진의 역사적 사명을 평생토록 지켜 온 다큐멘터리 사진가이다. 『人間』 제6집"이라는 "사진집" 제목이 말해 주듯, "최민식"은 사회적 현실을 개선하기 위한 사진적 발언을 하는 데 그치지 않고 인간사의 모든 진실을 기록하고자 한 사진가였다.[66] 따라서 김문주가 "언어에 대한 관심보다 인간의 존재론적 본질에 경사된 시인"[67]이라고 평가했던 이승하는 "죽음"과 부재와 상실에 관한 근원적 통찰을 보여주기 위해 이 사진을 인용하였다. "명줄이야 반드시 끊기는 법"이라는 그의 인식처럼, "죽음"은 누구나 피할 수 없는 숙명이고 장례는 누구나 치러야 하는 통과제의이며 소복을 입고 "울"고 있는 여인의 상실감은 사랑하는 이의 부재 앞에서 누구나 아프게 확인해야 하는 진실한 감정인 것이다.

특히 이승하는 이 사진의 시각적 특성에 주목하여, 바르트가 말한 푼크툼(punctum)[68]적 독법으로 "죽음"과 부재에 관한 주관적인 해석을 시도하였다.

---

66) 최민식의 '인간 시리즈'는 총 15권인데, 제15집은 유작 사진집이다.

67) 김문주, 「이승하 작품론-구도(求道)의 길, 구도(舊道)의 여정」, 『유심』, 만해사상 실천선양회, 2009 3/4월호, 241쪽.

68) 바르트는 사진의 본질을 '코드 없는 메시지'에서 찾았음에도 불구하고, 사진이 지닌 메시지를 '스투디움(studium)'과 '푼크툼(punctum)'의 두 요소의 공존으로 보았다. 스투디움이란 촬영자가 자신의 사진에 의식적으로 부여한 의도 혹은 의미로, 일반화된 지식·문화 등의 '공공의 것'을 말한다. 푼크툼은 촬영자가 의도하지도 않았는데 갖는 우연적인 의미로, 독자가 주관적인 해석으로 의미를 창조한 '사적인 것'을 말한다. 스투디움이 기호화되는 이미지임에 반해, 푼크툼은 기호화될 수 없는 이미지이다. 스투디움을 분산시키거나 해체하는 푼크툼은 보는 이에게 '상처'를 입히고 자극을 주는 강렬하고 충격적인 경험이다. 따라서 이 푼크툼이야말로 문자 언어와 구별될 수 있는 사진만의 독자적인 시각 언어라고 할 수 있다.(롤랑 바르트, 앞의 책, 34-37쪽.)

그는 굴건제복의 상주가 찬 "시계", 즉 '중심에서 벗어난 하찮은 세부'로 촬영자가 의식하지는 않았지만 사진에 '우연히' 찍혀 오직 나에게만 '상처'를 입히고 자극을 주는 "시계"에 주목하여 그 의미를 보편적이고 본질적인 삶의 양태로 확장하였다. "시계"를 보며 "누구에게나 공평"한 인간의 유한성을 확인하고, "시계 소리"를 "인간을 위한 진혼곡"으로 인식하면서 세상의 모든 "죽음"과 무상함에 동참했던 것이다. 이렇듯 이승하는 생로병사와 희로애락 등 생을 지배하는 실존적 양상에 내재된 존재론적 진실을 발견하고자 할 때는 다큐멘터리 사진을 차용하였다.

2.3. 예술사진을 수용한 시

이승하가 차용한 사진 중 7컷은 앙드레 케르테츠(Andrè Kertèsz)와 듀안 마이클(Duane Michals)의 예술사진(Fine Art Photography)이었다. 카메라의 기계적 기록성과 렌즈의 사실적인 묘사력을 표현 원리로 외부 세계를 충실히 재현하는 저널리즘 사진이나 다큐멘터리 사진과 달리, 예술사진은 주체의 내면 세계에 떠오른 이미지를 좇아 그것을 주관적이고 독창적으로 표현하는 양식이다. 인간의 내면에는 객관적이고 과학적인 입장과는 다른 주관적이고 심미적인 감각의 층위가 존재하므로, 예술사진은 개인의 감성이나 조형 감각을 빌려 빈틈없는 시각적 밀도를 추구한다. 특히 모더니즘 예술사진에서는 서사성이나 논리성이 드러난 의미보다는 언어로 전환할 수 없는 시각적 표현과 상상력을 중시한다. 작가의 권위에 따른 사적이고 자기충족적인 의미를 지니고, 사회성이나 역사성이나 도덕성보다는 감성이나 개성이나 창조성을 드러내는 것이다. 그리하여 모더니즘 예술사진은 정치적 이데올로기적 맥락을 거부하고 이미지와 현실 간의 관계를 끊어 독자성과 자율성과 미적 감수성을 지닌 형식주의 미학을 완성하였다.

「떠돌이 바이올리니스트」, 1921년.
—Andrè Kertèsz 촬영

헝가리, 1921년
세 사람이 있습니다
눈먼 떠돌이 바이올리니스트와
맨발의 소년은 父子이겠지요
길을 가면서
바이올린을 왜 켜는지 모르겠지만
어린애 하나 나와 구경하고 있습니다

세 생명을 생명이게 한
72년 전의 불가사의한 햇살이
먼 태양으로부터 오는 데
몇 년의 시간이 걸렸을까요
세 생명을 빛이게 한
72년 전의 불가해한 음률이
저 악기로부터 연주되는 데
몇 년의 시간이 필요했을까요

빛이 하늘에서 소리치고
소리가 땅에서 빛날 때
생명은 자라고
늙고 병들고
지금 저 세 사람 가운데

누가 살아 있을지
1921년, 헝가리.

　　　　　　　　　　　　　　　-「빛과 소리」 전문, 『생명에서 물건으로』

　이승하가 「빛과 소리」에서 차용한 사진은 헝가리 출신 사진가 "Andrè Kertèsz"의 예술사진이다. "헝가리, 1921년"의 어느 길거리를 "바이올린"을 "켜"며 떠도는 "눈먼" "바이올리니스트"와 "맨발의" 아들과 "구경하고 있"는 "어린애", 그 "세 생명"을 "촬영"한 이 사진은 어린 아들의 안내로 집 없이 "길"을 "떠돌"아야 하는 "눈먼" "바이올리니스트"의 신산하고 남루한 삶을 독창적인 시각 요소로 표현하여 사진가의 개성과 창의성을 드러내고 있다. 소실점으로 사라지는 마차바퀴의 선, 소실점 오른편의 하얀 벽면, 세 인물이 이루는 삼각형 구도가 아웃 포커스된 배경이나 저물녘 사광(斜光)에 의해 미적으로 영상화되어 서정성을 짙게 드러내고 있다. 사진가가 인위적으로 조절한 이러한 시각적 요소는 바가본드(vagabond)로서의 "떠돌이 바이올리니스트"가 유발하는 우수의 정서나 인간의 근원적 소외 의식을 드러내는 낯선 "길"을 시적인 분위기로 이끌며 사진가 내면의 감성을 부각시킨다.

　그런데 이승하의 이 '사진시'가 흥미로운 것은 그것이 "72년 전의 불가사의한 햇살이/먼 태양으로부터 오는 데/몇 년의 시간이 걸렸을까"라는 질문으로 "세 생명을 빛이게 한" 사진의 기원에 질문을 던진다는 점이다. 존재론적 관

---

69) 사진 인덱스론에서의 인덱스는 찰스 퍼스(Charles Peirce)의 기호학에서 출발한 개념이다. 산에 불이 났을 때 연기가 나는 것처럼, 어떤 사실의 원인적 생성 혹은 자국인 사진은 기호와 개념 사이에 필연적인 인과 관계를 갖고 있는 지표(index)이다. 사진을 지문(指紋)이나 모래 위의 발자국 또는 '토리노의 성스런 시의(屍衣)'나 와이셔츠에 묻은 키스자국처럼 대상이 스스로 자신의 모습을 찍음으로써 대상과 밀착된 어떤 것이다.(김혜원, 「오규원 시의 창작 방식 연구-포스트모더니즘 기법을 중심으로-」, 전북대학교 대학원 국어국문학과 박사학위논문, 2013, 179-180쪽.)

점에서 보면, 사진은 지표이다. 사진을 '자동 생성'의 이미지로 보았던 앙드레 바쟁(Andre Bazin)으로부터 출발한 사진의 인덱스(Index) 담론[69]으로, 바르트는 사진을 "저곳에 있던 실제의 물체로부터, 지금 여기에 있는 나에게 도달하기 위해 복사 광선이 출발"[70]하여 존재하게 된 예술로 보았다. 따라서 이승하는 복사 광선이 출발하여 존재하게 된 사진의 본질을 빌려, 생에 대한 근원적 질문을 던지며 자신의 시정(詩情)을 표출한다. "바이올리니스트"의 남루한 삶을 "72년 전"의 '그때-거기'에서 '지금-여기'의 시공간으로 데려와, 방랑자로서의 인간이 감내해야 할 외로움을 드러내고 있는 것이다. 더구나 "생명은 자라고/늙고 병들고" 결국 죽음을 맞게 되지만, '그때-거기'에 존재했던 '노에마(noème)'[71]로서의 사진은 "시간"을 초월한 이미지로 남아 보는 이의 감성을 부추기고 있다. 이처럼 이승하는 예술사진이라는 미학적 이미지를 수용하여, 이미지와 텍스트 사이에서 사색하는 몽환적이고 감성적인 자신의 내면 세계를 드러내었다.

2.4. 광고사진을 수용한 시

비교적 적은 양이기는 하지만, 이승하는 영화 스틸을 비롯한 광고사진(Advertising Photography) 2컷을 그의 '사진시'에 차용하였다. 후기산업사회는 대중매체와 광고에 의해 수요가 이루어지는 현상을 특징으로 한다. 따라서 자본주의 논리를 이끄는 것은 소비재에 대한 수요 창출을 목적으로 하는 광고 매체이고, 그 중심에는 사진 이미지가 있다. 그것은 사실적이고 구체적으로 상품

---

70) 롤랑 바르트, 앞의 책, 91쪽.

71) 바르트는 '그때 거기에는 있었지만, 지금 여기에는 없는' 존재 증명과 부재 증명, 즉 노에마(noème)를 사진의 본질로 보면서, 사진은 창조하지 않는 것, 인증 작용 그 자체, 현존에 관한 증명서라고 말하였다.(위의 책, 87쪽.)

을 직접 보여 주는 사진이라는 시각적(visual) 요소가 개념적이고 추상적인 기호로 전달하는 카피(copy)라는 언어적(verbal) 요소보다 소비자를 더 쉽게 설득할 수 있기 때문이다. 따라서 상품을 구매하도록 소비자를 설득해야 하는 광고사진은 상품의 정보 제공뿐만 아니라 기업의 이미지까지 표현하게 되었다. 그 결과 광고사진은 온갖 문법 체계와 수사법을 동원하여 인간의 욕망을 자극하고 물신화의 이데올로기를 조장하게 된다. 특히 성(性)을 상품화한 광고사진은 그 에로티시즘으로 소비자의 시선을 끌며 구매 심리를 자극하고 소비 문화 풍조를 양산해 낸다.

교도소로 갔다는 무용학과 여교수는
그놈의 아이스크림 때문에-라고 중얼거렸다고
그놈의 아이스크림 때문에
밥도 먹지 않고 떼를 쓰는
어린 딸을 아침부터 울리고
한 시간 남짓 만에 도착한 회사
퉤퉤, 커피에 혀를 데며
『디자인 저널』지를 들추면
혀와 아이스크림과 성기의 조화
나는 무엇을 연상해야 하는가
개 팔자가 상팔자라는데

아아 꼬리를 감추고 싶다.
　　　　　　-「혀와 아이스크림과 성기-戲畵, 1991년」부분, 『폭력과 광기의 나날』

이승하는「혀와 아이스크림과 성기-戲畵, 1991년」에서 "『디자인 저널』지"에 실린 섹스어필의 광고사진을 차용하였다. 소비 물품을 관능의 형태로 에로틱화한 이 사진은 "혀와 아이스크림과 성기의 조화"로 이루어진 콜라주(collage) 사진이다. 적나라하고 노골적인 신체의 섹스어필뿐 아니라 성적 심벌을 사용한 수사법으로 성 행위를 연상시키는 선정적인 광고사진인 것이다. 그런데 이 시에는 콜라주 이미지와 마찬가지로 어지러운 현실 세계의 세 장면이 병치되어 있다. "불의 심판을 받습니다"라는 "외침을 들으며" "1호선 전동차"에 "빨려"드는 장면, "전동차" 안에서 "스포츠 신문"에 실린 "미국의 농구 선수 매직 존슨에게/AIDS를 옮겼을지 모르는/후보 미인들의 사진"이나 "만화의 정사장면"을 "낯선 아가씨와 바짝 붙어서서" "함께" 보는 장면, "아이스크림 때문에/밥도 먹지 않고 떼를 쓰는/어린 딸을 아침부터 울리고" "도착한 회사"에서 "『디자인 저널』지"에 실린 이 사진을 보며 "아이스크림 때문에" "교도소로 갔다는 무용학과 여교수"를 떠올리는 장면이 바로 그것이다.

따라서 자본주의 꽃이자 음험한 무기인 광고 이미지를 인용한 이 시는 자본주의 사회의 착취 체제를 빌려 자본주의 사회를 공격하는 방법으로 볼 수 있다. "후보 미인들의 사진"이나 "『디자인 저널』지"의 광고사진들은 상품 판매 촉진을 위해 마케팅에 성을 이용하여 대중의 의식을 마비시키는 광고 산업의 대표적 사례인 것이다. 따라서 이승하는 소시민으로서의 회사원의 가쁜 일상과 고달픈 현실을 가상 이미지에 함몰된 "여교수"와 대조적으로 병치시켜, 성 윤리의 타락을 야기한 물질만능사회를 비판한다. 자본주의 소비 사회를 이끄는 가장 강력한 대중매체로서의 광고사진을 빌려 산업 문명과 물신 사회의 폐해를 비판한다. 이득재는 "광고의 가장 무서운 힘은 이렇게 '저항의 장소를 계속 박탈해 나간다는 데 있"[72]다고 지적했지만, 이승하는 광고사진을 이용하여 성에 탐닉한 인간을 시 텍스트에 전경화하여 희화화한 후, 자본주의 상업 광고와 성적 욕망의 긴밀한 관계를 드러내고 소비 문화와 물질 문명에 대한 저항의 메시지를 보여 주었다.

3. 시 텍스트와 사진 이미지의 편집 형식에 따른 상호매체 결합 양상

3.1. 단일 사진 형식으로 편집한 시

벤야민은 「생산자로서의 작가」[73]에서 생산을 구속하는 제약을 문자와 영상의 제약으로 인식하고, 문학에 영향을 끼치는 기술적 요소를 검토한 후 생산기구를 변혁시키고 기술의 진보를 이루는 작가를 '생산자로서의 작가'라고 불렀다. 그는 사진에 글을 덧붙이는 방식으로 사진이 유행적 소비 상품으로 전락하는 것을 막으려 하면서, 생산자로서의 사진가란 단순하게 사진과 텍스트를 결합시키는 작가가 아니라 그 결합으로 독자의 참여를 이끌어 내는 작가임을 강조하였다. 그는 소설·희곡·시의 기능 전환을 위한 출발점을 르포르타주 사진 형식에서 찾아, 이 새로운 대중매체를 학습하고 응용해 가며 삶의 여러 조건들을 문학화할 것을 제안하였다. 벤야민의 매체 이론은 문자와 이미지의 전통적인 경계를 해체하고, 텍스트와 이미지의 매체 결합을 필수적인 것으로 간주한 것이었다.

---

72) 이득재, 「광고, 욕망, 자본주의」, 김진송·오무석·최범, 『광고의 신화, 욕망, 이미지』 재판본, 현실문화연구, 1999, 28-29쪽.
73) 발터 벤야민, 심성완 편역, 「생산자로서의 작가」, 『발터 벤야민의 문예이론』, 민음사, 1983, 253-271쪽.

식사 감사의 기도를 드리는 교인을 향한
인류의 죄에서 눈 돌린 죄악을 향한
인류의 금세기 죄악을 향한
인류의 호의호식을 향한
인간의 증오심을 향한
우리들을 향한
나를 향한

소말리아
한 어린이의
五體投地의 禮가
나를 얼어붙게 했다
자정 넘어 취한 채 귀가하다
주택가 골목길에서 음식물을 게운
내가 우연히 펼친 『TIME』지의 사진
이 까만 생명 앞에서 나는 도대체 무엇을
　　　　　　　－「이 사진 앞에서」 전문, 『폭력과 광기의 나날』

유행적 소비품으로서의 사진에 혁명적 사용 가치를 부여한 작가를 '생산자
로서의 작가'라고 일컬은 벤야민의 개념으로 본다면, 이승하는 '생산자로서의
작가'임에 분명하다. 그것은 이승하 역시 신문이나 잡지의 맥락 속에 놓여 있
던 레드메이드(ready-made) 이미지를 발췌하여 시의 맥락 안에 재구성하는 방
식으로, 일회적 소비품으로 그치는 사진에 새로운 가치를 부여한 시인이기 때

문이다. 더구나 이승하는 시 텍스트와 사진 이미지를 병치하는 과정에서, 사진의 내용에 따라 시의 형식을 고려하며 사진에 가치를 부여함으로써 개성적인 시세계를 확립하였다. 이 과정에서 현실 세계를 직접적으로 보여주고자 할 때는 1편의 시와 1컷의 사진을 엮어 편집하는 단일 사진 형식을 사용하였다. 이로써 작가의 사상과 감정을 한 개의 프레임 안에 완벽한 구도로 짜 넣는 단일 사진 형식을 13편의 시에서 보여 주었는데, 이승하 시에서 가장 널리 알려진 「이 사진 앞에서」는 단일 사진 형식으로 편집된 작품이다.

위 사진에 쓰인 "IMAGES '92"는 이 사진이 "『TIME』지"가 선정한 1992년 올해의 사진임을 알려 준다. 바짝 마른 "소말리아/한 어린이의" 뼈만 남은 앙상한 몸은 아이의 오랜 굶주림을 말한다. 그러나 극한의 고통에도 세상은 불공평하여, 이승하의 지적처럼 "지구 한편에서는 수많은 사람이 굶어 죽어가고 있고 다른 한편에서는 살이 너무 쪄 지방 제거수술을 하고 있"[74]다. 따라서 "인류의 호의호식"으로 "취한 채 귀가하다/주택가 골목길에서 음식물을 게운" 이승하는 "최소한의 양심"[75]을 잃지 않고 기아로 고통의 순간에 직면한 흑인아이 사진 1컷을 차용한 '사진시'로 아프리카뿐 아니라 전 세계에 만연한 기근과 기아의 문제를 전면화하였다.

그런데 단일 사진 형식으로 편집된 「이 사진 앞에서」에서는 이승하의 시행 배열법에 주목할 필요가 있다. 힘이 없어 일어나지 못하는 흑인아이를 어른이 일으키는 순간을 포착한 "이 사진"에서, 이승하는 불자(佛者)의 "五體投地의 禮"를 연상하였다. 그리하여 그는 "五體投地"하는 사진 이미지와 유사한 형태

---

74) 이승하, 「작시법을 위한 나의 시, 나의 시론: 폭력과 광기, 혹은 사랑과 용서의 시」, 『문예운동』 제113호, 문예운동사, 2012 봄호, 157쪽.
75) 위의 글.
76) 위의 글.

로 시행을 배치하여, 그가 견지하고자 하는 성찰적 구도의 자세를 시각화하였다. "어린이"를 향한 자신의 "五體投地의 禮", 즉 자신의 참회의 자세를 시각화한 것이다. 기아는 자본주의의 구조적 모순에서 발생하고 "우리는 모두 저 못먹어 죽어가는 아이에게 폭력을 휘두른 것"[76]이므로, 윤리적 자아로서의 이승하는 '대속(substitution)' 의식을 실행했던 것이다. 이와 같이 이승하는 단일 사진 편집 방식과 시행을 시각화하는 방식으로 '눈으로 보는 시'를 창작하여, 아직까지도 해결되지 않은 기근과 가난과 그로 인한 고통을 세상에 널리 알리고 공동의 연대감을 형성하는 것을 작가의 사회적 역할로 인식한 '생산자로서의 작가'였다.

3.2. 포토스토리 형식으로 편집한 시

저널리즘의 르포르타주(reportage)에서 쓰이는 포토 스토리(photo story)는 사진과 기사, 즉 이미지와 텍스트를 치밀한 계획 아래 결합하여 하나의 일관된 이야기를 형성하는 편집 방식이다. 따라서 포토 스토리는 단일 사진과 달리, 하나의 주제 아래 일련의 사진들을 한 묶음으로 엮어 표현하는 연작사진 형태를 취한다. 한 장 한 장의 사진을 단순하게 모아 놓는 것이 아니라 논리성에 근거하여 단계적으로 구성하고 일관성 있는 스토리를 전개함으로써, 사건의 전말이나 핵심 요소를 알기 쉽게 전달하고 주제를 효과적으로 표현한다. 세계의 편린으로서의 사진은 시공간의 한 순간과 한 부분만을 포착할 수밖에 없으므로, 포토 스토리는 하나의 주제를 여러 장의 사진으로 심층적으로 탐구하여 세계 현상의 이면에 숨은 진실을 드러내는 것이다. 이승하는 포토 스토리 형식을 12편의 시에서 보여 주었는데, 「현대의 묵시록」은 다리를 잃고 병상에 누워 있는 한 소년 병사와 총기를 소지한 세 명의 소년 병사를 촬영한 『Time』지의 포토 스토리를 인용한 시이다.

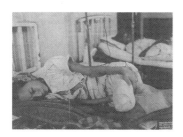

물 속에서 군복 입은 시체가 떠오르리라
살과 피가 썩는 악취
터진 내장을 그대로 너덜거리는
한쪽 다리가 없는 시체
만신창이의 시체는 소년이리라
낙동강 전투 메콩강 전투
죽은 소년들이 수없이 떠올랐듯
강에서 산악에서 도시에서
수없이 많이 버려지리라

소년들의 죽음은
태어난 순간부터 결정되어 있지는 않았네
사랑보다 먼저 증오를 배우고
용서보다 먼저 분노를 익힌
소년 병사들에게 물을 필요는 없으리
장난감이 아닌 그 총을
무엇을 바라 손질하고 있는가를
동요가 아닌 그 노래를

누구를 위해 부르고 있는가를

그런데도 어른들은 웃고 있으리
거기, 사람을 닮지 못한 어른들이
사람의 얼굴을 한 어른들이
의지할 주님도 없이 은총도 모른 채
문명의 고혹적인 입술 아래 경련하며
표적 없는 어둠 향해 방아쇠 당기리
피 마르지 않은 칼로
피 식지 않은 죽은 자를 난자하리
한 모금의 공기가 남지 않을 때까지
한 모금의 물이 말라 없어질 때까지

-「현대의 묵시록」 전문,『폭력과 광기의 나날』

「현대의 묵시록」은 "어른들"이 일으킨 전쟁이 어린 "소년"들에게까지 미친 폐해를 "묵시록"적으로 보여 주는 시이다. "사랑보다 먼저 증오를 배우고/용서보다 먼저 분노를 익힌/소년 병사들"을 재현한 이 사진은 '혼란이 일어난다-혼란을 수습한다-해결을 이끈다'라는 전통적인 3막 스토리 구성 방식과 서사 구조를 빌려 해석할 수 있다. 즉 "한쪽 다리가" 잘린 채 침상에 누워 있는 "소년"은 '혼란'의 상황이고, "동요가 아닌 그 노래를" "부르고" "장난감이 아닌 그 총을" "손질하고 있는" "소년 병사들"의 모습은 '수습'을 위한 행위이다. 또한 "사람을 닮지 못한 어른들"에게 맞서기 위해 "어른들"처럼 "한 모금의 공기가 남지 않을 때까지/한 모금의 물이 말라 없어질 때까지" "방아쇠 당기"고 "죽은 자를 난자하"기 위해 "총"을 소지한 13살짜리("only 13 years old") "소년 병사"의 비장한 표정과 몸짓은 이들이 선택할 수밖에 없었던 '해결책'이었다.

내러티브(narrative)가 생명인 포토 스토리는 그것이 응집력 있는 것으로 통합되지 않을 경우 단순한 개별 사진에 머물게 되므로, 사진과 언어의 조화가 무엇보다도 필요한 편집 방식이다. 그런데 이승하는 『Time』지의 포토 스토리에서 차용한 사진 이미지에 기사 대신 자신의 시를 텍스트로 결합하여, 사진을 보도록 하는 데 그치지 않고 자신이 해석한 맥락에 따라 읽도록 독자를 유도한다. 그는 "소년 병사"가 처한 비극적 현실을 시공을 초월한 차원으로 확장하여, 세계에서 자행되고 있는 전쟁 상황의 제유적 표현으로 "낙동강 전투 메콩강 전투"를 제시하였다. 세계 현상을 다원적이고 심층적으로 파악하기 위해 포토 스토리 형식을 이용한 이승하의 '사진시'는 21세기 지금 이 순간까지 자유와 평화, 인간 해방과 평등 등의 명분을 내걸고 인류가 벌이고 있는 전쟁의 진실을 알려 주면서 반전 메시지를 강력하게 전달하고 있다.

4. 시 텍스트와 사진 이미지의 의미 구성 방식에 따른 상호매체 효과

4.1. 시 텍스트가 사진 이미지의 의미를 '중계'하는 경우

바르트는 『이미지와 글쓰기』[77]에서 이미지와 언어의 기능을 탐색하면서, 사진과 제목(title)과 사진 설명인 캡션(caption)의 긴밀한 의미 작용을 '중계'와 '정박'의 두 개념으로 설명하였다. 도상적 메시지의 특성을 다의적이고 불확실한 것으로, 언어적 메시지의 특성을 관념적이고 규정적인 것으로 인식한 그는 사진을 물리적으로 아무 말도 하지 못하고 그 밑에 적힌 텍스트의 입을 빌려서 말을 하는 것으로 파악하였다. 그리하여 이미지 혼자만으로는 말하지 못하는 것을 텍스트가 보충하고 연결해 주는 것을 '중계'의 기능으로, 이미지가 가진 시니피에(signifié)들의 고정되지 않은 연쇄를 텍스트가 하나의 의미로 고정시켜 주는 것을 '정박'의 기능으로 설명한다.[78] 바르트는 이미지와 텍스트의 고유한 특수성을 인정하면서도 서로가 관계망을 구축해야 할 것으로 인식하였는데, 그것은 이미지와 텍스트가 '중계'와 '정박'과의 상호작용을 통해 완전한 의미 해석에 이르도록 해 주기 때문이었다.

---

77) 롤랑 바르트, 김인식 편역, 『이미지와 글쓰기』, 세계사, 1993, 93-97쪽.

78) 이미지와 텍스트라는 두 기호 체계의 결합에서 글이 사진의 잉여정보로만 작용할 때는 '중계', 글이 사진보다 주정보로 작용할 때는 '정박'이라고 할 수 있다. 즉 글이 사진에서 드러난 내용을 동어반복적으로 보충하여 기술하면 '중계', 글이 사진에서 확실하게 드러나지 않은 것을 기술하여 사진 해석의 방향을 제시해 주면 '정박'으로 볼 수 있다.

MAGGIE STEBER—JB PICTURES

아이티의 하늘이 너무 푸르다
지평의 끝 구름이 피어오르는데
점심시간일까 거리는 별 기척이 없다
익숙해진 것일까 총성에 아랑곳하지 않는
능청맞은 이웃을 배경으로 원주민 하나
심장이 뚫려, 한길에 드러누워
지구의 자전을 멈춰 놓았다
전세계의 시계바늘을 고정시켜 놓았다
『Newsweek』1988년 1월 4일자 34페이지
총알 하나가 한 사내의 숨통을 끊었으나
총알 하나가 한 사내의 숨통을 끊었으나
스페인의 아이티, 프랑스의 아이티, 미국의 아이티
총알 하나로 한 사내의 숨통을 끊지 못해
프랑소와 뒤발리에의 아이티, 장-클로드 뒤발리에의 아이티*
탕! 한낮에 총성이 울리고 느닷없는 외침 소리
나둥그러진 자네 그때 라디오를 듣고 있었나
무슨 소식을, 무슨 노래를, 또 무슨 성명을
자넨 이제 울지 않겠군 더 이상 항거하지 않겠어
民軍評議會 의장 앙리 낭피 참모총장은 선거 실시를 거부했다지

나는 사로잡혔다 사진 한 장에
너무나 자연스럽게, 너무나 평화롭게 죽어 있기에
이제 이웃과 조국과 역사가가 그의 이름을 지우리라
내 일을 남에게 떠맡기면서 내가 나를 지우게 되듯
거리의 핏자국 금세 지워질 테고 무풍의 거리
한가운데 나뒹그러진 자네 몸 금세 부풀어오르리라
한낮의 침묵, 침묵의 공포, 공포의 한낮에
나는 사로잡혀 있다 질식할 것만 같다 타인의 삶에
끔찍이도 무관심한 이웃을 배경으로 죽은 깜둥이.

* 1957년에 집권한 종신대통령 프랑소와 뒤발리에의 아들 장-클로드 뒤발리에가 1986년 2월 7일에 국외로 망명하자 아이티의 독재정치는 일단 막을 내렸다. 그 뒤 民軍評議會가 발족되어 국회를 해산하고 정치범을 석방, 개혁작업을 추진해 오고 있으나 그 속도는 부진하며, 시위와 폭동은 끊이지 않고 있다. 1987년 실시될 예정이던 총선거가 무산되자 인구 600만의 이 나라에서는 또 한 차례의 총파업이 일어나 100명 이상의 사상자가 발생하였고 낭피는 도미니카로 망명하였다.

–「공포의 한낮」 전문,『폭력과 광기의 나날』

시집『폭력과 광기의 나날』의 맨 첫 시로 편집된「공포의 한낮」에 실린 위 사진은 "『Newsweek』1988년 1월 4일자 34페이지"에 실렸던 사진이다. 이 시는 시 텍스트가 사진 이미지의 의미를 '중계'하는 경우로 볼 수 있다. '중계'는 글이 사진에서 드러난 내용을 동어반복적으로 보충하여 기술하는 경우이다. 이 시에서 사진 이미지는 "한낮"의 "거리"를 배경으로 "총알"에 "심장이 뚫려, 한길" 아스팔트에 쓰러져 피 흘리며 "나뒹그러진" "깜둥이" 시신을 적나라하게 '보여준다.' 따라서 일단 이승하는 이 사진이 드러내고 있는 내용을 시 텍스트에 동어반복적으로 기술한다. 그리고 사진 이미지에 "자네"에게 질문을 던지는 대화 형식의 시 텍스트를 덧붙이고, "프랑소와 뒤발리에"와 "장-클로드 뒤발리에"에 대한 주석의 보조 텍스트까지 덧붙여 정보를 풍부하게 하였다. 그 결과 독자는 "깜둥이"가 독재 권력의 폭력에 희생된 "원주민"임을 알게 되고,

"아이티의 독재정치"의 역사를 대략적으로나마 이해하게 된다. 이승하는 이처럼 '중계'의 기능을 이용하여 이미지의 의미를 총체적으로 해석할 수 있도록 독자를 유도하였다.

　이미지와 텍스트의 '중계' 기능은 사진이 지닌 두 가지 제한적 속성에서 유래한다. 하나는 세계의 파편으로서의 사진이 현실의 단면만을 보여줄 뿐, 이미지 너머의 또 다른 현실은 보여줄 수 없기 때문이다. 다른 하나는 기표(記標, signifiant)와 기의(記意, signifié)가 구별되지 않는 '코드 없는 메시지'로서의 사진이 세계를 그대로 재현만 할 뿐 그것을 해석해 주지 않기 때문이다. 따라서 '코드 없는 메시지'인 사진언어의 추상적이고 관념적이고 형이상학적인 의미는 '코드 있는 메시지'인 문자 언어를 빌려 파악된다.

　그런데 이승하는 이 '사진시'에서 사진 이미지를 시 텍스트로 '중계'하게 된 개인적인 이유를 밝히고 있다. 그것은 그가 "너무나 자연스럽게, 너무나 평화롭게 죽어 있"는 이 "사진 한 장"으로부터 받은 최초의 충격 때문이었다. "죽음을 재현하는 사진들은 강력한 정서적 호소력을 갖"[79]기 때문에, 이승하는 이 "사진 한 장"을 보고 "질식할 것만 같"은 "공포"와 충격에 "사로잡혀 있"었던 것이다. 그러나 언어보다 훨씬 강렬한 힘을 갖는 "이미지는 분석이나 분해 없이 의미들을 즉각적으로 강요"[80]만 할 뿐 별다른 정보를 제시하지 못해 "이웃과 조국과 역사가 그의 이름을 지우"게 될 것임을 알기에, 이승하는 시 텍스트의 진술을 빌려 "깜둥이"의 죽음에 역사적·사회적 의미를 부여했던 것이다. 더구나 그는 식민지 "아이티" 현실을 통해 "스페인"과 "프랑스"와 "미국"의 식민 지배 이데올로기까지 비판하였다. 이승하는 시 텍스트로 사진 이미지를 '중

---

79) 주형일, 「사진은 어떻게 죽음과 연결되는가」, 『인문과학연구』 제47권, 강원대학교 인문과학연구소, 2015, 614쪽.
80) 롤랑 바르트, 정현 옮김, 『신화론』, 현대미학사, 1995, 18쪽.

계'하는 과정에서, 사진 이미지가 부여하기 어려운 관념적이고 형이상학적 의미를 더욱 강화해 나갔다.

4.2. 시 텍스트가 사진 이미지의 의미를 '정박'하는 경우

사진 이미지와 사진에 대한 설명으로서의 언어 텍스트의 관계는 '중계'뿐만 아니라 '정박'의 개념을 통해서도 설명된다. 사진 이미지의 고정되지 않은 다양한 의미를 특정한 하나의 의미로 고정시켜 주는 '정박'의 기능은 이미지의 가장 큰 특징인 다의성에서 비롯된다. 기술적인 설명이 없는 이미지는 그 모호성으로 맥락에 따라 왜곡될 수 있고, 해독의 과정에서도 파편화된 양상을 띠어 수신자에 따라 서로 다른 해석을 낳을 수 있다. 따라서 이미지의 환영, 시니피에들의 고정되지 않은 연쇄를 제거하기 위해 구체적인 정황을 부여하여 사진의 다층적인 의미를 한정하는 것을 언어 텍스트가 수행하게 된다. 물론 사진 이미지의 전후 맥락을 설명하여 일의적인 해석의 방향을 제시해 주는 이 '정박'의 기능에는 텍스트 생산자의 의도가 적극적으로 개입하게 된다.

나를 노려보지 마라, 잭 니콜슨
아니, 맥머피*

철조망 안에 서 있는
너의 눈빛이 너무 무서워
나는 죄가 없어, 맥머피
아니, 용서받을 수 없는 죄를 졌다
낳아주시고, 키워주시고, 학교까지 보내주신
애비와 에미를 나는 열여섯 살에 버렸었지
나이를 먹으면서 친구와 친척을,
동료와 전우를, 애인을 버렸었지
얼마나 오래 탈옥을, 일본으로의 밀항을,
지상으로부터의 탈출을 꿈꾸었던가
仁川 李氏 성을 버리기 위해 얼마나 발버둥이쳤던가
관계를 맺을 때마다 얼마나 두려움에 사로잡혔던가
더 이상 죄의식에 사로잡히고 싶지 않아
맥머피, 나쁜 자식, 네가 뭘 안다고
나를 노려보니?
처형하지 않으면 처형되기 때문에?
무서운 애비와 에미
그분들을 내가 처형해도
모든 것을 알고, 모든 것을 행하는
神은 나를 용서하리라 믿었었지
누대의 조상은 이해하리라 믿었었지
난 더 이상 잃어버릴 것이 없단다
그러니 노려보지 마라, 잭 니콜슨
아니, 맥머피
철조망 밖에 서 있는
너의 눈빛이 너무 무서워
나를 이 감옥에서, 이 세계에서
이 거대한 병동에서 내보내주어
철조망을 걷어주어……빨리!

* 맥머피 : 켄 키지의 소설『뻐꾸기 둥지 위를 날아간 사나이』의 주인공 이름.
　　　　　　　　　　　　-「잃어버린 관계」 전문,『폭력과 광기의 나날』

「잃어버린 관계」는 "켄 키지의 소설 『뻐꾸기 둥지 위를 날아간 사나이』"를 각색한 영화 〈뻐꾸기 둥지 위를 날아간 새〉의 스틸 사진을 인용한 시이다. 애매모호한 이미지의 특성으로, 독자는 이 클로즈업한 인물의 정체를 쉽게 알아차리지 못한다. "철조망 안"인지 "철조망 밖"인지도 분간할 수 없다. 이처럼 이미지가 의미를 드러내지 않아 발생하는 사진의 모호성은 "잃어버린 관계"라는 이질적인 제목과 충돌하면서 더욱 증폭되고, 독자의 호기심 또한 더욱 고조된다. 그것은 움베르토 에코(Umberto Eco)가 언급한 것처럼 "극도로 모호한 메시지는 그만큼 정보량이 풍부한 메시지이다. … 생산적인 모호함은 나의 정신 집중과 해석의 노력을 유발"[81]하듯 우리의 지각을 사로잡는 힘은 모호성에서 오고, 그 모호성이 호기심을 일으키는 불확실성 또는 불안과 공포라는 광범위한 감정까지 증폭시키기 때문이다. 그러나 각주 형식의 구체적인 텍스트가 수행하는 '정박'의 기능으로, 이 남자가 『뻐꾸기 둥지 위를 날아간 사나이』의 주인공 "맥머피"임이 확인되는 순간 이 모호성은 사라지게 된다. 의미 전달이 직접적이고 명료한 시 텍스트 덕분에 이 남자는 정신병동에 감금된 "잭 니콜슨/아니, 맥머피"로, "철조망"은 거대한 정신병원의 "철조망"으로 '정박'되는 것이다.

따라서 「잃어버린 관계」에서 중요한 것은 텍스트 생산자의 '정박' 의도를 파악하는 일이다. 이승하는 이 시에서 사회에서 격리되어 고통받고 있는 "잭 니콜슨/아니, 맥머피"의 불행을 시적 화자의 불행과 동일시하고 있다. "잭 니콜슨/아니, 맥머피"의 병인(病因) 대신 시적 화자의 고통의 원인이 "무서운 애비와 에미"에 있음을 암시하며, 시적 화자의 트라우마가 가족 구성원의 폭력과 불화에서 야기된 것임을 드러낸다. 더구나 "나를 이 감옥에서, 이 세계에서/

---

81) 움베르토 에코, 김광현 옮김, 『기호와 현대 예술』, 열린책들, 1998, 173쪽.

이 거대한 병동에서 내보내주어"라는 외침은 아버지에 의한 폭력이 남성가부장제가 잔존하고 있는 한국 사회, 나아가 권위주의 사회를 유지하는 모든 권력과 이데올로기가 낳은 병리학적 증후임을 알려 준다. 따라서 정신 분열과 격리와 감금으로 인한 고통과 소외는 개인적인 병리 현상이 아니라 강요된 규율과 질서로 인한 사회 전체의 병리 현상으로 확대되면서, 거대한 정신병동"은 현 사회이며 치료받아야 할 환자는 인류 전체라는 결론에 이르게 된다.

이 시의 이러한 '정박'의 기능에서 주목해야 할 것은 시 텍스트가 '나'의 불안감을 증폭시키는 어투 즉 조남현이 말한 "의도적인 말더듬기 수법"[82]으로 전개되어, 이미지로는 표현하기 힘든 연약하고 불안한 영혼이나 내면 세계가 긴장감을 가지고 생생히 전달된다는 점이다. 김준오가 "비정상적 언어행위를 통하여 시인들은 비정상적 상황을 효과적으로 드러내고 세계에 대한 효과적인 저항 의식을 표명한다"[83]라고 지적했듯, 이 '말더듬기 수법'은 망상과 불면증, 불안과 공포에 시달리는 한 실존의 분열과 광기, 한 사회 구조의 착란 상태를 효과적으로 드러내고 있다. 더구나 미셸 푸코(Michel Foucault)가 말한, 광기를 이성의 검열 대상으로 바꾸어 놓은 현 사회에 저항하는 메시지로 독자의 시선과 사고를 '정박'시킨다. 시 텍스트가 부여한 '정박'의 기능이 사진의 모호성을 제거하면서, 폭력과 광기의 의미를 가족사적인 차원과 사회사적인 차원을 동시에 함축하는 것으로 확대하고 있는 것이다.

---

82) 조남현,「인간다운 삶에의 목마름」, 이승하,『우리들의 유토피아』, 나남, 1989, 130쪽.
83) 김준오,『시론』, 삼지원, 2013, 118쪽.

4.3. 사진 이미지와 기사 텍스트만 '병치'시킨 경우

바르트가 말한 '중계'와 '정박'이 잉여정보 또는 주정보로서의 텍스트를 이미지에 첨가하는 과정에서 발생하는 기능이라면, 이승하의 '사진시'가 사진 이미지와 기사 텍스트만을 단순하게 '병치'시킨 방법은 수용미학을 반영하여 독자를 의미의 생산자로 상정한 경우이다. '중계'와 '정박'은 텍스트 생산자의 일의적인 의미로 해석을 유도하고, 그 의미도 생산자의 신념이나 가치관 또는 시선과 권력의 힘에 따라 달라져 억압적 성격을 띠게 된다. 따라서 이승하는 자신의 시 텍스트는 생략하고 사진과 신문 기사만을 '병치'하여 이미지와 텍스트가 미묘하게 교차하는 긴장된 지점을 새로운 의미 공간으로 창조하였다. 그 결과 수용자는 사진 프레임에 재현된 이미지와 기사 텍스트의 전후 관계에서 암시되는 의미를 찾아, 이미지와 텍스트가 제시하지 않은 새로운 의미를 자의적으로 유추하여 해석하게 된다. 그리하여 해석이란 작가의 고정적인 의미 생성에 의해서가 아니라 수용자의 참여와 능동적인 해독에 의해서 완성되는 것임을 다음 시가 보여주고 있다.

Ⅰ. 1960년 4월 19일자 『韓國日報』 기사

청주공업고등학교를 위시한 청주상업고등학교, 청주고등학교 학생 1500여 명은 18일 하오 1시부터 스크럼을 짜고 〈압박과 설움에서 해방된 민족……〉이라고 통일행진곡을 부르면서 〈경찰은 학원에 간섭하지 말라〉〈학원에 자유를 달라〉〈3·15선거 다시 하라〉는 구호를 외치면서, 〈마산학생 살해 고문경관 처단하라〉〈경찰은 학원에 간섭 말라〉 등의 내용으로 된 삐라를 뿌리면서 데모를 하다가 경찰백차 또는 찝차와 츄럭을 타고 출동한 정사복 경찰관으로부터 무차별 구타를 당하고 무차별 체포를 당하여 100여 명이 연행되었다.

Ⅱ. 1965년 8월 26일자『東亞日報』기사

　　25일 서울에서는 韓日協定批准 무효화를 외치는 학생 데모에 관련, 충격적인 두 개 뉴스가 전해졌다. 그 하나는 이날 오후 1시 반 高大 데모 저지에 동원됐던 武裝軍人 수백 명이 高大構內에 난입, 도서열람실·강의실 안에까지 최루탄을 쏘고 실험실 기구를 부수고 학생들을 체포 연행한 사건이고, 다른 하나는 이날 오후 7시 朴正熙 대통령이 전국의 라디오·TV 방송망을 통해 학생 데모에 관한 소신을 천명한 것이다. 朴大統領은 〈데모 만능의 弊風을 기어이 뿌리뽑겠으며 데모가 계속되면 학교의 폐쇄도 불사하겠다〉는 강경한 태도를 보였다.

Ⅲ. 1980년 5월 17~27일『東亞日報』,『朝鮮日報』,『韓國日報』……

「1960~1980년」은 수용자의 해석을 염두에 두고 서로 다른 출처에서 인용한 기사와 사진 이미지를 '병치'의 방법으로 재구성한 시이다. 시 텍스트라고는 하지만 시인이 쓴 시는 한 줄도 없이, 신문 기사의 날짜와 신문사 이름이 적힌 3개의 텍스트 아래 배열된 2편의 기사, 3컷의 신문 사진이 전부인 시이다. 기존 오브제를 차용한 기법이므로 레디메이드(ready-made)로 볼 수 있는 이 시는 기사와 사진을 원래의 문맥에서 떼어내 새로운 감각의 레이아웃으로 시퀀

스를 구성하여, 수용자의 참여를 통한 다층적 해석과 새로운 내러티브의 생성을 유도하고 있다. 따라서 수용자는 자신의 사회적·역사적 지식을 바탕으로 상상력을 활성화하여 의미를 추론하는 능동적 가공 과정을 거치게 된다. 이로써 고정적인 의미는 해체되고 수용자가 부여한 특수한 의미를 지닌 독특한 텍스트가 새로운 문맥과 담론 속에서 재생산되는 것이다.

특히 세 번째 신문 기사를 여백으로 남겨 놓은 이 시는 빈 칸에 담긴 의미를 독자 스스로 유추하게 하여 능동적 해석을 유도하는 열린 텍스트로서의 가능성을 보여 준다. 물론 이 기사가 빈 칸으로 처리된 것은, 이승하의 말처럼 "광주에서의 시민 봉기가 언론에 전혀 보도되지 않았음을 … 상기시키고"[84] 싶었기 때문이다. 그러나 친숙한 사진이나 설명적인 기사일수록 충격이나 감동이나 여운이 약한 상황 전달에 그치고 말기 때문에, 빈 칸의 여백을 유추하게 하는 이러한 방법은 커뮤니케이션의 확장에 기여하게 된다. 즉 "I. 1960년 4월 19일자『韓國日報』기사"는 사진 "I-1"의 시각적 기표를, "II. 1965년 8월 26일자『東亞日報』기사"는 사진 "II-1"의 시각적 기표를 '중계'하거나 '정박'시켜 주지만, 특정한 기사가 없이 "III. 1980년 5월 17~27일『東亞日報』, 『朝鮮日報』, 『韓國日報』……" 아래 제시된 여백의 경우에는 "1960년 4월 19일"과 "1965년 8월 25일"이라는 제목 아래 연대기적으로 배열된 기사를 보면서 보는 이가 서사를 생성해야 하는 것이다.

이때 유념해야 할 것은 이승하가 사용한 이 낯선 배열 방식이 수용자의 기억에 호소하고자 하는 전략이라는 사실이다. "온전한 역사를 말하려면 기억이 개입해야 한다."[85]는 주형일의 주장처럼, 때로는 객관적인 기록보다 주관적인

84) 이승하, 앞의 책, 313쪽.
85) 주형일, 「사진의 시간성 개념을 통해 바라 본 신문사진의 문제」, 『한국언론학보』 제47권 제2호, 한국언론학회, 2003, 26쪽.

기억의 파편들이 더 강력한 메시지로 역사를 증언하는 법이다. 특히 손택이 파악했듯 "실제로 발생한 죽음을 포착해 그 죽음을 영원히 잊히지 않게 만드는 일은 오직 카메라만이 할 수 있는 일"[86]이므로, 죽음의 이미지는 충격과 공포의 기억을 불러 참혹한 진실을 전달하게 된다. 따라서 관에 안치되지 않고 흰 천에 싸여 있는 시신 사진 "Ⅲ-1"은 그동안 경험한 공권력과 시위대 간의 대치 상황이나 그로 인한 참상과 고통의 기억을 시에 투영하게 하여, 개인적 체험으로 역사를 해석하고 서사를 형성하는 공간을 제공한다. 더구나 "1960~1980년"이라는 제목은 3개의 사건이 개별 사건이 아니라 역사 속에서 반복되어 온 동일 사건이자 망각해서는 안 될 사건으로 인식하게 하여 수용자의 적극적인 기억 행위를 요구한다. 이승하는 자신의 시 텍스트와 특정 기사를 생략하고 사진 이미지와 기사 텍스트만을 '병치'시키는 전략으로 역사 구성 행위를 수용자의 기억 메커니즘 속에서 수행함으로써 독재 정권의 폭력 상황에 대한 진실이 오랜 생명력을 가지고 지속될 수 있게 하였다.

5. 이승하의 '사진시'가 지향한 시세계와 시문학사적 의의

본 연구는 지금까지 이승하의 '사진시'가 실증적으로 보여준 시 텍스트와 사진 이미지의 상호매체성을 사진 수용의 양상, 매체 결합의 양상, 매체 혼성의 효과를 통해 규명하였다. 사진 이미지와 제목·캡션·기사 원문 등의 텍스트를 시 텍스트와 조합하여, 이질적인 두 기호 체계의 경계를 허무는 독창적인 '사진시'의 특성을 이승하의 시 10편을 통해 구체적으로 살펴보았다. 이 과정에서 이승하의 '사진시'가 보여준 상호매체성이 객관적 기록인 사진 이미지와 주관적 해석인 시 텍스트를 씨줄과 날줄로 교차시켜, 그 이질적 충돌로 야기된

---

86) 수전 손택, 이재원 옮김, 『타인의 고통』, 이후, 2004, 93쪽.

시적 긴장감 속에서 의미론적 다양함을 생성해 낸 독창적인 실험 정신의 산물이었음을 확인하였다.

이승하 '사진시'의 이러한 실험 정신은 역사의 한 페이지 속으로 사라질 수 있는 인류사적 사건이 시대를 초월하여 오랜 생명력을 가지고 유통될 수 있는 상황을 만들어내고자 한 데에서 출발하였다. 영상 이미지가 인간 의식에 남기는 흔적은 인쇄된 언어 텍스트가 남기는 흔적보다 더 직접적이고 충격적이기는 하지만 그 순간적 특성으로 인해 지속력에는 한계가 있으므로, 이승하는 '사진시'를 통해 결코 망각해서는 안 될 인류사적 현실에 정치적·사회적·역사적 의미를 부여했던 것이다. 그리하여 그는 전쟁과 살상과 고문과 성 폭력 그리고 빈곤과 기아와 질병이라는 극한 환경 앞에서 위축된 전 세계의 인간뿐만 아니라 자본주의 시대의 개발과 파괴의 환경 속에서 멸종되어 가는 전 지상의 생명체를 그의 '사진시'의 중심에 두고, 죽음을 비롯한 세계에 일상화된 폭력과 그 폭력을 낳은 광기에 대한 비판 정신과 저항 의식, 나아가 시적 반성과 시적 통찰을 보여 주었다.

또한 세계의 비극적인 상황을 사진 이미지와 시 텍스트로 형상화한 이승하의 '사진시'는 유토피아의 세계가 도래하기를 염원하면서 휴머니즘을 옹호하는 시세계를 일관되게 추구하였다. 이승하는 미적 자율성을 중시하는 예술가들이 진부하고 상투적인 것으로 여겨 기피하는 휴머니즘의 가치를 외면하지 않고, 휴머니즘의 옹호를 폭력과 광기의 시대를 살아가는 오늘날 작가의 절박한 과제로 인식하였던 것이다. 더구나 그는 감성적이고 미학적인 사진 이미지와 자신의 시적 감수성까지 보여 주면서, 수용자의 상상력을 확장하고 심미적 체험을 고양시키며 휴머니즘의 옹호라는 시세계에서 노출될 수 있는 프로파간다적 성격을 완화시킬 수 있었다.

이렇듯 이승하의 '사진시'가 보여준 시 텍스트와 사진 이미지의 상호텍스트적 현상은 새로움에 대한 강박적인 추구에서가 아니라 문자 언어와 영상언어에 대한 깊은 통찰에서 비롯된 것이었다. 그의 '사진시'는 장르와 매체의 경계를 가로지르는 하이브리드(hybrid) 공간에서 생산된 융합 텍스트로서, 최근의 영상 매체와의 장르 혼성 현상이나 학제 간 통섭의 추세를 선구적으로 예견한 것이었다. 따라서 시 텍스트와 사진 이미지의 상호보완적 관계를 일찍부터 직시하고 전통적인 텍스트 중심의 문자적 사고에서 벗어나 감각적인 이미지 중심의 시를 추구한 이승하의 '사진시'는 전통적인 서정시와 순수시를 뛰어넘어 문학 예술의 표현 영역을 확대하고 전위적인 형식 및 장르 실험으로 한국 현대시의 새로운 패러다임을 개척하여 그 지평을 확장하였다는 데에서 시문학사적 의의를 찾을 수 있다.

■ 시인과 사진 5

이강산의 휴먼다큐 사진전

1.

2021년 '온빛사진상'의 온빛혜윰상 제11회 수상작은 이강산의《여인숙》이었다. '온빛사진상'은 2011년 한국 다큐멘터리 사진의 활성화를 위해 조직된 사진단체 〈온빛다큐멘터리〉 회원 사진가들이 선정하는 사진상이다. 물론 회원이 아니더라도 다큐멘터리 사진 작업을 하고 있는 사진가라면 누구나 이에 응모할 수 있다. 2021년에는 온빛후지필름상, 온빛혜윰상, 온빛신진사진가상 3개 부문을 시상하였다.

2.

온빛혜윰상 수상자 이강산은 교사, 시인, 소설가로 활동해 오면서 중앙대 대학원 조형예술과에 적을 두고 사진을 공부해 온 사진가이다. 그는 1989년 계간『실천문학』에 시「징소리」등 3편을 발표하면서 시작 활동을 시작하였다. 2007년에는『사람의 문학』에 소설을 발표하여 소설가로 등단하였다. 1996년 8여 년 만에 첫 시집『세상의 아름다운 풍경』을 출간한 이래『물속의 발자국』(2005),『모항(母港)』(2014),『하모니카를 찾아서』(2020)를 시집으로 출간하였다. 소설집으로는 2014년 소외받는 이들의 모습을 포트레이트처럼 그린 9편의

단편 소설집『황금 비늘』, 다큐멘터리 사진가의 체험을 다룬 자전적 장편소설
『나비의 방』(2018), 자신의 사진 대상인 실존 인물을 소설에 그대로 투영한 중
단편 소설집『아버지의 초상』(2021)을 출간하였다.

3.
　특이한 것은 이강산이 이 같은 시와 소설의 창작과 출판 과정에서 2017년
흑백 명상 사진시집『섬, 육지의』(애지)를 출간했다는 점이다. 이는 대청호 동
쪽 호숫가를 10여 년간 홀로 기행하면서 그 주변 생명체들의 일상을 사계절 동
안 촬영한 풍경 사진에 짧은 명상적 시편을 담은 사진시집이었다. 자신이 '사
진의 수묵화'라고 표현하였듯, 여백의 미와 언어의 절제를 특징으로 하는 이
사진시집은 깊은 사색 속에서 나온 비움의 미학을 보여주었다.

이강산의『섬, 육지의』본문

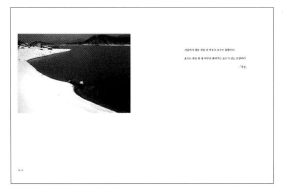

4.
　이강산의 첫 개인전은 2007년 철거 현장을 기록한 흑백 사진전《가슴으로
바라보다》(갤러리 포토 클래스)였다. 이후 철거민을 기록한《사람들의 안부를
묻는다》(갤러리 룩스, 2012), 한 직업에 평생을 바치며 가족을 위해 희생하는

이강산의 흑백 명상시집
『섬, 육지의』 표지

어머니들을 찾아 기록한《어머니뎐傳》(갤러리 나우, 2015)을 발표하였다.

　그러나 이강산의 사진에서 더 중요한 작품은 사진을 시작한 20여 년 전부터 기획하여 몇 번의 개인전과 함께 작업해 온 3개의 휴먼다큐 프로젝트였다. 첫째는 2005년부터 2017년까지 철거 지역과 철거민을 주제로 촬영한 휴먼다큐 흑백사진전《집-지상의 방 한 칸》(갤러리 포토 클래스, 2019)이다. 이는 국가 정책으로 제대로 보상도 받지 못한 채 평생을 살아온 보금자리를 떠나야만 했던 철거민들의 삶을 다룬 사진들이었다. 15년간 일산 신도시, 세종시 등 전국 35곳 철거 현장을 직접 답사하여 철거 현장과 철거민의 애환을 핍진하게 보여준 이 철거재개발 사진은 다큐 사진집『집-지상의 방 한 칸』(사진예술사, 2017)으로 출간되었다. 이는 철거민의 절망적인 모습과 재개발 이후 희망의 메시지까지 고려하여 스토리텔링 형식으로 편집한 사진집이었다.

　둘째는 무명의 장인들을 기록한 사진전《명장(名匠)》(갤러리 포토 클래스, 2019)이다. 이는 평생 한 직종에 전념한, 아름답고 숭고한 장인들에 대한 휴먼다큐 흑백 사진전이다. 이강산이 기록한 장인들은 이름난 무형문화재가 아니라 세상에 이름을 드러내지 않고 오로지 자신의 직업과 전문성에 대한 확고한 신념으로 일가를 이룬 이름 없는 명장들이었다. 그는 유리공예, 주물, 수제 구

이강산, 〈집-지상의 방 한 칸_서울 아현동〉,
젤라틴 실버 프린트, 2011

두, 분재, 전통 염색, 이용 등 9명의 명장을 10년 이상 촬영한 후 직접 암실 작업
을 한 90점의 은염 프린트로 보여주었다.

　셋째는 '온빛혜윰상'을 수상한 《여인숙》(류가헌, 2021)이다. 이강산은 이미
철거되었거나 철거 예정지가 되어 머지않아 사라질 낙후된 뒷골목 허름한 전
통 여인숙을 기록하였다. 그는 여인숙의 실내외 경관보다 여인숙을 생존의 거
처로 살아가는 사람들의 처절한 삶과 그들의 존엄성과 생존의 가치에 더 집중

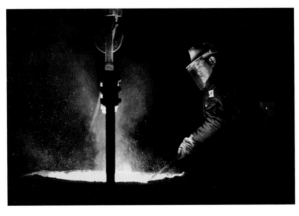

이강산, 〈명장_주물 명
장〉, 젤라틴 실버 프린
트, 2000

하였다. 일용직 노동자나 기초생활 수급자 등 최하층 달방 사람들, 대부분의 숙박업이 매춘업을 병행했던 탓에 사회적 편견의 대상이 되어 세상으로부터 소외된 여인숙 사람들을 따뜻한 시선으로 보여주었다. 이는 14여 년 동안 전국의 전통 여인숙을 답사하고 틈틈이 달방을 얻어 생활하면서 촬영한 결과물이었다. 심지어 그는 냉난방이 전혀 되지 않는 0.8평 달방에서 사계절을 장기투숙하면서 그들을 밀착 촬영하였다. 그 결과 35점의 흑백 사진을 전시하고, 사진집『여인숙』(눈빛출판사)에 195점의 사진을 수록할 수 있었다. 지금은 이 낡은 여인숙이 세상에서 가장 외롭고 낮고, 어둡고 좁고, 무덥고 추운 생존의 시공간이지만 한때는 꺼질 줄 모르던 화려한 홍등의 불빛이 공존했던 공간이었음을 상기시키고자 이 사진집을 제1부 흑백 사진과 제2부 컬러 사진으로 구성하였다.

5.

이강산이 카메라를 손에 쥔 것은 대학교 때였다고 한다. 그는 사진관을 운영하던 작은누나 덕분에 자연스럽게 카메라를 만지게 되었고, 웨딩 사진과 예

이강산의 사진전《여인숙》이 열린 전시장, 류가헌, 2021

이강산 사진집
『여인숙』 표지

식장 사진촬영 보조를 하면서 사진 공부를 시작하였다. 그의 사진의 중심 피사
체가 사람이고, 형식이 주로 스트레이트한 초상사진인 까닭이 이에서 연유한
다. 그러나 사진뿐만 아니라 이강산의 시와 소설의 중심에는 언제나 사람이 있
다. 이는 그가 외면할 수 없는 가족사에서 유래하였다. 일제 강점기에 징용에
서 구사일생으로 살아남아 평생 5일장을 떠돈 아버지, 전쟁으로 고향과 가족
을 잃은 어머니가 그의 문학과 사진의 탯줄이었다. 그는 가족사의 진실에 직면
하고 철거민이나 무명의 장인이나 뒷골목 여인숙에서 굴곡진 생을 이어가는
사람들을 만나 그들의 삶을 기록하였고, 그들의 초상사진을 스스로 '휴먼다큐'
라고 명명하였다. 그러나 이 '휴먼다큐' 사진보다 더 중요한 것은 자신의 삶을
문학과 사진으로 소환하는 이강산이 변두리 지역 처연한 생의 내력들에 훈훈
한 연민과 배려와 사랑을 베풀며 '휴머니즘'을 몸소 실천한다는 점이다. 그는
전시가 끝난 지금도 세상 가장 낮은 데 사는 인생들 곁에서 밤을 새우기도 하
며 그들을 위해 물심양면으로 후원을 한다. 공존을 위한 아름다운 동행, 그것
은 그의 말처럼 삶이 사진이나 문학보다 우선이기 때문이었다.

제6장 _

오규원의 '날이미지시'와 사진 이미지

-포스트모더니즘 기법을 중심으로-

오규원의 '날이미지시'와 사진 이미지
-포스트모더니즘 기법을 중심으로-

Ⅰ. 서론

오규원(吳圭原, 1941-2007)은 1965년에 등단하여 별세하기까지 40여 년의 시작 활동을 통해 자아의 내면과 물신 사회와 자연 현상을 시적 대상으로 삼아 독자적인 시세계를 전개해 온 시인이다. 그 과정에서 그는 '시란 무엇인가'라는 화두를 통해 기존의 시정신을 반성하였고, '언어란 무엇인가'라는 화두를 통해 시적 언어를 갱신해 왔다. 특히 "새로운 형식의 탄생, 장르의 분화"[87]를 기획하였던 그는 시 창작 방식에 대한 투철한 의식으로 시와 시론을 병행해 가면서 자신의 시작 원리와 시의 변화 양상에 대해 언급하기도 하였다.

시에 대한 실험 정신과 탐구 과정과 그 변화 양상은 곧 오규원의 시력으로 이어진다. 오규원의 시는 그의 구분에 근거하여 초기시(70년대 초반)·중기시(70년대 중반-80년대)·후기시(90년대 이후)로 나누어진다.[88] 그의 초기시는 은유(隱喩, metaphor)를 수사의 중심축에 놓고 관념의 구상화에 주력했던 시이다. 주로 환상을 통해 자아의 내면 의식을 탐구하는 초현실적 경향이 두드러졌다. 중기시는 상호텍스트(inter-text)의 패러디(parady)를 통해 언어와 장르

---

87) 오규원, 『언어와 삶』, 문학과지성사, 1983, 84쪽.

를 해체하면서 후기산업사회의 억압성에 대응했던 시이다. 특히 TV 광고가 자본주의 사회를 이끄는 가장 강력한 대중매체임을 인식하고 광고 언어를 시의 문맥에 차용하여 물신 사회를 비판하는 데 주력하였다. 후기시는 환유(換喩, metonymy)를 중심축으로 삼아 '날[生]이미지시'를 창안하여 자연 현상을 묘사한 시이다. 사실적이고 구체적인 묘사로 '날것' 그대로를 구현함으로써 사물을 생생하게 살아 있는 것으로 해방시키고 그 존재의 평등성을 회복시켰다.

이 시기별 구분에서 가장 중요한 것은 오규원의 언어에 대한 자의식의 변화이다. 이러한 변화는 언어의 순수성을 굳게 믿었던 그가 언어가 사물을 직접 지시하지 못하는 특성으로 갖게 된 언어의 추상성과 관념성을 절감하게 된 데서 비롯되었다. 더구나 그가 인식한 언어는 언중을 지배하고 계몽하기 위한 사회적 규약으로 그 의미를 획일적으로 고정시킴으로써 이데올로기적 성격을 지닌 것이었다. 이로써 지배와 계몽의 논리에 의해 왜곡된 언어는 그 자체의 자율성을 상실하였을 뿐만 아니라 인간의 자율적 사고마저 억압하는 기제로

---

88) 오규원은 1965년 『현대문학』에서 「겨울 나그네」로 김현승 시인의 1회 추천을 받은 이래 1967년 「雨季의 시」, 1968년 「몇 개의 현상」이 추천 완료되어 등단하였다. 별세하기까지 9권의 시집을 낸 오규원은 자신의 시세계를 『분명한 事件』(1971), 『巡禮』(1973)를 초기시로, 『王子가 아닌 한 아이에게』(1978), 『이 땅에 쓰어지는 抒情詩』(1981), 『가끔은 주목받는 生이고 싶다』(1987)를 중기시로, 『사랑의 감옥』(1991), 『길, 골목, 호텔 그리고 강물 소리』(1995), 『토마토는 붉다 아니 달콤하다』(1999), 『새와 나무와 새똥 그리고 돌멩이』(2005)를 후기시로 구분하였다. 그러나 오규원 시인이 타계한 후 유고 시집으로 나온 『두두』(2008)를 포함하면 그의 후기시는 5권의 시집을 일컫게 되고 그의 시집도 총 10권으로 늘어나게 된다. 시집 이외에는 동시집 『나무 속의 자동차』(1995)), 시선집 『사랑의 技巧』(1975), 『희망 만들며 살기』(1985), 『이 시대의 죽음 또는 우화』(1991), 문학선집 『길밖의 세상』(1987년), 시론집 『現實과 克己』(1976), 『언어와 삶』(1983), 『날이미지와 시』(2005), 창작이론서 『현대시작법』(1990), 에세이집 『韓國漫畵의 現實』(1981), 『볼펜을 발꾸락에 끼고』(1981), 『가슴이 붉은 딱새』(1996) 등이 있다.

작용하였던 것이다.

오규원의 이러한 언어관은 기표(記標, signifiant)와 기의(記意, signifié)가 1:1의 고정된 관계를 갖기 때문에 언어가 동일성과 확정성을 지닌다는 페르디낭드 소쉬르(Ferdinand de Saussure)의 구조주의 언어관에서 벗어난 것으로, 그것은 자크 라캉(Jacques Lacan)과 자크 데리다(Jacques Derrida)로 이어지는 후기 구조주의적 사고와 맥락을 같이하는 것이었다. 이들에 의하면 언어의 의미 작용은 기표의 절대적 우위 아래에서 기표의 끊임없는 연쇄와 차이에 의해 이루어진다. 따라서 언어는 세계의 본질 자체와 절대적 동일성을 갖지 못하여, 언어에는 단 하나의 특정한 관점이나 특권화된 주체가 존재할 수 없는 것이다.

따라서 오규원은 근대 문명의 이성과 논리에 의해 관념화되고 도구화되고 권력화된 언어에서 그 추상성과 관념성과 이데올로기를 파괴하고 제거하기 위하여 이미지를 발견하였다. 그것은 개념적인 언어 표현에 대립되는 감각적인 이미지적 표현이 상상력이라는 측면에서 보다 원초적인 기능을 갖고 있기 때문이었다. 결국 오규원은 그동안 언어가 합리적 추론과 분석으로 이미지와 상상력을 억압해 왔음을 인식하고, 이미지가 그 시니피앙의 상상력으로 시에 새로운 의미와 가치를 부여할 수 있다고 믿고 이미지의 시학을 모색하였다.

그 결과 오규원은 "시인은 그러나 이미지로 사고한다."[89]라고 말하며, 시인의 사고가 이미지의 차원에서 더욱 활성화되는 것임을 강조하였다. 또한 이미지가 언어 체계보다 우선임을 인지하고 "언어도 이차적으로 두고, 세계를 '그 세계의 현상'으로 파악"[90]하기 위하여 '날이미지시'를 창안하였다. 이처럼 초

---

89) 오규원, 『날이미지와 시』, 문학과지성사, 2005, 85쪽.
90) 위의 책, 29쪽. 오규원은 자신의 '날이미지시'와 관련된 첫 산문이 1991년 『작가세계』 겨울호에 실린 「은유적 체계와 환유적 체계」이고, 그 후 '날이미지'라는 용어를 처음 사용한 글을 1994년 『현대문학』 8월호에 발표하였음을 밝힌 바 있다.(오규원, 『날이미지와 시』, 앞의 책, 104-105쪽 참조.)

기시에서부터 줄곧 관념화된 언어와의 투쟁으로 "해방의 이미지"[91]를 추구해 오던 오규원이 결국 '날이미지시'로써 시적 결실을 맺게 된 것을 보면 그가 얼마나 이미지를 중시한 시인이었는지를 짐작할 수 있다. 특히 그는 '날이미지시'의 하나인 「안락의자와 시」에서 "나는 지금 시를 쓰고 있지 않다 안락의자의 시를 보고 있다"라고 말하며, 시를 "쓰"는 것으로서의 언어적 차원에서 "보"는 것으로서의 이미지적 차원으로 끌어올렸다.[92] 물론 이것은 언어적 메시지와 시각적 이미지의 상보성에 대한 오규원의 인식의 결과였다.

나아가 오규원은 그의 시론집과 산문집 곳곳에서 "회화와 영화, 또는 소설과 사진과의 관계 속에서 내가 찾고 있는 것이 무엇이었는지를"[93] 언급해 왔다. 또한 그는 "조주, 세잔, 타르코프스키, 바르트 등등의 세계"[94]와의 영향을 말한 바 있고 특히 그의 중기시가 자본주의와 소비 문화의 기표인 광고 언어와 광고 영상을 "'방법적 인용' 또는 '인용적 묘사'"[95]하였음도 밝혀 왔다. 더구나 산문

---

91) 오규원, 『언어와 삶』, 앞의 책, 81쪽.
92) 김대행은 "오규원의 시를 일별할 때 가장 두드러진 특징의 하나가 '본다'라는 시어를 많이 사용하고 있다는 점"을 들어 오규원을 '보는 자'로 규정하였다.(김대행, 「'보는 자'로서의 시인」, 이광호 엮음, 『오규원 깊이 읽기』, 문학과지성사, 2002, 186쪽 참조.)
93) 오규원, 『날이미지와 시』, 앞의 책, 115쪽. 사진과의 영향 관계를 말한 이 글은 1995년 『동서문학』 여름호 이창기와의 대담에서 사진이 "나의 사고에 어떤 영향을 주는지는 검토해보지 않았으며, 지금 내가 확인할 수 있는 것은 내 시의 시각적 이미지가 사진적인 것이 아니라는 점입니다."라고 말한 후 뒤바뀐 것으로, 2000년 『한국현대대표시론』(태학사)에 실린 에세이이다.
94) 오규원, 위의 글.
95) 오규원, 「구상과 해체-되돌아보기 또는 몇 개의 인용 1」, 이광호 엮음, 앞의 책, 418쪽.(이 글은 오규원이 『문예중앙』 1987년 여름호에 게재한 「인용적 묘사와 대상」을 되돌아 본 글이다. 여기에서 오규원이 말한 "'방법적 인용' 혹은 '인용적 묘사'"는 포스트모더니즘의 패러디, 패스티쉬, 모방, 모조, 차용과 같은 타 장르 수용 현상을 일컫는 용어이다.

집『가슴이 붉은 딱새』에서는 시각 매체에 대한 전문가적 안목으로 장욱진 등의 회화와 함께 자신이 직접 촬영한 사진으로 포토 에세이도 발표하였다.[96]

그러나 오규원이 이처럼 텍스트와 이미지의 긴밀한 상관 관계를 실천적으로 보여 주었음에도 불구하고 이러한 탈장르의 이미지들을 어떻게 자신의 시 창작 방식으로 수용하여 시세계를 확장시켜 왔는지에 대해서는 구체적으로 언급해 놓은 바가 없다. 그런데도 일부 연구자들은 오규원이 관념을 제거하기 위한 수단으로 이미지를 적극적으로 사용해 온 것을 공통적으로 인식하고 있었다. 특히 오규원이 체계화해 놓은 '날이미지시론'을 바탕으로 '날이미지시'의 시적 사유, 환유적 언술 체계, 구조적 특성 등에 대한 논의가 개진되었다.

그런데도 '날이미지시'와 사진 이미지와의 관련성에 대한 논의는 축적된 것이 드물었다. 류신[97]은 오규원의 '날이미지시'를 묘사를 통해 "일상의 하찮은 사물이나 자연의 풍경을 고감도의 정밀렌즈로 포착하여 재단"해 놓은 시로 보았다. 김진희는 오규원의 '날이미지시'가 카메라 시점과 사진의 특성을 이용하고 있다는 점을 상당히 설득력 있게 논의하였다. 짧은 평론이기는 하지만 그의 연구는 일정한 양을 사진에 할애할 정도로 사진적 관점으로 진지하게 접근한 것이었다. 더구나 오규원의 '날이미지시'를 "사진 양식의 도입과 사진의 시적 대상화 등 일련의 변화는 그의 문학을 포스트모더니즘의 안에서 바라보게 한다."[98]라고 평가하였다. 그런데 바로 뒤이어 "그러나 이것은 올바로 보는 것

96) 오규원,『가슴이 붉은 딱새』2판, 문학동네, 2003.
97) 류신,「자의식의 투명성으로 돌아오는 새-1990년대 오규원의 시세계」,『시와 반시』, 시와반시사, 2007 가을호, 199쪽.
98) 김진희,「출발과 경계로서의 모더니즘」, 이광호 엮음, 앞의 책, 335쪽.
99) 김혜원,「오규원의 '날이미지시'에 나타난 사진적 특성-롤랑 바르트의『카메라 루시다』를 중심으로」,『한국언어문학』제83집, 한국언어문학회, 2012. 본 논문은 이 학술 논문을 전문 인용하고 이를 바탕으로 재구성, 확장하여 쓰였음을 밝힌다.

인가."라는 물음을 던짐으로써 자신의 논의를 당차게 밀고 나가지 못하는 미진함을 보이고 말았다. 본 연구자의 2012년 학술 논문「오규원의 '날이미지시' 에 나타난 사진적 특성-롤랑 바르트의『카메라 루시다』를 중심으로」[99]는 '날이미지시'와 사진 이미지의 관련성을 본격적인 과제로 삼은 논의였다. 사진적 특성이 '날이미지시'의 창작 원리로 어떻게 작용하여 어떤 양상으로 구현되었는가에 대한 분석을 시도하였다. 그러나 학술 논문이라는 지면의 한계로 오규원 '날이미지시'의 세계관이나 개별 시편 전반에 대한 분석이 부족하였다.

이처럼 기존 선행 연구들이 일정 부분 한계를 드러내었음에도 불구하고, 이들은 본 연구자가 오규원 시를 포괄적으로 이해하는 데 도움이 되었다. 이에 본 논문은 이 선행 연구들을 바탕으로 오규원의 '날이미지시'에 어떠한 세계관에 의해 어떠한 양상으로 사진 이미지가 드러났는지에 주목하였다. 그것은 시의 가장 중요한 질료인 언어를 매만져야 하는 시인으로서, 더구나 어느 누구보다도 언어에 천착하였던 시인으로서, 오규원이 언어보다도 이미지를 일차적인 탐구 목표로 하여 사진 장르와의 상호텍스트성(inter-textuality)을 모색하였다는 사실이 그의 시세계를 규명하는 데 중요한 열쇠가 될 것이라고 생각했기 때문이었다. 더구나 한 시인이 궁극적으로 지향하는 것은 창작 방식이 아니라 세계관이므로, 오규원 시에 나타난 사진 이미지의 궤적을 확인하면서 그가 지향한 시세계를 규명하는 것은 오규원 시 연구에서 꼭 필요한 논의가 될 것이라고 생각하였다.

따라서 본 논문은 탈장르의 상호텍스트성을 바탕으로 사진 이미지를 수용한 오규원의 '날이미지시'의 창작 방식을 포스트모더니즘(Postmodernism) 기법을 중심으로 고찰하여 그의 시세계를 규명하는 데 목적을 둔다. 즉 에드문트 후설(Edmund Husserl)과 메를로-퐁티(Merleau-Ponty)의 현상학(Phenomenology), 포스트모더니즘에서 부각된 환유 체계, 앙드레 바쟁

(Andre Bazin), 롤랑 바르트(Roland Barthes), 존 버거(John Berger), 필립 뒤부아(Philippe Dubois)로 이어진 사진 인덱스(Index)론, 찰스 퍼스(Charles Peirce)의 기호학, 바르트의 노에마(noème)와 푼크툼(punctum) 등을 구체적인 방법론으로 삼아, 오규원의 '날이미지시'와 사진 이미지의 상호관련성을 분석하고 오규원 시의 창작 방식의 의의를 확인하고자 한다.

이 과정에서 본 논문은 첫째, 오규원 시의 사진 이미지로의 인식적 전환과 변모 양상의 동인을 파악할 것이다. 모든 문학 작품은 결국 사회적이고 문화적인 콘텍스트 아래 창작되는 것이므로, 오규원의 시인으로서의 주체 의식과 함께 시대 인식을 간과하지 않을 것이다. 둘째, 오규원이 '날것' 그대로의 자연 현상을 추구한 후기시 '날이미지시'에서 스트레이트(straight) 기법의 사진 이미지를 그의 시 창작 방식으로 수용하였음을 밝힐 것이다. 자연의 현상 묘사가 두드러진 시를 중심으로 사진 이미지의 의미 양상과 미학적 특성을 고찰할 것이다. 셋째, 개별 시편에 대한 구체적인 분석으로 작품에 내재된 문학성과 예술성을 부각시키는 데 주력할 것이다. 따라서 작품보다 연구 방법론이 부각되는 주객전도의 함정을 극복할 것이다.

이를 위해 본 논문은 오규원의 시세계를 다음과 같이 구분하여 후기시 '날이미지시'를 분석하고자 한다. 이것은 오규원이 밝힌 시기별 구분과는 다르다는 점을 강조한다.[100]

초기시 -『분명한 事件』(1971),『巡禮』(1973)

---

100) 오규원이 구분한 바에 의하면『사랑의 감옥』(1991)은 환유적 사유 체계를 바탕으로 한 '날이미지시'인 후기시에 해당한다. 그러나『사랑의 감옥』에는 '광고상품시'를 비롯한 중기시의 형식적 특징이 드러나는 시편들이 많이 수록되어 있다. 따라서 본 논문에서는『사랑의 감옥』을 중기시로 보았다. 이러한 구분은 일부 연구자들에 의해 이미 시도된 방법이기도 하다.

중기시 -『王子가 아닌 한 아이에게』(1978),『이 땅에 씌어지는 抒情詩』(1981),
　　　　『가끔은 주목받는 生이고 싶다』(1987),『사랑의 감옥』(1991)
후기시 -『길, 골목, 호텔 그리고 강물 소리』(1995),『토마토는 붉다 아니 달콤하다』
　　　　(1999),『새와 나무와 새똥 그리고 돌멩이』(2005),『두두』(2008)

그리하여 본 논문은 제Ⅱ장에서 사진 이미지를 '날이미지시'의 시 창작 방
식으로 수용하여 시학의 지평을 새롭게 넓힌 오규원 시세계를 포스트모더니
즘의 미학적 특성을 통해 밝힐 것이다. 제1절에서는 오규원이 사진 매체에 대
한 인식을 형성하게 된 배경을 살펴볼 것이다. 즉 당대의 사회적·문화적 시대
상황에서 형성된 매체 인식을 시인으로서의 자의식 차원에서 파악할 것이다.
제2절에서는 오규원 시와 사진 매체가 갖고 있는 특성과의 유사성을 바탕으로
개별 시편들을 구체적으로 분석할 것이다. 이러한 분석에서는 매체에 대한 인
식이 시쓰기로 구현되는 과정에서 나타난 사진 매체의 형식적 특성과 전달 방
식을 그 기준으로 삼을 것이다.

이상과 같은 구체적인 논의를 바탕으로 제Ⅲ장에서는 '날이미지시'의 창작
방식의 의의를 밝힐 것이다. 탈장르의 상호텍스트성을 보여준 오규원 시의 창
작 방식이 그의 전 시세계에 걸쳐 포스트모더니즘의 자장 안에서 펼쳐졌다는
데에서 의의를 찾을 것이다. 그와 함께 그가 수용한 포스트모더니즘 기법이 서
구 추수적인 것이 아니라 그의 삶에서 몸소 체득되어 끊임없는 반성과 모색과
실험에 의해 이루어진 '자생 이론'이라는 점을 강조할 것이다.

그리하여 본 논문은 한국 현대시문학사에서 실험적이고 전위적인 시세계
를 전개한 오규원 시의 미학적 성취뿐만이 아니라 그의 정신사적 의미와 맥락
을 모두 규명할 것이다. 그가 보여준 "독자적인 새로운 시학"[101]이 오규원의 시
세계뿐만 아니라 한국 현대시문학사라는 정신의 장을 더욱 광범위하고 역동

---

101) 오규원·이광호 대담,「언어 탐구의 궤적」, 이광호 엮음, 앞의 책, 35쪽.

적인 것으로 활성화시켰음을 규명할 것이다.

Ⅱ. 자연의 현상 묘사와 사진 이미지

오규원은 초기시의 창작 방식으로 영화 이미지의 상상력을 수용하여 환상적인 내면 세계를 탐구하였다. 그러나 언어가 지닌 불투명한 관념을 제거하기 위해 모색된 영화 이미지와의 상호텍스트성에도 불구하고 그의 초기시는 관념에 치우친 것이 되고 말았다. 따라서 그는 내면 의식의 환상 표출로 현실을 표백시켰던 초기시를 반성하고 새로운 창작 방식을 모색하였다. 그 결과 중기시의 창작 방식으로 콜라주의 광고 이미지를 수용하였다. 특히 그는 광고 카피와 광고 영상을 시의 문맥에 차용하여 후기산업사회의 산업 문명과 자본주의의 물신성을 폭로하고 비판하였다. 그러나 그러한 방법은 근대 사회의 표면적 현상에 대한 비판과 저항이었을 뿐 근대 사회에 내재된 모순까지 극복할 수 있는 수단이 되지는 못하였다.

이제 오규원은 후기시『길, 골목, 호텔 그리고 강물 소리』(1995),『토마토는 붉다 아니 달콤하다』(1999),『새와 나무와 새똥 그리고 돌멩이』(2005), 유고 시집이 된『두두』(2008)에서 근대를 이끈 근대 사유 체계에 대한 근본적인 성찰과 반성을 꾀하게 된다. 그리하여 도시의 인위적 공간에서 자연 공간으로, 주체 중심의 사유에서 타자 중심의 사유로, 은유에서 환유로 후기시인 '날이미지시'의 방향을 전환시킨다. 특히 스트레이트 기법의 사진 이미지를 수용한 자연과 사물 세계의 현상 묘사로 그 본원적인 세계를 투명하고 명징한 이미지로 포착해 낸다. 그리하여 사물을 '날것' 그대로 살아 있는 것으로 해방시키게 된다.

따라서 제Ⅱ장에서는 오규원 후기시에 나타난 스트레이트 기법의 사진 이미지의 수용 양상과 미학적 특성을 파악하고자 한다. 이를 위해 제1절에서는, 오규원이 인간중심주의와 원근법을 해체하고 '날이미지시'를 발견하게 되는 과정을 밝힐 것이다. 제2절에서는, 자연 현상을 묘사하기 위해 수용한 스트레이트 기법의 사진 이미지가 오규원의 후기시에서 어떤 특성으로 어떻게 활용되었는지를 확인할 것이다. 이 과정에서 사진적 특성이 되는 환유의 공간적 인접성, 존재 근거로서의 시간성과 공간성, 바르트가 말한 '노에마', 스트레이트 기법과 '사실적 날이미지' 등을 구체적으로 분석할 것이다. 또한 오규원의 '날이미지시'의 의미 양상과 미학적 특성을 바르트의 '푼크툼'의 개념을 빌려 파악할 것이다. 이 '푼크툼'을 통해 인간중심적이고 주체중심적인 시각을 해체하고 자연과 사물 세계의 평등성을 추구하였던 오규원의 시정신과 포스트모더니즘의 미학적 인식과의 연관성이 더욱 분명하게 밝혀질 것이다.

1. 인간중심주의 시각의 해체와 '날이미지시'

1.1. 자연 세계와의 공존과 원근법의 해체

산업혁명 이후 서구 근대 사상의 토대를 이루고 있는 자연 정복관은 창세기 (1:28)의 '정복하라(subdue)' 혹은 '다스리라(rule over)'라는 유태-기독교 신념으로부터 유래한다. 더욱이 르네상스의 개인주의가 실험과학 기술과 자유 기업의 도래를 알리고, 프랜시스 베이컨(Francis Bacon)의 '아는 것이 힘이다'와 르네 데카르트(René Descartes)의 '나는 생각한다, 고로 존재한다(Cogito, ergo sum)'라는 선언이 실용과학 기술과 도구적 이성의 신조가 되면서 근대 사상은 더 체계화된다. 따라서 이러한 근대 사회에서는 질적·형상론적 존재관보다는 인간의 이성과 합리성을 바탕으로 한 양적·기계론적 자연관이 더 중요하게 다루어진다. 그리하여 주체/타자, 이성/감성, 정신/육체, 문명/자연을 이분화하여 성장이 곧 진보라는 믿음으로 자연을 경제적으로 이용하고 착취하는 결과를 야기하게 된다.

물론 오규원은 이러한 근대 사유 체계에 대한 비판과 저항을 그의 중기시의 목적으로 하였다. 그러나 이러한 비판과 저항은 후기시에 이르러 근대 사유 체계에 대한 근본적인 통찰과 반성으로 이어진다. 따라서 오규원은 "'물본주의'도 '인본주의'도 아닌, 세계와 순수한 호흡을 새롭게 꿈"[102]꾸게 된다. 더구나 이러한 통찰과 반성은 언어와 시쓰기에 대한 반성으로 이어져, 그는 근대 사유 체계 아래 언어와 시쓰기가 억압해 온 것이 무엇인지를 성찰하게 된다. 그리하여 알랭 로브그리예(Alain Robbe-Grillet)의 "세계는 의미 있는 것도 아니고 부조리한 것도 아니다. 세계는 단지 있는 것"[103]이라는 말을 인용하면서, 조작된 '의미'로 세계를 왜곡하고 타락시켜 온 언어를 수정하여 세계의 바로보기를 시도하게 된다.

> 언어를 만들어 사용하는 것이 인간이라는 동물이므로, 사물의 이름은 물론 의미까지 정(定)하는 것도 인간이다. 인간이 이 세계에서 유일한 이성의 동물이기는 하지만, 바로 그렇기 때문에, 모든 사물을 인간 중심으로 이해하고 명명하고 해석하고 의미를 정한다. 〈중략〉 인간의 욕망과 그 욕망의 실현 현장으로서의 세계는 그러므로 결코 객관적으로나 또는 선(善)한 의지에서 의미화되고 조직화되어 있지도 않고, 그리고 실존의 세계도 오래된 휴머니즘이라는 미명하에 여전히 가려진 채 왜곡되고 있다[104]
> −「'살아 있는 것'들을 위한 註解」

따라서 오규원은 지배 이념의 발상인 '휴머니즘'적 '언어'의 세계를 해체하기 위해 인간중심주의적 시각을 거부하고 자연 친화적 시각을 드러내게 된다. 그에 의하면 "언어는 '인간적인 너무나 인간적인' 것이다. 너무나 인간적인 것이어서 그것은 인간의 욕망의 중심에 자리잡고 있다."[105] 결국 오규원은 '욕망'

---

102) 오규원, 『날이미지와 시』, 앞의 책, 61쪽.
103) 위의 책, 51쪽.
104) 위의 책, 28-29쪽.

의 구조인 관념과 은유를 버리고 인간중심주의적 사고에서 벗어나기에 이른다. 그리하여 자연을 후기시의 시적 대상으로 삼아 자연 '세계' 내의 두두물물(頭頭物物) 즉 모든 존재와 '모든 사물'의 현상을 구현하고자 '날이미지시'를 창안한다. "자연 속의 사물을 관념이 아닌 존재로 읽어내"[106]어 산과 들, 꽃과 나무, 새와 강물 등 자연의 문제에 대해 치열하게 사유한다.

> 1993년 봄에 그곳에다 머물 곳을 정했으니까 약 2년이 되어가는 기간을 그곳을 중심으로 산 셈이군요. 〈중략〉 그런 결과로 이 시집에는 상당수의 작품이 자연을 대상으로 하고 있는 것도 사실입니다. 그러나 나로서는, 언제나 그랬듯이, 내 주변의 세계를 통해서 사유를 펼쳐왔으므로 별다른 거부감이나 이질감을 느끼고 있지 않습니다. 그러니까 개봉동이나 양평동처럼 그렇게 무릉도 다가왔다는 것입니다. 〈중략〉 내가 있는 곳이 그 어디든 그곳이 바로 중심의 세계라는 것을 느낍니다.[107]
> ―「한 시인의 현상적 의미의 재발견」

물론 오규원의 시적 대상이 중기시의 인위적 도시 경관에서 후기시의 '자연' 풍광으로 옮아온 것은 그의 삶의 근거지가 '자연'으로 바뀌었기 때문이었다. 1991년 폐기종이라는 만성질환의 진단을 받은 후 오규원의 창작 생활은 1993년 이후 강원도 영월 '무릉(武陵)'과 1996년 이후 경기도 양평 '서후(西厚)'의 요양 생활과 함께 이루어진다. 따라서 그의 후기시는 "상당수의 작품이 자연을 대상으로" 한 것으로, 오규원의 낙향은 그의 세계관의 변화에 지대한 영향을 미치고 새로운 국면을 야기하였던 것이다. 이처럼 '자연' 공간이 오규원의 시의 대상이 된 것은 '자연'이 관념적인 시적 대상이 아니라 그가 몸담고 있는 현실 그 자체였기 때문이었다.

---

105) 위의 책, 87쪽.
106) 오규원·이광호 대담, 앞의 대담, 21쪽.
107) 오규원·이창기 대담, 「한 시인의 현상적 의미의 재발견」, 오규원, 『날이미지와 시』, 앞의 책, 174-175쪽.

사회적 또는 문화적 위기의 요인이 드러날 때마다 사람들은 자연을 강조한다. 조화된 세계 혹은 질서 있는 세계로 자연을 바라보는 관점(이게 낭만적인 자연관이다)에서이다. 그러나 앞에서도 잠깐 말했지만 그 관점은 추상적이고도 개괄적 논리이다. 자연은 결코 조화된 세계가 아닌 탓이다. 보들레르의 말을 다시 한 번 그대로 옮기면 그럭저럭 꾸려 가는 본능의 세계이기 때문이다. 자연을 그렇게 보는 시점은 멀리서 보는, 개괄을 즐기는 사람의 관점이다. 멀리서 본 풍경은 아름답다. 썩고 문드러지고 피 흘리는, 그러한 구체적인 모든 생물들의 삶이 가리어 있거나 보이지 않는 탓이다.[108]

-「문화의 불온성」

그런데 오규원의 이러한 '자연' 친화적 시각에서 중요한 것은 그가 후기시에서 형상화한 '자연'이 '낭만적인 자연관'이나 생태주의 시에서 의미하는 '자연'이 아니라는 점이다. 그가 찾은 '자연'은 근대가 낳은 "사회적 또는 문화적 위기의 요인이 드러날 때마다" 강조하던 '낭만적인 자연관'과는 다른 것으로, 오규원은 '구체적인 모든 생물의 삶'을 가린 채 무조건 "조화된 세계 혹은 질서 있는 세계로 자연을 바라보는 관점"에서 벗어나 있었다. 따라서 오규원에게 '자연'은 인간적인 관점을 덧씌우는 전통적인 서정시에서의 '자연'과는 의미가 다른 것이었다. 예로부터 서정시에서의 '자연'은 윤리적 이념을 위한 형이상학적 사유의 대상이 되어 주로 은유적 구조 속에서 인간의 관념을 대신해 왔다. 또한 오규원의 '자연' 친화적 시각은 문명을 거부하기 위한 방법으로 '자연'을 채택하는 생태주의 시와도 차원이 다른 것이었다. 최현식의 지적대로 이러한 시는 "자연 친화적 삶에 대한 당위적 믿음과 계몽을 통해 견뎌보려는 대체주의적 사고와 자기위안의 욕구"[109]일 뿐이었다.

이렇듯 오규원이 후기시에서 보여준 '자연'은 인간 관념의 대체물로서의 '자연'도 아니고 문명과 대척점에 있는 '자연'도 아닌, 인간이 실존하는 장소로

---

108) 오규원, 『언어와 삶』, 앞의 책, 32쪽.

서의 '자연' 그것이었다. 이러한 사실은 오규원의 후기시의 풍경 속에 집, 호텔, 도로, 아파트 등이 등장하고 그의 시집 중 하나가 『길, 골목, 호텔 그리고 강물 소리』라는 사실로 알 수 있다. 이러한 사물들은 '자연'의 대척점에 있는 문명화된 사물로 존재하는 것이 아니라 인간 실존의 장소로 존재하기 때문이다. 다시 말하면 이들 사물들은 '자연'과 인접한 시공간에서 '자연'의 한 부분으로 존재하는 것이다. "나는 자연과 인간 어느 쪽에도 서 있지 않습니다. 나는 자연을 보 듯 인간을 보며, 인간을 보듯 자연을 봅니다."[110]라고 스스로 밝혔듯이, 오규원은 '자연'과 문명, 주체와 객체 사이의 대결을 의도하지 않는다. 따라서 오규원의 시에서는 인간과 인간이 만든 사물이 동일하게 세계의 구성 요소의 하나가되어 우주적 리듬이라는 공동의 장에서 '자연'과 '조화'의 관점을 취하게 된다. 김문주의 평가대로 오규원의 후기시에 형상화된 '자연'은 "1990년대 이후 한국시단에 불기 시작한 이른바 '자연서정'이나 생태학적 상상력을 드러내는 세계라기보다 사물 세계에 관한 새로운 인식과 '탈주체의 시학'을 모색하는 사유의 기지"[111]가 되었던 것이다.

이처럼 오규원은 그동안 '자연'을 바라보던 주체중심적이고 인간중심적인 시각을 해체해 버렸다. 그것은 그가 신본주의에 이어 인본주의에 이르는 인간의 사고가 대상을 얼마나 왜곡하였는지를 반성했기 때문이었다. 그리하여 그는 인간중심적인 시각에서 벗어나기 위한 방법으로 카메라의 시각을 발견해 낸다. 그것은 카메라가 그 기계적인 '눈'으로 인간중심주의의 원근법 (perspective)을 해체하고 가장 사실적이고 객관적인 사물의 현상 묘사를 가능

---

109) 최현식, 「'사실성'의 투시와 견인-오규원론」, 『시와 반시』, 앞의 책, 2007 가을호, 197쪽.
110) 오규원, 『날이미지와 시』, 앞의 책, 175쪽.
111) 김문주, 「오규원 후기시의 자연 현상 연구-『새와 나무와 새똥 그리고 돌멩이』와 『두두』를 중심으로」, 『한국근대문학연구』 22호, 한국근대문학회, 2010, 163쪽.

하게 해 주기 때문이었다.

주지하다시피 근대 이전의 '눈'과 근대 이후의 '눈'을 가르는 가장 뚜렷한 징표는 세계를 합리적으로 설명하기 위해 고안된 원근법이다. 따라서 근대의 헤게모니적 시각 모델인 원근법은 근대적 합리주의와 동일시된다. 마틴 제이(Martin Jay)가 지적한 바에 의하면 "르네상스적 원근법 개념과, 그리고 철학에서는 주체의 합리성에 대한 데카르트 사상과 동일시할 수 있다. 따라서 우리는 또한 그 모델을 편리하게 데카르트적 원근법주의(Cartesian Perspectivalism)라고 부를 수 있다."[112]

따라서 원근법적 인식론에서 문제가 되는 것은 바로 주체의 위치이다. 소실점이라고 하는 유일한 중심으로 시선을 집중시켜 세계를 조직하는 방식인 원근법은 곧 인간 주체의 시선을 중심으로 사물의 위계를 배치하는 방식이기 때문이다. '데카르트적 코기토인 자기 폐쇄적 주체'는 스스로를 사물들에 둘러싸여 있는 보편적 중심으로 인식하고 대상 세계를 자신의 주위로 수렴시킨다. 즉 "사물들의 세계에 둘러싸인 중심이라는 그 위치에서부터 대상들을 관찰하고, 그것들을 별개의 실체들(entities)로서 지각"[113]하는 것이다. 따라서 원근법의 합리화된 시각 질서는 주체의 중심화를 조장하여 결국 특정하고 유일한 관점으로 인간 사유를 억압하고 종속시키는 결과를 초래하게 된다.

그러나 카메라의 발명으로 이러한 원근법이 내재하고 있는 모순이 명백히 드러나게 되었다. 원래 카메라 옵스큐라(camera obscura)의 핀 홀(pin hole, 바늘구멍)은 원근법을 완벽하게 실현하기 위한 목적으로 탄생되었다. 그러나 사진을 구성하는 것은 시선과 프레임(frame)이다. 따라서 인간의 '눈'이 아니라

112) 마틴 제이, 「모더니티의 시각 체제들」, 핼 포스터 엮음, 최연희 옮김, 『시각과 시각성』, 경성대학교출판부, 2004, 24쪽.
113) 노먼 브라이슨, 「확장된 장에서의 응시」, 위의 책, 172쪽.

카메라 렌즈를 통해 바라보아야 하는 사진의 시선은 인간이 외부 세계를 객관적으로 바라볼 수 있게 해 주었다. 시게모리 고엔(重森弘淹)이 지적한 것처럼 카메라에는 "렌즈라는 또 하나의 눈이 있다. 육안은 의식으로 연결되는 눈이고, 렌즈는 의식을 소외시키려는 물질의 눈"[114]인 것이다. 또한 무한히 연장되는 시공간 속에서 어느 한 단면을 잘라 평면으로 프레임화한 사진은 중심이 어디에도 없음을 보여 주었다. 따라서 이와 같은 사진의 반원근법주의(anti-perspectivalism)의 시각적 실천은 데카르트로부터 비롯된 인식론적 전통을 비판하는 기제가 되었다. 결국 사진의 반원근법주의가 중심과 주체를 해체하고 인간중심주의에서 벗어나도록 해 준 것이다. 사사키 도시나오(佐佐木其一)가 입증하듯, 카메라의 '눈'의 출현은 "인간 중심적 개인주의 사상의 붕괴를 여지없이 의식케 하는 현실의 출현을 의미"[115]하는 것이었다.

오규원 역시 인간의 특권화된 '눈'을 거부하고 카메라의 객관적인 '눈'을 수용함으로써 근대적 합리주의의 체계적 인식과 인간중심주의적 시각에서 벗어나고자 하였다. 따라서 오규원의 풍경에서 어떤 고립된 부르주아적 주체의 시선이 느껴지지 않는다는 것은 풍경이 주체의 원근법적 시각에서 벗어났음을 의미한다. 이것은 곧 주체의 해체이고 중심이 부재한다는 사고인 것이다. 따라서 이러한 사고는, 전체는 무수히 많은 부분으로 구성되어 있고 부분은 각각 단독적으로 존재한다는 세계관을 낳는다. 그리하여 오규원은 "세계는 어디까지나 개체와 집합의 수평적 구조이다."[116]라고 말하며, 자연에 대한 자신의 해석과 판단을 배제시켰다.

---

114) 重森弘淹, 홍순태 역,『사진예술론』4판, 해뜸, 1994, 21쪽.
115) 위의 책, 29쪽.
116) 오규원,『날이미지와 시』, 앞의 책, 96쪽.

내 앞에 안락의자가 있다 나는 이 안락의자의 시를 쓰고 있다 네 개의 다리 위에 두 개의 팔걸이와 하나의 등받이 사이에 한 사람의 몸이 안락할 공간이 있다 그 공간은 작지만 아늑하다…… 아니다 나는 인간적인 편견에서 벗어나 다시 쓴다 네 개의 다리 위에 두 개의 팔걸이와 하나의 등받이 사이에 새끼 돼지 두 마리가 배를 깔고 누울 아니 까마귀 두 쌍이 울타리를 치고 능히 살림을 차릴 공간이 있다 팔걸이와 등받이는 바람을 막아 주리라 아늑한 이 작은 우주에도…… 나는 아니다 아니다라며 낭만적인 관점을 버린다 안락의자 하나가 형광등 불빛에 폭 싸여 있다 시각을 바꾸자 안락의자가 형광등 불빛을 가득 안고 있다 너무 많이 안고 있어 팔걸이로 등받이로 기어오르다가 다리를 타고 내리는 놈들도 있다…… 안 되겠다 좀 더 현상에 충실하자 두 개의 팔걸이와 하나의 등받이가 팽팽하게 잡아당긴 정방형의 천 밑에 숨어 있는 스프링들 어깨가 굳어 있다 얹혀야 할 무게 대신 무게가 없는 저 무량한 형광의 빛을 어깨에 얹고 균형을 바투고 있다 스프링에게는 무게가 필요하다 저 무게 없는 형광에 눌려 녹슬어가는 쇠 속의 힘줄들 팔걸이와 등받이가 긴장하고 네 개의 다리가…… 오 이것은 수천 년이나 계속되는 관념적인 세계 읽기이다 관점을 다시 바꾸자 내 앞에 안락의자가 있다 형광의 빛은 하나의 등받이와 두 개의 팔걸이와 네 개의 다리를 밝히고 있다 아니다 형광의 빛이 하나의 등받이와 두 개의 팔걸이와 네 개의 다리를 가진 안락의자와 부딪치고 있다 서로 부딪친 후면에는 어두운 세계가 있다 저 어두운 세계의 경계는 침범하는 빛에 완강하다 아니다 빛과 어둠은 경계에서 비로소 단단한 세계를 이룬다 오 그러나 그래도 내가 앉으면 안락의자는 안락하리라 하나의 등받이와 두 개의 팔걸이와 네 개의 목제 다리의 나무에는 아직도 대지가 날라다준 물이 남아서 흐르고 그 속에 모래알 구르는 소리 간간이 섞여 내 혈관 속에까지…… 이건 어느새 낡은 의고주의적 편견이다 나는 결코 의고주의자는 아니다 나는 지금 안락의자의 시를 쓰고 있다 안락의자는 방의 평면이 주는 균형 위에 중심을 놓고 있다 중심은 하나의 등받이와 두 개의 팔걸이와 네 개의 다리를 이어주는 이음새에 형태를 흘려보내며 형광의 빛을 밖으로 내보낸다 빛을 내보내는 곳에서 존재는 빛나는 형태를 이루며 형광의 빛 속에 섞인 시간과 방 밑의 시멘트와 철근과 철근 밑의 다른 시멘트의 수직과 수평의 시간 속에서…… 아니 나는 지금 시를 쓰고 있지 않다 안락의자의 시를 보고 있다

-「안락의자와 시」전문,『길, 골목, 호텔 그리고 강물 소리』

「안락의자와 시」는 인간중심주의적 시각에서 벗어나 현상학적 시쓰기를

발견하는 과정을 그리고 있는 메타시이다. 오규원은 '안락의자'를 소재로 시 쓰기의 관점을 여러 가지로 모색하면서, 사물의 모습이 사물을 바라보는 주체의 시선과 관점에 따라 얼마든지 달라질 수 있음을 확인하고 있다. 이 시에서도 '안락의자'를 바라보는 관점은 다양하다. 인간적인 관점, 낭만적인 관점, 의고적인 관점이 서술 방식에 따라 달라지고 있다. 그러나 이러한 관점들은 "수천 년이나 계속되는 관념적인 세계 읽기"이며 '의고적 편견'이기 때문에, 오규원은 "인간적인 편견에서 벗어나"기 위해 "시각을 바꾸"다가 "낭만적인 관점을 버"리기 위해 "관점을 다시 바꾸"며 관점을 계속 수정해 나간다. 그 결과 오규원이 채택한 것은 "좀더 현상에 충실"하기 위한 '현상학적 시쓰기'였다.

에드문트 후설이 말하는 현상학은 인간과 세계 사이의 가장 근원적인 접촉점 즉 주관과 객관의 분리 이전의 근원적 관계를 재정초하는 것에 목표를 두고 있다. 후설의 현상학에서는 대상을 인식하고자 하는 지향(intention)적 의식을 노에시스(noèsis, 의식의 작용)와 노에마(noèma, 의식의 대상)의 통일체로 간주한다. 후설은 이 의식과 대상과의 역동적인 관계에서 감각된 사물의 현상이 바로 사물의 본질(eidos)이라고 말한다. 본질 파악은 인식이고 이러한 인식 행위는 곧 의미 부여 작용이 된다. 이 같은 현상학에서 중요한 것은 인식 활동에 대한 인식 주체에게 자기 비판적 반성이 요구된다는 점이다. 따라서 후설은 인식 대상에 대한 일체의 앎을 보류하고 '괄호치기'와 '판단중지(epoché)'를 통해 대상을 '현상학적 환원(phenomenological reduction)'의 방법으로 파악해야 한다고 주장한다. 이때 본질 파악의 궁극적 주체는 초험적 자아의 본질 직관으로, 이것은 의식에 비친 인식 대상을 주관적 판단과 편견이 개입되지 않은 상태로 '있는 그대로' '사물 그 자체로' 서술하는 것을 의미한다.

메를로-퐁티 역시 "현상학, 그것은 본질에 대한 연구이며 모든 문제는 현상학에 따르면, 본질을 규정하는 일에 다름 아니다. 예컨대 지각의 본질, 의식의 본질 등등. 그러나 현상학, 그것은 또한 본질을 존재의 자리에 다시 놓아두는 철학이자 인간과 세계에 대한 이해는 그들의 '사실성'에서 출발함으로써만 획득될 수 있다고 믿는 철학이다."[117]라고 말한다. 그의 '지각의 현상학'은 우리가 지각하는 사물의 물질성 즉 질감, 빛, 색 등은 우리 신체 안에 그런 것들에 반향하는 내적인 등가물(internal equivalent)이 존재하고 있기 때문이라고 하면서, 신체의 순수 감각 행위를 사물의 현상 파악의 중심에 두었다.

> 어떤 심리적 현상이거나 또는 관념적 현상이 아닌 실재적이며 사실적 현상이다. 그 사실적 현상은 개념화되거나 관념화되기 이전의 현상이다. 누구도 거기에다 개념적이거나 사변적인 의미를 부여한 흔적이 없는 '현상적 사실' 그 자체이기 때문이다. 바로 이런 점 때문에 나는 그 '현상적 사실'을 중시한다. 아니 그 '현상적 사실'을 이미지화하는 수사를 내 작업의 중심에 놓는다. 그 현상적 사실이 이미지화되면 그것이 바로 '날이미지'이기 때문이다.[118]
>
> ―「조주의 말」

그러나 현상학적 입장에서 자신의 시를 '현상시'와 '날이미지'라는 용어로 혼용하였던 오규원은 1999년 이후 '날이미지시'로 용어를 통일한다.[119] 그것은 현상학 역시 인식, 지향, 의식, 의미, 판단, 주체, 자아, 직관 등의 관념적 용어에 의해 파악되는 학문이기 때문이었다. 실제로 그는 "관념공화국에서는 관념을 구성하고 가치화를 위해 모든 것을 동원"하는데 "그 모든 것 속에는 현상도 포함"되고, "현상공화국에서도 현상을 포착하고 가치화하기 위해 모든 것을 동원"하는데 "동원된 것 가운데는 관념도 있다."라고 하면서 "관념에서 해방된 시의 새로운 현상공화국을 세워두"[120]는 것을 그의 후기시의 목표로 하였다. 그

---

117) 메를로-퐁티, 류의근 옮김, 『지각의 현상학』, 문학과지성사, 2002, 13쪽.
118) 오규원, 『날이미지와 시』, 앞의 책, 46쪽.
119) 오규원, 「날이미지와 현상시」, 『현대시사상』, 고려원, 1997 봄, 111쪽. 이연승,
    『오규원 시의 현대성』, 푸른사상, 2004, 280쪽 주석 참조.

런데 오규원이 말하는 '새로운 현상'이란 "심리적인 현상이거나 또는 관념적 현상이 아닌 실재적이며 사실적 현상"으로 그것은 "개념적이거나 사변적인 의미를 부여한 흔적이 없는 '현상적 사실' 그 자체"를 의미하는 것이었다.

> 나는 현상학자가 아니라 시인이다. 그러므로 현상학적 환원을 위해 시를 쓰고 있지 않다. 존재의 현상을 언어화하는 한 방법으로 이용하고 있을 뿐이다. 내가 관심을 갖는 것은 시인이 포착한 현상이냐 시인이 구성한 형상이냐에 있지 않고 시 속의 현상(날이미지)이 '현상으로서의 사실성'을 확보하고 있느냐 없느냐에 있다.[121]
>
> —「날이미지시에 관하여」

따라서 '현상학'적 시쓰기에서 벗어난 오규원은 '날이미지시'를 '현상학적 환원'이 아니라 '현상으로서의 사실성'을 확보하기 위한 시로 정의한다. 그리하여 이 '사실성'을 확보하기 위해 그가 후기시의 창작 방식으로 '이용'한 것은 바로 사진 이미지였다. 「안락의자와 시」에서 보듯 오규원이 새로 발견한 창작 방식은 "빛을 내보내는 곳에서" "빛나는 형태를 이루"는 '존재'를 "보는" 것이었다. 물론 그동안 "빛을 정신의 편에 두었던, 그리고 의식을 본래적인(native) 어둠으로부터 사물들을 끌어내는 빛의 다발로 여겼던 모든 철학적 전통"[122]들이 있었다. '현상학'도 이러한 전통에 속한 철학 중의 하나였다.

그러나 '현상학'과 단절한 오규원이 수용한 창작 방식은 사진 이미지로, 이러한 사실은 '빛'이 없으면 '존재'할 수 없는 사진의 특성에서 찾아볼 수 있다. 류신에 의하면 "'빛'이란 어떤 사물이 시공간 속에 감각적으로 '현상'하기 위한 선험적인 근거이다(현상이라는 말의 어원은 그리스어 'phaionmenon'인데,

---

120) 오규원, 「날이미지시에 관하여」, 『문학과사회』, 문학과지성사, 2007 봄호, 305쪽.
121) 위의 글, 306쪽.
122) 질 들뢰즈, 유진상 옮김, 『시네마 Ⅰ: 운동-이미지』, 시각과언어, 2002, 119쪽.

이 단어는 '빛'을 뜻하는 'phos'에서 왔음을 상기하자). 빛이 없다면 어떠한 사물도 일정한 형태로서 가시화될 수 없기 때문이다. 그러므로 빛은 현상의 가능태이고 현상은 빛의 현실태이다."[123] 더구나 전통적인 아날로그 사진술에서 필름에 맺힌 잠상 이미지가 우리 눈앞에 가시화되기 위해서는 반드시 필름의 '현상(development)' 과정을 거쳐야 한다. 인화지에 '정착(fixing)'되는 과정은 '현상' 이후의 2차적인 과정일 뿐이다. 따라서 마르틴 졸리(Martine Joly)는 "이미지는 현상의 시각화이다."[124]라고 말하며, 사진의 탄생을 가능하게 하였던 광선의 기록적 성격을 주시하였다. 그것은 다른 현상을 관찰하고 해석하는 데 도움을 주는 사진 이미지가 이처럼 물리적 현상의 기록에서 만들어지기 때문이었다.

따라서 '빛'이 있어야만 '존재'할 수 있는 사진 이미지를 창작 방식으로 수용한 오규원은 시를 "쓰"는 것이 아니라 "보"는 것으로 인식하게 된다. 즉 그는 이미지를 지각하는 과정에서 물질과 접촉하게 해 주는 사진 이미지를 통해 시 쓰기를 시도한 것이다. 문학이나 회화가 현실 세계에 존재할 수 없는 지시 대상을 가상이나 공상으로 만들어 내는 것과는 달리, 사진은 실제적인 사물을 반드시 지시 대상으로 필요로 하기 때문이었다. 어떤 사물 혹은 어떤 인물을 필연적으로 갖는 사진이 그 사물이나 인물의 리얼리티를 최대한 가시화하듯, 오규원 역시 사물 현상의 리얼리티를 최대한 구현하고자 하였다.

그런데 여기에서 유념해야 할 것은 바로 "보고 있"는 주체의 문제이다. 물론 이 시에서 '안락의자'를 "보"는 것은 '나'이다. 그러나 이 시에서 더 주목해야 할 것은 '안락의자'도 '나'를 "보고 있다"라는 사실이다. 라캉에 의하면 시각은 타자의 응시(gaze)라는 형태 속에서 주체를 탈중심화(decenter)할 수 있기 때문

---

123) 류신, 앞의 글, 204쪽.
124) 마르틴 졸리, 김동윤 옮김, 『영상 이미지 읽기』, 문예출판사, 1999, 29쪽.

이다. 또한 존 버거도 "우리가 무엇인가를 보게 되면 곧 우리 자신 역시 바라다 보일 수 있다는 사실을 깨닫게 된다. 다른 사람의 시선과 나의 시선이 마주침으로써 우리가 세계의(바라다 보이는) 일부임을 알게 되는 것"[125]이라고 하였다. 나아가 존 버거는 "보"는 행위의 〈주고 받음〉의 성격이 말로써 대화하는 행위에서의 〈주고 받음〉보다 더 근본적일 수 있음을 강조하였다.

이처럼 오규원의 '날이미지시'는 '나'가 '안락의자'를 "보"면서 '안락의자'가 '나'를 "보"는 관계 즉 사물과의 '주고 받음'의 관계를 획득하고자 한 것이었다. 더구나 "한 편의 시가 의미를 생산하는 기호 체계이듯이 사물도 하나의 기호 체계"[126]라는 김준오의 말이 사실이라면, 기호 체계가 될 수 있는 사물도 그 자체로 한 편의 시가 될 수 있는 것이었다. 결국 오규원은 시의 주체는 본성을 발현할 수 있는 사물이므로, 시의 의미를 생산하는 것도 시인이 아니라 시적 대상인 사물임을 강조하였던 것이다. 이처럼 오규원은 "보"는 주체의 시각을 최소화하기 위해 사진의 객관적 시각의 시쓰기를 시도함으로써[127] 사물의 본성이 발현되는 '날이미지시'로 나아갈 수 있었다.

2.2. 환유 체계의 탐구와 '날이미지시'

오규원이 모색한 인본주의 시각의 해체에는 환유 원리가 자리잡고 있다. 오규원은 야콥슨에 입각하여 유사성의 원리에 의한 은유를 선택과 배제의 논리로, 인접성에 의한 환유를 결합과 통합의 논리로 보았다. 그리하여 그는 '날이미지시'에 와서 초기시의 주된 수사 체계였던 은유의 수직축을 환유의 수평축으로 돌려놓았다. 그것은 언어와 세계 사이의 동일성에서 출발하는 은유가 주

---

125) 존 버거, 강명구 역, 『영상커뮤니케이션과 사회』, 나남출판, 1987, 37쪽.
126) 김준오, 「현대시의 자기 반영성과 환유 원리-오규원의 근작시」, 이광호 엮음, 앞의 책, 253쪽.

212 시와 사진과 인문학의 카르텔

체중심주의적 시각으로 종속 관계를 형성함으로써 세계를 중심과 주변으로 구분하고 세계의 의미를 고정된 관점으로 규정하기 때문이었다. 그러나 언어와 세계 사이의 동일성을 해체하는 환유는 중심과 주변이라는 개념을 무너뜨리고 세계의 평등 관계를 형성함으로써 사물의 의미를 사물들 간의 관계를 통하여 파악할 수 있게 해 준다. 따라서 오규원은 '날이미지시'에서 그동안 수사학에서 주목받지 못했던 환유를 재조명하여 그것에 가치를 부여해 놓았다.[128]

물론 환유의 재조명은 포스트모더니즘에 이르러 부각된 현상이었다. 그것은 언어의 수사법이라는 테두리에서 벗어난 환유가 인식론과 맞닿은 문제가 되면서 탈근대적 사유 체계로 중요하게 작용하였기 때문이었다. 특히 은유의 기능을 압축으로 환유의 기능을 전치로 본 라캉은 환유가 갖고 있는 사고의 인접성 관계와 전치에 의한 의미의 이동에 주목하였다. 그리하여 라캉은 기표의

---

127) 『볼펜을 발꾸락에 끼고』에서 오규원은 "처음 시라는 형태의 글을 써" 보는 경험을 하게 된 "중학교 3학년 때"를 다음과 같이 회상하고 있다. "말대가리란 별명을 가진 국어선생 한 분이 있었다. 그분은 국어 교과서를 시작하기 전에 속표지의 사진을 펴놓고는 우리들에게 작문을 한 시간 하게 하는 묘한 습관을 가지고 있었다. 시쳇말로 하면 「포토 에세이」나 「포토 포에지」를 한 편씩 쓰게 한 셈이다. 그분은 그것을 통해서 우리가 글쓰기에 눈뜨기를 희망했으리라. 그때 내가 쓴 시는 나목(裸木)이라는 제목을 붙인 「앙상한 나뭇가지에……」 어쩌구 어쩌구 하는 얄궂은 내용이었다. 그 얄궂은 내 시를 그분은 잘 되었다면서 낭랑한 목소리로 아이들에게 읽어 주는 것이었다."(오규원, 『볼펜을 발꾸락에 끼고』, 문예출판사, 1981, 233쪽 참조.)

비록 '국어선생'으로부터 얻게 된 영상 이미지에 대한 경험이었지만, '포토 포에지'는 오규원이 시와 사진과의 매체 혼성을 일찍이 체험하게 된 극적 사건이었다. 따라서 그가 시를 '본다'라는 행위로 인식하고 사진의 스트레이트 기법을 이용하여 후기시 '날이미지시'를 창작하게 된 것은 그리 놀라운 일이 아니다. 이것은 "처음 시라는 형태의 글"을 썼던 '포토 포에지'의 영향이 오규원에게 무의식적으로 체화된 결과로, 평론가 김진희는 오규원의 시에서 "사진 속의 그림들을 보고 있다고 느끼게 되"었다고 말한 바 있다.(김진희, 앞의 글, 332쪽 참조.)

수평적 대치인 환유를 통해 '기표의 유희' 공간을 무한대로 넓힐 수 있다고 보고, 이러한 환유 작용을 "의미의 연쇄고리가 기의로부터 벗어나 누리게 되는 자율성, 기의의 파도 위에서 끊임없이 일어나는 의미의 연쇄고리의 미끄러짐"[129]으로 파악하였다.

> 나는 해변의 모래밭에 지금 있다
> 바다는 하나이고 모래는 헤아릴 길 없다
> 모래가 사랑이라면 아니 절망이라면 꿈이라면
> 모래는 또한 죽음, 공포, 허위, 모순, 자유이고
> 모래는 또한 반동, 혁명, 폭력, 사기, 공갈이다
>
> 수사적으로, 비유적으로, 존재적으로,
> 모래(사물)와 사랑, 절망(관념) ……은
> 동격이다 우리는 이를
> 원관념=보조관념의 등식으로 표시한다
> 그래서 모래는 끝없이 다른 그 무엇이다
> 오, 그래서 모래는 끝없이, 빌어먹을
>
> 〈중략〉
>
> 나는 해변의 모래밭에 지금 있다
> 모래는 하나이고 관념은 너무 많다

---

128) 오규원은 「은유적 체계와 환유적 체계」에서 은유와 환유의 차이점을 다음 표로 간명하게 제시해 놓았다.(오규원, 『날이미지와 시』, 앞의 책, 21쪽.)

	언술 방향	구조	국면	시각	의미
은유	유사성	여러 세계의 칵테일	대치관념 또는 사물	해석적 지각	관념적
환유	인접성	인접 세계에 의한 정황	사실적 정황	감각적 지각	표상적

129) 아니카 르메르, 이미선 옮김, 『자크 라캉』, 문예출판사, 1994, 84쪽.

모래는 너무 작고
모래는 너무 많다 아니다
관념은 너무 작고
모래는 너무 크다

역사적으로, 문화적으로, 존재론적으로,
모래(사물)는 사랑, 절망……에
복무한다 우리는 이것을 인본주의라는
말로 표현한다 오, 빌어먹을 시인들이여
그래서 모래는 대체 관념이다 끝없이
모래가 아닌 다른 그 무엇을 반짝이고
　　　　　　 -「나와 모래」부분,『길, 골목, 호텔 그리고 강물 소리』

「나와 모래」는 은유의 한계를 지적하면서 동시에 '시란 무엇인가'를 말해주는 일종의 메타시이다. 오규원은 이 시에서 유사성에 의한 선택과 배제로 이루어지는 은유의 논리를 '모래'를 통해 말하고 있다. 오규원은 그동안 '시인들'이 주체중심주의적 시각으로 지시 대상을 선택하고 배제하면서 특정한 의미로 종속시키는 것을 "인본주의라는/말로" 미화해 왔음을 비판한다. 그런데 문제는 그 '모래(사물)'가 '사랑, 절망(관념)' 등을 위해 복무하는 '대체 관념'이라는 것이다. "모래는 끝없이 다른 그 무엇"일 뿐 결코 '모래' 자체가 되지 못한다. 더구나 문제는 이 '대체 관념'이 사막의 '모래'알처럼 '끝없이' "헤아릴 길 없"이 많다는 것이다. 따라서 오규원은 사물 자체가 되지 못하고 관념적 의미만을 적극 수용하는 은유를 "빌어먹을" 대상으로 취급하기에 이른다.

그러나 환유는 대체 관념이 아니라 공간적 인접성에 의해 구조화된다. 공간적 인접성은 시선의 이동을 수반하는데, 이때 대상을 바라보는 주체의 시선은 최소화된다. 환유는 대상을 충실히 묘사는 하지만 자신의 의지나 해석, 판단과 평가는 배제하기 때문이다. 따라서 환유는 주관의 개입 없이 관찰자 시점을 일관되게 유지하여 사물을 있는 그대로 객관적으로 묘사하게 해 준다. 또한 환유

는 그 공간적 인접성의 원리에 의해 사물을 결합시키는 데 적합한 표현 양식이
된다. 오규원의 '날이미지시'의 제목이 대부분 'A와 B'의 형식[130]을 갖는 것은
바로 그 때문이다. 'A와 B'의 형식은 사물과 사물의 수평적 관계를 보여 주면서
사물 자체의 개별성을 드러내 준다. 따라서 환유는 사물 자체가 지닌 의미와
함께 사물이 배치된 공간 구조까지 무한히 확장시켜 준다.

> 쥐똥나무 울타리 밑
> 키작은 양지꽃 한 포기 옆에 돌멩이 하나
> 키작은 양지꽃 한 포기 옆에 돌멩이 하나 그림자
> 키작은 양지꽃 한 포기 그림자 옆에 빈자리 하나
> 키작은 양지꽃 한 포기 그림자 옆에 빈자리 지나
> 키작은 양지꽃 한 포기 옆에 새가 밟는 길의 길 하나
> 키작은 양지꽃 한 포기 옆에 바스락거리는 은박지 하나
> –「양지꽃과 은박지」 전문, 『토마토는 붉다 아니 달콤하다』

「양지꽃과 은박지」는 공간적 인접성에 의해 구조화되는 환유 원리로 자연
세계를 묘사하고 있는 시이다. 이 시에서 공간적 인접성은 '밑'이라는 명사, '옆
에'라는 부사어, "지나(지나다)"라는 동사에 의해 구현되고 있다. 더구나 "키
작은 양지꽃 한 포기 옆에"라는 동일한 통사 구조의 반복은 공간적 인접성을
더욱 강조하는 역할을 한다. 이 공간적 인접성에 의해 사물은 오규원의 시선에
순차적이면서도 수평적으로 포착되고 있다. '쥐똥나무' '키작은 양지꽃 한 포
기' '돌멩이' '돌멩이의 그림자' '빈자리' '새' '새의 길'의 순서로 나열되고 있는
것이다. 심지어 인간이 버린 쓰레기에 불과한 '은박지'조차도 부정적인 해석과
판단의 개입 없이 있는 그대로 포착되고 있다. 이처럼 공간적 인접성에 의해

---

130) 시집 『새와 나무와 새똥 그리고 돌멩이』에 실린 시의 제목은 '호수와 나무' '나무
와 돌' '양철 지붕과 봄비' '허공과 구멍' 등으로 열거되고 있다. 모두 'A와 B' 구조를
갖추고 있다.

나열된 각각의 사물들은 어느 하나도 우위를 가리지 않고 모두가 동일한 가치로 주목받게 되는 것이다.

> 대방동 조흥은행과 주택은행 사이에는 플라타너스가 쉰일곱 그루, 빌딩의 창문이 칠백열아홉, 여관이 넷, 여인숙이 둘, 햇빛에는 모두 반짝입니다.
>
> 대방동의 조흥은행과 주택은행 사이에는 양념통닭집이 다섯, 호프집이 넷, 왕족발집이 셋, 개소주집이 둘, 레스토랑이 셋, 카페가 넷, 자동판매기가 넷, 복권 판매소가 한 군데 있습니다. 마땅히 보신탕집이 둘 있습니다. 비가 오면 모두 비에 젖습니다. 산부인과가 둘, 치과가 셋, 이발소가 넷, 미장원이 여섯, 모두 선팅을 해 비가 와도 반짝입니다.
>
> 빨간 우체통이 둘, 학교 담장 밑에 버려진 자전거가 한 대, 동작구 소속 노란 소형 청소차가 둘, 영화 포스터가 불법으로 부착된 벽이 셋, 비디오 가게가 여섯, 골목에 숨어 잘 보이지 않는 전당포 안내 표지판과 장의사 하나, 보도 블록 위에 방치된 하수도 공사용 대형 원통 시멘트관 쉰여섯이 눈을 뜨고 있습니다. 아, 그리고 ××↓↓↓표 가변 차선 표시등 하나도!
>
> 대방동 조흥은행과 주택은행 사이에는 한 줄에 아홉 개씩 마름모꼴로 놓인 보도 블록이 구천오백네 개, 그 가운데 깨어진 것이 하나, 둘…… 여섯…… 열다섯…… 스물아홉…… 마흔둘……
>
> – 「대방동 조흥은행과 주택은행 사이」 전문,
> 『길, 골목, 호텔 그리고 강물 소리』

「대방동 조흥은행과 주택은행 사이」는 공간적 인접성에 의해 존재하는 사물 세계를 환유 원리로 묘사하고 있는 시이다. '대방동' 어느 거리의 일상적 풍경을 그리고 있는 이 시는 "조흥은행과 주택은행 사이"에 공간적으로 인접해 있는 '양념통닭집-호프집-왕족발집-개소주집-레스토랑-카페-자동판매기-복권 판매소-보신탕집' 등을 그려내고 있다. 물론 주체는 사물 세계를 해석하지 않고 있는 그대로의 세계를 순차적으로 그려내고 있을 뿐이다.

그런데 이 시에서 사물을 바라보는 주체의 시선은 냉정할 정도로 객관적이고 가치중립적이다. 상징이나 은유가 제거되고 감정이입도 차단된 이 시에서는 인간 정신이 개입한 어떤 흔적도 찾아볼 수가 없다. 더구나 이 시에서 "플라타너스가 쉰일곱 그루, 빌딩의 창문이 칠백열아홉" 등으로 세어나가는 숫자는 물량적 정보를 강조하고 있다. "수학은 십중팔구 어떤 구조나 언어적 확언에서 파생되는 것보다 진실에 더욱 접근하면서 지각 있는 세계의 이미지를 보여준다."[131]는 말처럼, 물량적 정보를 강조하는 숫자는 시공간의 연속성과 '지각 있는 세계의 이미지'를 보여주고 있을 뿐이다. 또한 'ХХ↓↓↓'와 같은 도형은 기호적 정보를 강조함으로써 이 시를 극사실주의적인 시각으로 이끌고 있다. 그것은 이러한 기하학적 이미지 역시 세계를 가장 객관적으로 보여 주기 때문이다. 따라서 루돌프 아른하임(Rudolf Arnheim)은 "숫자들 간의 관계는 특히 순수하고 선명하다. 순수한 숫자에는 큰 유혹이 있다." "모형은 그 우아한 단순성 때문에 마음을 끈다."[132]라고 말했던 것이다.

따라서 환유 원리에 의해 주체와 타자의 우열을 구분하지 않고 상호 동등한 관계로 나열한 이 시에서는 주체와 대상의 주종 관계를 찾아볼 수가 없다. 즉 이 시는 '산부인과-치과-이발소-미장원'처럼 어떤 대상이 인접한 다음 대상으로 연결되었을 뿐, 특정한 대상이 특정한 주체에 의해 특정한 의미로 해석되지 않는다. 이처럼 환유를 수사의 중심축으로 삼은 오규원의 '날이미지시'는 주체 중심의 근대적 시각에서 벗어나 타자 중심의 탈근대적 시각을 보여주고 있다.

오규원은 『길, 골목, 호텔 그리고 강물 소리』의 '자서(自序)'에서 탈근대적

---

131) 아모스 보겔, 권중운·한국실험영화연구소 공역, 『전위 영화의 세계』, 예전사, 1996, 164-165쪽.
132) 루돌프 아른하임, 김정오 옮김, 『시각적 사고』 개정판, 이화여자대학교출판부, 2004, 315-316쪽.

시각의 환유 체계를 중심축으로 삼은 '날이미지시'에 대해 더 구체적으로 언급한다. 그에 의하면 '날이미지'란 "인간이 정(定)한 관념으로 이미 굳어 있는 것이 아니라, 정(定)하지 않은, 살아 있는 의미"[133]를 말한다. 물론 여기서 말하는 '정(定)하지 않은' 것이란 "정(定)하지 않는 것이 정(定)하는 것"이라는 유명한 조주(趙州)의 선문선답에서 유래한다. 세계의 현상은 추상적인 관념이 아니며 따라서 굳어 있는 것이 아니지만, 우리의 언어 행위는 개념화를 통해 사물의 존재를 규정하였던 것이다. 그 결과 인간중심적인 사고 방식에 기초한 개념화는 살아 있는 것을 굳은 것으로 만들고 결국 사물의 은폐 현상까지 초래하게 되었다.

그러나 오규원은 '날이미지시'를 통해 이러한 개념을 해체하는 데 주력하고 있다. "'개념화 이전의 의미'인 '날[生]이미지'로써 왜곡된 의미의 세계를 시에서 삭제해보"[134]려고 한다. 따라서 그는 일체의 주관적 요소를 배제하고 세계를 그 세계의 현상으로만 파악하려고 한다. 관념적이고 설명적인 언어가 아니라 존재의 '사실적 현상'에 근거한 실제적이고 감각적이고 일상적인 언어를 간결하게 구사함으로써 대상을 최대한 객관적으로 이미지화하려고 한다. 그리하여 '날이미지시'는 시적 대상인 존재를 생생하게 살아 있는 것으로 해방시키게 된다.

그러나 사실성에 기반을 두고 존재의 진경을 드러내려는 '날이미지시'의 궁극적인 목적은 바로 존재의 평등성을 회복시키는 데 있다. 더구나 "내 시는 두두시도 물물전진(頭頭是道 物物全眞 : 모든 존재 하나하나가 도이고, 사물 하나하나가 모두 진리다)의 세계다."[135]라고 밝혔던 것처럼, 이것은 "인간인 '나'만이 아닌, 세계와 함께 언어를 '사는' 방법"[136]으로 "언어와 대상이, 너와 내

---

133) 오규원, 『길, 골목, 호텔 그리고 강물 소리』, 문학과지성사, 1995, 自序.
134) 오규원, 『날이미지와 시』, 앞의 책, 30쪽.

가, 세계와 내가, 함께 숨쉴 수 있는 땅에서 무엇보다 절실하게 살기 위"[137]한 것이었다. 물론 '날이미지시'는 과거의 신본주의 또는 인본주의에 기초한 인간의 사고가 사물을 얼마나 왜곡했는가의 반성에서 시작되었다. 따라서 신본이나 인본에서 벗어나 사물의 본질을 찾아주는 것, 곧 존재의 평등성을 회복시키는 것이 바로 '날이미지시'의 목적이자 이상이었다.

시와 이미지 : 나는 시에게 구원이나 해탈을 요구하지 않았다. 진리나 사상도 요구하지 않았다. 내가 시에게 요구한 것은 인간이 만든 그와 같은 모든 관념의 허구에서 벗어난 세계였다. 궁극적으로 한없이 투명할 수밖에 없을 그 세계는, 물론, 언어 예술에서는 시의 언어만이 유일하게 가능한 가능성의 우주이다. 그러므로, 내가 시에게 절박하게 요구한 것도 인간이 문화라는 명목으로 덧칠해 놓은 지배적 관념이나 허구를 벗기고, 세계의 실체인 '頭頭物物'의 말(현상적 사실)을 날것, 즉 '날[生]이미지' 그대로 옮겨달라는 것이었다.

구조와 형식 : '두두'며 '물물'은 관념으로 살거나 종속적으로 존재하지 않으며, 세계도 전체와 부분 또는 상하의 수직 구조로 되어 있지는 않다. 세계는 개체와 집합 또는 상호 수평적 연관 관계의 구조라고 말해야 한다.[138]

－『토마토는 붉다 아니 달콤하다』 표4

이러한 '날이미지시'의 창작 방식은 사실성을 생명으로 삼고 있는 사진의 특성과 매우 유사하다. 오규원이 언어에서 시인의 의식이나 관념을 배제하고 사물에 곧바로 다가가 사물의 현상 그 자체를 드러내려고 했듯이, 세계에 직접적으로 대응하는 사진 역시 대상을 세밀하게 묘사하고 정확하게 복사하는 사실성을 그것의 본질적인 특성으로 삼고 있기 때문이다. 또한 오규원이 '날이미지시'를 통해 존재의 진경을 드러내려고 했듯이, 기계의 객관적 재현에 힘

---

135) 오규원,『두두』, 문학과지성사, 2008, 표4.
136) 오규원,『날이미지와 시』, 앞의 책, 29쪽.
137) 오규원,『길, 골목, 호텔 그리고 강물 소리』, 앞의 글.
138) 오규원,『토마토는 붉다 아니 달콤하다』, 문학과지성사, 1999, 표4.

입어 인간 의식의 개입을 허용하지 않는 사진의 리얼리티 역시 '있는 그대로의 현실', 살아 있는 '날것' 그대로를 드러내려고 하기 때문이다. 더구나 오규원이 '날이미지시'에서 치환 또는 대체 관념인 은유를 버리고 환유에 의지하였듯이, 사진 역시 대체 작용을 위한 은유가 아니라 인접된 사물을 있는 그대로 지시하는 환유를 그 특성으로 하고 있기 때문이다.

사진의 본질적 특성인 이러한 지시성은 다른 재현 매체와 차별화되는 사진의 유일한 특성이다. 그것은 무엇보다도 사진이 사물과 떨어질 수 없는 물질적 연관성에서 비롯되기 때문이다. 바르트는 사진에 붙어 있는 이 지시 대상을 "어떤 형벌에서 쇠사슬로 시체에 묶인 죄수"와 "영원히 교미하는 듯 함께 헤엄치는 한 쌍의 물고기"[139]에 비유하였는데, 이처럼 사진의 지시성은 인덱스(index)로서의 사진의 색인성을 의미하는 것이었다.

실재의 흔적으로서의 사진 인덱스론은 많은 이론가들에 의해 지지되어 왔다. 사진을 '자동 생성'의 이미지로 본 앙드레 바쟁이나 대상물의 '발산'으로 본 바르트는 사진 인덱스론의 창시자들이다. 이외에도 존 버거는 '빛의 낙인'에 의해 사진에 찍힌 사물의 존재는 "발자국이나 데드마스크[死面]처럼 실제의 대상을 직접 등사하듯이 그대로 대고 찍어낸 어떤 것"[140]이라고 하였다. 필립 뒤부아의 '사진적 사실주의'도 인덱스론과 그 계보를 같이하는 것이었다. 뒤부아는 포토그램(photogram)[141]의 원리를 접촉에 의한 진정한 빛의 자국으로 보여 주면서, "사진은 우선 인덱스이다. 그리고 나서 사진은 닮음(도상)이 될 수 있고, 의미(상징)를 얻을 수 있다."[142]라고 하였다.

사진 인덱스론에서의 인덱스는 찰스 퍼스의 기호학에서 출발한 개념이다. 산에 불이 났을 때 연기가 나는 것처럼, 어떤 사실의 원인적 생성 혹은 자국인

---

139) 롤랑 바르트, 조광희·한정식 옮김, 『카메라 루시다』 개정판, 열화당, 1998, 14쪽.

사진은 기호와 개념 사이에 필연적인 인과 관계를 갖고 있는 지표(index)이다. 사진은 지문(指紋)이나 모래 위의 발자국 또는 '토리노의 성스런 시의(屍衣)'[143]나 와이셔츠에 묻은 키스자국처럼 대상이 스스로 자신의 모습을 찍음으로써 대상과 밀착된 어떤 것이다. 따라서 사진은 대상과 맺고 있는 이 물질적인 인과성으로 언제나 사진 자체가 되지 못하고 어떤 것의 흔적으로서만 존재하게 된다. 사진은 본질적으로 퍼스가 말한 대상에 대한 정확한 닮음인 도상(icon)도 될 수 없고 대상의 의미를 암시하는 상징(symbol)도 될 수 없는 것이다.

이러한 특성 때문에 바르트는 사진을 '코드 없는 메시지'라고 정의하였다. 그에 의하면 한 장의 사진은 '그것, 그거야, 그런 것!', '여기 좀 봐요, 여기를 봐, 여기에'라고 손가락으로 대상을 가리킴으로써 순수한 지시적 언어에서 결코 벗어나지 못한다. 또한 그는 "사진에서 하나의 파이프는 완강하게, 언제나 하나의 파이프일 뿐이다."[144]라고 말하며 영상의 대상인 사물과 영상화된 사진이 서로 구별되지 않는 특성, 똑같은 말의 되풀이에 불과한 사진의 동어반복적 특성에 주목하였다. 이처럼 사진이 표지를 갖고 있지 않은 특성, 대상물과 기표가 구별되지 않는 특성 때문에 바르트는 사진을 '코드 없는 메시지'라 부르며 '기의 없는 기표'를 다른 예술과 차별 짓는 본질적인 요인으로 보았다.

한편 오규원의 '날이미지시'의 목적과 이상이 "'전적'으로 있"[145]는 존재의 평등성을 회복시키려는 데 있듯이, 사진 역시 카메라 메커니즘 속에 평등의 원

---

140) 존 버거, 박범수 옮김, 『본다는 것의 의미』, 동문선, 2000, 77쪽.

141) 포토그램(photogram)은 카메라를 사용하지 않고 감광지와 광원 사이에 물체를 놓고 노광(露光)시켜 추상적인 영상을 구성하는 사진의 특수기법이다. 이것은 1921년 경 만 레이(Man Ray)나 모홀리 나기(Moholy-Nagy) 등에 의해 시도된 것인데, 필름 없이 노광한 이 수법에서 얻을 수 있는 프린트는 단 한 장뿐이다.

142) 필립 뒤봐, 이경률 역, 『사진적 행위』, 사진 마실, 2005, 70쪽.

143) '토리노의 성스런 시의(屍衣)'란 그리스도를 매장할 때 쓰인 시의이다.

칙을 갖고 있다. 오규원이 강압적으로 규정하는 강자의 논리로서의 은유를 버리고 "강자의 논리와 반대쪽에서"[146] 오는 환유에 의해 모든 존재가 함께 숨 쉴 수 있기를 꾀하였듯이, 카메라 역시 피사체에게 모두 동등하다는 평등주의의 이상을 결코 위배하지 않는다. 그것은 카메라가 프레임 안에 들어오는 모든 사물을 차별하지 않고 '전적으로' 찍을 수밖에 없는 기계적인 속성을 태생적으로 갖고 있기 때문이다. 또한 그것은 인간의 '눈'과 다른 카메라 기계의 '눈'이 객관적이고 중립적인 시선을 견지하여 주체중심주의적 시각인 원근법을 해체했기 때문이다. 더구나 발터 벤야민(Walter Benjamin)이 말했듯, 기술 복제 수단인 카메라는 예술 작품의 제의가치를 전시가치로 바꾸어 오리지널이 지녔던 권위를 깨뜨리고 예술의 공유를 실현시킨 매체였다. 이처럼 근대 시민 사회와 함께 발전한 사진은 선택과 배제의 매체가 아니라 평등주의의 원칙을 실천하는 가장 민주적인 매체였다.

2. 존재의 현상 묘사와 사진의 스트레이트 기법

2.1. 존재 근거로서의 시공간과 시공간의 인접성

오규원의 '날이미지시'에는 시간을 다룬 시편들이 많이 있다. 그것은 시간이 존재를 근거해 주는 가장 강력한 실존적 요소 중의 하나이기 때문이다. 그러나 태어나자마자 무작정 죽음을 향해 달려가는 이 거역할 수 없는 물리적 소멸의 시간인 크로노스(cronos) 때문에, 인간은 의미와 깊이를 새기는 순간적 시간인 카이로스(kairos)를 포착하고자 한다. 즉 모든 존재는 시간을 떠나 죽음

---

144) 롤랑 바르트, 『카메라 루시다』, 앞의 책, 14쪽.
145) 오규원, 『날이미지와 시』, 앞의 책, 47쪽.
146) 위의 책, 44쪽.

을 맞아야 하기에 시간과 죽음을 그 무언가로 정지시켜 그것을 초월하고자 하는 것이다. 따라서 이와 같이 시간을 정지시키고자 하는 오규원의 의지는 '날이미지시'에서 '시간의 공간화' 양상으로 나타난다.

> 시간과 시간 사이를
> 한 시인이 지나간다
> 시간의 아니 장소의
> 흙냄새가
> 신발 밑에 붙는다
> ─「잡풀과 함께 ─ 황동규에게」 부분, 『길, 골목, 호텔 그리고 강물 소리』

『잡풀과 함께 ─ 황동규에게』에서는 오규원의 '시간의 공간화' 양상을 찾아볼 수 있다. 이 시에서 시간은 "시간과 시간 사이를" "지나"갈 수밖에 없는 찰나적 속성을 지니고 있다. 또한 그 시간은 3차원의 우주 공간 속에서 공간과 공간 사이를 "지나"갈 수밖에 없다. 따라서 시간의 순간성은 공간을 통해서 지속되고 그럼으로써 초월될 수 있다. 그런데 이 시에서 오규원 자신이 될 시적 자아는 한 시인의 존재를 그의 '신발'로 보고 있다. 그리고 "시간의 아니 장소"를 밟아온 "흙냄새가/신발 밑에 붙는다"라고, 그가 살아온 생애에 대하여 말하고 있다. 이로써 시간이라는 추상적 관념은 '신발 밑에 붙는 흙냄새'로 구체화되고, 이 "붙는다"라는 고착성으로 인하여 시간은 신발과 함께 사물화되어 정지되는 것이다. 따라서 황현산은 시간의 지평을 확장시키려는 이러한 의식을 '시간의 공간화'라고 지적하였다. "시간의 모든 점들은 하나의 존재와 하나의 사물이 바로 그 존재되기와 사물되기로 자신을 초월하는 장소"[147]라고 말했던 것이다.

황현산이 언급한 대로 '자신을 초월하는 장소'로서의 시간의 공간화 양상은 시간성에 기초한 사진에서도 마찬가지이다. 60분의 1초 혹은 125분의 1초는 편린으로서의 사진의 시간성 혹은 순간성을 의미한다. 그러나 시게모리 고

엥이 말한 것처럼 "볼 수 없는 시간을 볼 수 있는 것으로 대상화(對象化)하려 한다면, 시간을 공간적 성질로 바꾸는 수밖에 없다. 시간의 '공간적 성질'이란 구체적으로 사물의 변화이자 곧 운동"[148]인 것이다. 이러한 의미에서 사진은 시간을 사물의 변화와 운동을 내재하고 있는 공간적 성질로 바꾸어, 사물이 처해 있는 어떤 순간의 상태를 보여 주는 장르라고 할 수 있다.

이러한 사진의 '시간의 공간화' 양상에 대해 수전 손택(Susan Sontag)은 "순간을 정확히 베어내 꽁꽁 얼려 놓는 식으로, 모든 사진은 속절없이 흘러가 버리는 시간을 증언해 준다"[149]라고 하였다. 순간을 베어내 꽁꽁 얼려 놓는다는 것은 시간의 사물화이자 공간화를 의미한다. 또한 이것은 시간의 완료가 아니라 롤랑 바르트가 말한 시간의 부동화(不動化)이다. 이 시간의 부동화란 시간의 멈춤, 시간의 정지를 뜻하지만 이것은 역설적으로 지나가 버린 시간을 정지시킴으로써 오히려 순간순간 살아 있도록 하는 시간의 초월 장치인 것이다.

> 오늘, 이 골목은 어둠이 담벽에 기대어 서 있다
> 오늘, 이 골목은 어둠이 창을 사각형으로 만들어 들고 서 있다
> 오늘, 이 골목은 어둠이 지붕을 지우고 허공을 들고 서 있다
> 　　　　　　　　　　－「골목 2」 전문, 『토마토는 붉다 아니 달콤하다』

> 강변 모래사장에 아이 넷 있습니다
> 모두 발가벗었습니다
>
> 그 아이 하나 지금 모래사장에 쪼그리고 앉아
> 지평선에 턱을 괴고 있습니다

---

147) 황현산, 「새는 새벽 하늘로 날아갔다」, 오규원, 『길, 골목, 호텔 그리고 강물 소리』, 앞의 책, 112쪽.
148) 重森弘淹, 앞의 책, 90쪽.
149) 수전 손택, 이재원 옮김, 『사진에 관하여』, 이후, 2005, 35쪽.

그 아이 하나 지금 허리를 구부려
다리 사이에 머리를 거꾸로 넣고 하늘에게
악, 악, 악 하고 있습니다

그 아이 하나 지금 털썩 주저앉아
다리를 벌리고
남근을 넣고 봉분을 쌓고 있습니다

그 아이 하나 지금 길게 누워
두 발을 들어올리고
하늘의 페달을 빙글빙글 돌리고 있습니다

시간이 오후 3시를 지나가고 있습니다
　　　　　-「강변과 모래」 전문,『새와 나무와 새똥 그리고 돌멩이』

　위의 시 두 편은 모두 정지된 시간으로서의 사진의 시간성을 '시간의 공간
화' 양상을 통해 드러내고 있다. 단 3행으로 전문을 이루는 「골목 2」에는 '오늘'
이라는 시간을 나타내는 부사어가 시행 첫머리에 반복되고 있다. 그리고 '밤'
이라는 시간을 인식하게 해 주는 "어둠이"가 뒤이어 반복되고 있다. 여기에서
'어둠'이라는 시간은 '담벽' '창' '지붕' '하늘'과 함께 골목이라는 공간을 점유
하고 있는 존재이다. 또한 그것은 모두 "서 있는" 것으로 의인화된 존재이기도
하다. 특히 '담벽'에 "기대어" 있고, '지붕'을 "지우고" 있고, '창'과 '허공'을 "들
고 서 있"는 이 '어둠'은 사물에 고착되어 부동화된 존재이다. 즉 '어둠'이라는
존재는 "서 있다"라는 현재형 서술어에 의해 한순간 정지됨으로써 '시간의 공
간화' 기법이 완성되었다. 이로써 골목의 풍경은 시간을 초월하여 언제든 순간
순간 되살아날 수 있게 되었다.
　'시간의 공간화' 양상은 「강변과 모래」에서도 마찬가지이다. 이 시에는 '지
금'이라는 시간 부사어가 반복되어 있는데, 이 '지금'은 모두 '오후 3시'로 고
정되어 있다. "오후 3시를 지나가고 있"는 시간은 지금 '강변 모래사장'이라는

공간도 동시에 지나가고 있다. 그러나 지나가서 곧 사라져 버릴 이 '오후 3시'는 '-고 있습니다'라는 현재진행형의 서술어에 의해 한순간 정지되고 만다. 그러나 '강변 모래사장'에서 발가벗고 놀고 있는 네 '아이'를 동시에 포착한 스틸 사진과도 같은 이 시 한 편으로 '아이'들의 '오후 3시'는 그들의 놀이처럼 늘 생동감 있게 다시금 되살아날 수 있게 되었다.

대문이 열려 있는 동쪽이
아니라 대문도 울타리도 길도
아무것도 없는 지붕 위의
한 귀퉁이에 걸린
하늘을 뚫고 처음으로 1994년의
잠자리 두 마리가
불쑥 뜰 안쪽에 나타났다

1994년 5월 19일
급히 시계를 보니 바늘이
오후 3시 14분을
긁고 있었다

두 마리는 서툴게 허공을
서너 번 열고 다니더니
몸을 옮겨 잔디밭 위로 와서
죽은 서나무 마른 가지를
가운데 두고

낮게
높게
천천히 그리고
빠르게

그 하늘에
몸을 가지고
머물며

내려다보며 돌아보며
어두워질 때까지
거기 있다가
갔다 그러나
다시 오지 않았다

-「1994」 전문, 『길, 골목, 호텔 그리고 강물 소리』

그러나 그해 처음 나타난 '두 마리 잠자리'를 묘사한 「1994」가 시간을 부동화시키는 방법은 앞에 나온 두 편의 시와는 조금 다르다. 앞의 「골목 2」와 「강변과 모래」가 시간의 한 편린 혹은 한 단면을 정지시킨 것이라면, 「1994」는 '오후 3시 14분'부터 "어두워질 때까지"의 상당히 긴 시간을 정지시켜 놓고 있다. 즉 앞의 두 시를 짧은 셔터 속도에 의해 찍힌 스냅 사진으로 본다면, 「1994」는 장시간 노출로 찍은 사진으로 볼 수 있다. '1994년 5월 19일' '오후 3시 14분'에 나타나 "어두워질 때까지/거기 있다가/갔다 그러나/다시 오지 않"은 이 '두 마리 잠자리'는 카메라 옵스큐라인 바늘구멍 사진기로 찍은 초창기 사진의 모습과 매우 유사하다. 오늘날 셔터 속도는 광학의 발전으로 빨라졌을 뿐이고, 카메라 발명 초기의 사진은 바늘구멍을 통해 들어오는 미세한 빛을 잡아두기 위해 장시간 노출을 필요로 했었다. 「1994」 역시 '오후 3시 14분'부터 "어두워질 때까지"의 '두 마리 잠자리'를 장시간 노출로 잡아둠으로써 그 긴 시간을 부동화시킬 수 있었다.

그런데 이 시가 더욱 사진적인 것은 오규원이 "머물며/내려다보며 돌아보"던 '두 마리 잠자리'의 흔적이 모두 지워진 텅 빈 공간을 보여주고 있다는 점 때문이다. 사진 메커니즘으로 보면 장시간 노출은 사물의 움직임을 모두 지우게 된다. 결국 "낮게/높게/천천히 그리고/빠르게" 움직이고 있던 이 시의 피사체 '두 마리 잠자리'는 결국 "거기 있다가/갔다 그러나/다시 오지 않"는 존재가 되고 만 것이다.

한편 오규원의 '날이미지시'에서 시간성과 함께 존재 근거가 되는 것은 바로 공간성이다. 그리고 이 공간성은 인접성의 원리에 따르고 있다. 공간을 획을 그어 구별하는 것은 우리 인간의 인식 체계일 뿐, 우주의 모든 존재는 현실 세계에서 경계가 없는 인접된 공간 안에서 살아간다. 따라서 오규원은 이러한 공간의 원리를 환유를 통해 보여주고 있다. 그것은 은유가 유사성에 의한 선택과 배제로 이루어지는 데 비해, 환유는 인접성에 의한 결합과 접속으로 이루어지기 때문이다. 은유의 경우에는 시간과 공간의 파편적, 선택적 사물들이 시의 한 국면을 이루지만, 환유의 경우에는 시간과 공간의 인접성을 갖고 있는 사물들이 시의 한 국면을 이룬다.

강 건너 돌무덤
강 건너 돌무덤 옆에
돌무덤
옆에
강 건너 여자
옆에
강 건너 애기똥풀
　　　　　　　　　　　　　　　　　　　　 -「덤불과 덩굴」 전문, 『두두』

한 아이가 공기의 속을 파며 걷고 있다

한 아이가 공기의 속을 열며 걷고 있다

한 아이가 공기의 속에서 두 눈을 번쩍 뜨고 있다

한 아이가 공기의 속에서 우뚝 멈추어 서고 있다

한 아이가 공기의 속에서 문득 돌아서고 있다
　　　　　　　　　　　 -「오후와 아이들」 전문, 『토마토는 붉다 아니 달콤하다』

「덤불과 덩굴」은 '옆에'라는 부사어로 인접성의 원리를 보여주고 있다. 7행이 전문을 이루는 이 시에는 공간적으로 인접한 주요 사물들, '돌무덤' '여자' '애기똥풀'이 '강'을 중심으로 펼쳐져 있다. 그러나 이 시는 서술어가 생략된 채 명사구로만 이루어져 있다. 즉 존재 동사인 '있다'를 생략하고 "옆에"라는 부사어만으로 한 공간에 모여 있는 강가 사물들의 사실적 정황을 드러내고 있다.

「오후와 아이들」 역시 제목이 시사하듯 동일한 시공간에 있는 '아이'들을 묘사하고 있는 시이다. 이 시에서는 한 공간에 있는 다섯 명의 '아이'가 각각 '걷고 있다' '뜨고 있다' '서고 있다' '돌아서고 있다'라는 서술어에 의해 묘사되고 있다. 그러나 이 시에서 인접성은 동일한 주어 "한 아이가"를 다섯 번 반복하는 것으로 실현된다. 주어의 반복과 열거가 다섯 '아이'를 차례로 전경화하면서 이들의 인접성을 강화시키고 있는 것이다.

> 땅의 표면과 공기 사이 공기와 내 구두의 바닥 사이 내 구두의 바닥과 발바닥 사이 발바닥과 근육 사이 근육과 뼈 사이 뼈와 발등 사이 발등과 발등을 덮고 있는 바랭이 사이 그리고 바랭이와 공기 사이

> 땅과 제일 먼저 태어난 채송화의 잎 사이 제일 먼저 태어난 잎과 그 다음 나온 잎 사이 제일 어린 잎과 안개 사이 그리고 한자쯤 높이의 흐린 안개와 수국 사이 수국과 수국 곁에 엉긴 모란 사이 모란의 잎과 모란의 꽃 사이 모란의 꽃과 안개 사이

> 덜자란 잔디와 웃자란 잔디 사이 웃자란 잔디와 명아주 사이 명아주와 붓꽃 사이 붓꽃과 남천 사이 남천과 배롱나무 사이 배롱나무와 마가목 사이 마가목과 자귀나무 사이 자귀나무와 안개 사이 그 안개와 허공 사이

> 오늘과
> 아침
>   -「오늘과 아침」 전문, 『토마토는 붉다 아니 달콤하다』

「오늘과 아침」은 '사이' 공간을 통해 환유 체계의 공간적 인접성과 시간적 인접성을 동시에 보여주고 있는 시이다. 그런데 이 시에서 주목해야 할 것은 이 '사이' 공간이 오규원의 시공간 개념에서 가장 중요한 특징이 되고 있다는 사실이다. 그것은 오규원이 중심과 주변을 이분법적으로 분리함으로써 근대 사유 체계에서는 외면되었던 이 '사이' 공간을 발견해 냈기 때문이다. 물론 이 것은 오규원이 주체중심주의에서 벗어난 시각을 가지고 있었기 때문에 가능 한 것이었다. 따라서 오규원에게 '사이' 공간은 시공간과 시공간의 '틈'으로서 의 '사이'가 아니라, 시공간과 시공간의 '인접 공간'으로서의 '사이'라는 특별 한 의미를 갖는다.

물론 이 시의 3연까지의 사물은 공간적 인접성에 의해 열거되어 있다. 그러 나 4연의 '오늘과/아침'은 시간적 인접성에 의해 연결되고 있다. 이때 결합과 접속의 역할을 맡고 있는 것은 바로 이 '사이'라는 시어이다. 따라서 '오늘'과 '아침'이 분절되지 않고 연속되는 시간 속에서 사물과 사물은 동일한 가치로 연결된다. 이처럼 오규원은 주체중심적 시각에서 벗어난 탈근대적 시각으로 그동안 눈에 잘 띄지 않았던 '사이' 공간을 발견해 내어 세계 전체를 평등한 것 으로 구현할 수 있었다.

> 타클라마칸 사막에도 사람이 산다
> 모래의 우주 行間에 인간이 산다
> 팔이 둘 다리가 둘이다 아니 도리깨 같은
> 발가락이 열 개다 우리 아버지와
> 똑같다 나와 똑같다 눈이 둘
> 옆으로 찢어진 입도 하나다!
>
> -「사막 1」 부분, 『사랑의 감옥』

「사막 1」은 이 우주 행간에 살고 있는 모래알 같은 인간이 모두 평등한 존 재임을 말하고 있는 시이다. '타클라마칸 사막'에 사는 사람들도 "우리 아버지와/똑같다 나와 똑같다." 더구나 그 평등함은 '팔이 둘' '다리가 둘' '발가락이 열 개' '눈이 둘' '입도 하나'라는 가장 단순하고 기본적인 신체적 조건에서 유래한다. 이것은 인간이 정치·경제·사회·문화적으로 차별화된 존재가 아니라 생물학적으로 모두 동일한 '종'임을 말해 준다. 즉 존재에 차별을 두지 않으려는 오규원의 사상이 이 시에 반영된 것이다.

따라서 오규원의 공간 개념인 인접성의 가장 중요한 원리는 평등의 원칙에 있다. 그리하여 오규원 시의 공간에는 대상의 우열이나 위계가 나타나지 않는다. 이러한 평등성은 인접된 세계 안에 존재하는 구성 요소들 간의 실제 관계이기 때문이다. 따라서 인접성이라는 현실 원리를 수용한 오규원의 시는 존재의 평등성을 지향하면서 모든 존재가 함께 살아가는 것을 모색하게 된다. 결국 인접성은 '날이미지시'의 목적이자 이상인 평등성을 적극 반영한 시적 원리가 되었던 것이다.

그런데 이러한 '날이미지시'의 인접성의 원리와 평등의 원칙은 사진의 기본 원리이기도 하다. 그것은 다른 예술과 비교해 보았을 때 더욱 확실하게 알 수 있다. 회화가 파편적, 선택적인 공간 인식을 주관적으로 수용하는 예술이라면, 사진은 인접 세계에 의한 정황을 객관적으로 수용할 수밖에 없는 예술이다. 그것은 공간을 절단하여 동일한 필름 안에 절대로 담을 수 없는 카메라의 특성에서 비롯된다. 이러한 특성은 사진이라는 장르만이 가지는 유일한 특성으로, 그것은 동일하게 카메라를 사용하는 매체인 영화가 편집에 의해 파편적, 선택적인 작업을 적극적으로 수행하는 것과 비교했을 때 더 쉽게 확인이 된다. 그리고 이러한 카메라의 인접성의 원리 역시 평등의 사상으로 이어진다. 카메라라는 기계는 렌즈 안으로 들어오는 사물을 모두 다 필름에 수용함으로써 피사체를 선별하거나 차별할 수 없기 때문이다. 따라서 완강한 현실과 마주칠 수밖에 없는 사진은 시공간의 인접성이라는 현실 원리에 의해 평등성의 원칙을 구현하게 된다.

> 당신이 앉았던 의자와
> 당신이 턱을 고였던 창틀과
> 당신이 마셨던 찻잔과
> 당신이 사용했던 스탠드와
> 벽시계와 꽃병과 슬리퍼를 모아
> 기념 사진을 찍었습니다
>
> 〈중략〉
>
> 두 장의 사진이 있습니다
> 두 장의 사진은 꼭같습니다 꼭같은
> 의자와 창틀과 찻잔과 스탠드와
> 벽시계와 꽃병과
> 슬리퍼가 있습니다
> 당신의
> 나의
>
> 아닙니다 의자의
> 아닙니다 창틀의
> 아닙니다 찻잔의
> 스탠드의
> 벽시계의
> 꽃병의
> 슬리퍼의 기념 사진입니다
> 아닙니다 당신과 나의……
> -「두 장의 사진」 부분, 『길, 골목, 호텔 그리고 강물 소리』

제목이 「두 장의 사진」인 이 시는 사진의 인접성이라는 공간 인식과 함께 사진의 평등성까지 두루 인식하고 있는 시이다. 당신이 찍힌 한 장의 사진과 내가 찍힌 또 한 장의 사진은 동일한 공간에서 촬영되었다. 그 공간은 '창틀'과

'찻잔'과 '스탠드'와 '벽시계'와 '꽃병'과 '슬리퍼'가 서로 인접해 있는 방안이다. 이 사물들은 '당신'과 '나'가 함께 사용하는 실내 소품들이고, 사진에 찍힌 '당신'과 '나'의 배경으로 존재했던 부수적인 피사체들이다. 그러나 이 사진은 결코 '나'만을 찍은 '나'만의 사진이 아니다. 그것은 '창틀'과 '찻잔'과 '스탠드'와 '벽시계'와 '꽃병'과 '슬리퍼'의 사진이자 '당신'과 '나'의 사진이다. '아닙니다'라는 부정어의 반복은 개체의 차별성을 부정하는 것으로, 이것은 결국 인간과 사물의 평등한 집합적 속성을 강조함으로써 더 큰 긍정에 이르려는 오규원의 시적 의지로 해석할 수 있다.

또한 오규원의 '날이미지시'에 나타난 공간성은 사진의 정면적 시각과 원근법이 제거된 평면성을 그 특징으로 하고 있다. 이것은 오규원이 인간의 '눈'으로가 아니라 카메라의 '눈'으로 사물을 바라보고 있기 때문이다. 보통 공간은 근경, 중경, 원경으로 묘사된다. 그러나 오규원의 시에서는 전경의 크기가 확대되거나 후경의 크기가 축소되어 소실점을 이루는 원근법적 시선을 발견할 수 없다. 오히려 오규원은 원거리 정면에서 대상을 바라봄으로써 근경과 중경과 원경을 하나의 평면으로 중첩시키고 공간의 깊이를 해체하고 있다. 루돌프 아른하임에 의하면, 시각을 매개로 한 원거리 감각은 "현재 사물들의 행동을 더욱 객관적으로 탐색하도록 한다."[150] 오규원 역시 이 원거리 감각으로 주체와 대상의 심리적 평형 거리를 확보함으로써 대상을 더욱 객관적으로 탐색할 수 있었다.

오규원이 직접 촬영하여 『가슴이 붉은 딱새』에 실은 사진 한 장이 이러한 정면적 시각과 평면성의 특징을 보여주고 있다.[151] 〈도판1〉의 사진에는 눈 쌓인 대지와 잎이 다 떨어진 나무와 인가를 이루는 집과 산과 허공이 각각 이웃한 대상과 한 프레임 안에 중첩되어 있다. 거리가 배제된 대상들 사이에는 전경과 후경이 구별되지 않는다. 당연히 이 사진에는 소실점도 존재하지 않는다. 그것

도판 1. 오규원

은 오규원이 정면적 시각을 통해 풍경이 단지 거기에 있다는 사실만을 전달하고 있기 때문이다. 또한 이 사진은 동일한 시공간에 존재하는 사물은 어느 것 하나 독립해서 홀로 존재하지 않는다는 사실도 알려주고 있다. 즉 오규원은 이 한 장의 사진으로 각각의 사물이 어울려 하나의 전체를 이루고 있다는 사실을 보여주고 있다.

> 그 집은 네카강변에 있다
> 그 집은 지상의 삼층이다
> 일층은 땅에
> 삼층은 뾰족하게 하늘에
> 속해 있다 그 사이에
> 사각의 창이 많은
> 이층이 있다
> 방안의 어둠은 창을 피해
> 서 있다
> 회랑의 창은 모두
> 햇빛에 닿아 있다
> 그 집은 지상의 삼층이다

---

150) 루돌프 아른하임, 앞의 책, 42쪽.

일층은 흙 속에
삼층은 둥글게 공기 속에 있다
이층에는 인간의 집답게
창이 많다
네카강변의 담쟁이덩굴 가운데
몇몇은
그 집 삼층까지 간다
　　　　-「횔덜린의 그 집-튀빙겐에서」 전문, 『길, 골목, 호텔 그리고 강물 소리』

허공의 나뭇가지에 해가 걸린다
나무는 가지가 잘려지지 않고 뻗도록
해를 나누어놓는다
가지 위에 반쪽
가지 밑에 반쪽

---

151) "'오규원 특유의 자유롭고 다양한 시각과 물컹거리는 상상력, 청교도적 문체를 체험할 수 있는 이 산문집에는 태평양화학 홍보부 시절 익혀두었던 감각으로 직접 찍은 사진들이 수록되어 있다. '다른 모든 예술은 허구로부터 생성되지만 사진예술은 사실이 그 예술의 구성 요소다. 나는 그 사실적 요인 자체를 존중하는 사진을 찍고 있다'는 것이 그의 사진관이다."(이원, 「분명한 사건으로서의 '날이미지'를 얻기까지」, 이광호 엮음, 앞의 책, 64-65쪽 참조.)

　시인 이원이 쓴 위의 오규원 문학적 연대기에서 확인할 수 있는 것처럼 『가슴이 붉은 딱새』에는 오규원이 직접 찍은 10장의 사진이 장욱진, 앤디 워홀, 크리스티앙 부이에, 세잔의 그림과 함께 실려 있다. 이처럼 오규원이 문학 영역을 넘어 다른 예술과의 접목을 시도한 것은 서로 보완하고 협력하는 텍스트와 이미지의 상관 관계에 대한 인식에서 비롯된 것이다. 오규원은 문학 텍스트와 사진 영상이 서로의 조합 구조를 통해 더 풍부한 의미를 생산한다고 생각하였고, 이러한 상호텍스트성에 의해 그의 영상 이미지에 대한 관심은 영상문화에 대한 관심으로 확장될 수 있었다. 오규원의 '포토 에세이'에 나타난 상호텍스트성은 문학 창작으로서의 단순한 기법을 넘어 카메라라는 기술적 메커니즘이 이끄는 영상문화에 대한 인식을 실천한 것이라고 볼 수 있다.

허공은 사방이 넓다
뻗고 있는 가지
위에 둥근 해가 반쪽
밑에 둥근 해가 반쪽

-「나무와 해」 전문, 『토마토는 붉다 아니 달콤하다』

위의 두 편의 시는 원근감을 제거한 정면적 시각과 평면적 의식으로 사물을 바라보고 있는 시이다.「휠덜린의 그 집-튀빙겐에서」는 풍경의 공간적 깊이를 강조하는 원근법적 시각을 거부하고 풍경을 가장 객관적이고 사실적으로 묘사하고 있다. '지상'의 땅 위에는 '집'이, '집' 뒤에는 '네카강변'이, '집' 위로는 '하늘'이 있는 이 풍경 안에서는 원경과 근경을 구별할 수 없다. '하늘'이 넓다고 강조된 것도 아니고 '네카강변'이 배경이라고 뒤로 물러나 있는 것도 아니다. 더구나 '담쟁이덩굴'이 뻗어 있는 '삼층'짜리 '집'은 "일층은 땅에/삼층은 뾰족하게 하늘에" 균등하게 "속해 있"을 뿐이다. '이층'의 '창' 안으로는 '어둠'에 쌓인 '방안'이 있고 '창' 밖으로는 '햇빛'을 받고 있는 '회랑'이 있는 것이다.

이처럼 오규원이 카메라의 '눈'을 빌려 묘사한 풍경 안에는 주체와 객체라는 인식론적 공간이나 중심화의 논리가 보이지 않는다. 이 풍경들은 주체의 시선에 의해 왜곡되거나 변형되지 않고, 있는 그대로 스스로를 보여주고 있을 뿐이다. 류신이 이 시를 "빛의 강력한 생명력을 참으로 해맑은 카메라렌즈로 절제 있게 관찰하는 시인의 남다른 미학을 엿볼 수 있는 장면"[152]이라고 표현했듯이, 오규원은 주관적 시선을 제거한 카메라의 '눈'으로 '휠덜린의 그 집'을 건축 사진의 파사드(facade)처럼 묘사해 낼 수 있었다.

「나무와 해」 역시 '나무'와 '해'와 '허공'만을 군더더기 없이 그려낸 소박한 풍경 이미지이다. 단지 '허공'을 배경으로 '나뭇가지'에 '해'가 걸려 있는 이 장면에는 그 '나뭇가지'를 경계로 '둥근 해'가 "가지 위에 반쪽/가지 밑에 반쪽" 균등하게 나뉘어 있을 뿐이다. 이것은 주체 중심의 시선이 해체되어 원근법이나 소실점이 제거된 정면적이고 평면적인 이미지이다. 따라서 이 시에서의 '해'는 '나무'와 '허공' 사이에 함께 놓여 있는 현상 그 자체일 뿐이다. 이러한 인식은 그동안 '해'가 절대자, 신(神), 왕(王), 광명, 소망, 이상 등의 상징성과 함께 풍경을 이루는 중심 이미지라는 위상을 갖고 있었던 것과는 대조가 된다. 그러나 주관적 시점과 가치를 배제한 오규원의 시선으로 모든 존재는 중심과 주변의 구별 없이 있는 그대로 자신의 현상을 드러낼 수 있었다.

2.2. 존재 증명과 부재 증명으로서의 '노에마'

오규원의 '날이미지시'는 존재를 살아 있도록 드러내기 위한 시이다. 오규원에게 세계는 '단지 있는 것'이었고, 따라서 그는 세계와 그 현상을 자신이 본 대로 그저 드러내고자 하였다. 오규원은 자신이 목격하고 있는 것은 그 존재를 증명하려고 하였고, 목격했으나 현재 눈앞에 존재하지 않는 것은 그 부재를 증명하려고 하였을 뿐이었다.

이러한 존재 증명과 부재 증명을 위해 오규원의 '날이미지시'는 주로 동사의 사용을 채택한다. 물론 그 동사는 존재 증명을 위해서는 현재형으로, 부재 증명을 위해서는 과거형으로 사용되고 있다. 특히 오규원은 존재를 나타내는 '동사(보조동사)/형용사(보조형용사)'인 '있다'를 적극 사용함으로써 존재를 더욱 확실하게 증거하고 있다. 현재 시제인 '있다'는 존재 증명을 위해, 과거 시제인 '있었다'는 부재 증명을 위해 사용했을 뿐만 아니라 한 편의 시 안에 현재 시제와 과거 시제를 뒤섞어 사용함으로써 존재했으나 이미 소멸된 대상까지 증명하고자 하였다.

이러한 존재 증명과 부재 증명은 바르트의 사진 이미지론의 바탕이 된다.

---

152) 류신, 앞의 글, 209쪽.

바르트는 "사진에는 현실 및 과거라는 두 시제가 결합되어 있다."[153] 라고 하며, 사진이 존재 증명과 부재 증명을 그 본질로 삼고 있음을 말하고 있다. 그에 의하면 대상물과 공존하는 사진은 '그것은-존재-했었음(ça-a-été)'을 통해 증명하는 것을 그 기본적인 기능으로 삼는다. 대상이 현실적이었음을 인증함으로써 (그것은-존재-했었음) 사진은 그 대상이 살아 있는 것이라고 믿도록 은밀하게 우리를 유인한다. 또한 사진은 이 현실을 과거로 밀어버림으로써(그것은-여기에-없음) 그 대상이 지금 죽어버린 것임을 암시하기도 한다. 따라서 바르트는 '그때 거기에는 있었지만, 지금 여기에는 없는' 존재 증명과 부재 증명, 노에마를 사진의 본질로 보면서, 사진은 창조하지 않는 것, 인증 작용 그 자체, 현존에 관한 증명서라고 말하였다.

> 한 여자가 파라솔 그늘 밖으로 나간
> 자신의 다리를 따라간다 다리가
> 이어져 있는 발의 끝까지 따라가서
> 발가락 끝의 다음을 찾고 있다
> 물이 강으로 흐르는 한가운데로
> 들어간 사내가 보인다
> 사내의 몸은 물이 되고 머리는 사실로
> 둥 둥 떠 있다 너무 멀리 가서
> 머리가 없어지고 전신이
> 강이 된 여자도 있다 거기 있었다는
> 증거는 강이 가져갔다 물 위에 있지만
> 사내의 머리를 찾아가는 새는 없다
> 햇볕만 내려와 엉기다가 풀리고
> 그러나 강변의 사람들은 물이 되지 않고
> 물 밖에서 벗은 몸이 사실로 있다
> —「물과 길 5」 전문,『길, 골목, 호텔 그리고 강물 소리』

---

153) 롤랑 바르트,『카메라 루시다』앞의 책, 87쪽.

「물과 길 5」는 오규원의 존재 증명과 부재 증명 즉 노에마에 대한 인식이 명확하게 드러나 있는 시이다. 햇빛 속을 파라솔을 들고 걷고 있는 '한 여자'와, 강에서 수영하는 '사내', 강물로 잠수해 버린 '여자', 강변에서 옷을 벗고 있는 '사람들'이 시적 대상인 이 시는 아주 단순한 사실적 묘사가 주를 이루고 있다. 이러한 묘사에는 간단한 주술 관계를 사용하고 있으며, 종결형이든 관형형이든 서술어는 거의 현재형의 동사를 사용하고 있다. 물론 이 현재 시제는 "사실로" "있"는 경우에 대한 존재 증명의 기능을 하고 있다. 그러나 10-11행의 "강이 된 여자도 있다 거기 있었다는/증거는 강이 가져갔다"에는 '된'과 '있었다' '가져갔다'의 과거형을 사용하여 그 부재를 증명하고 있다. 이로써 '그것은-존재-했었음'과 '그것은-여기에-없음'의 노에마를 보여주게 되는 것이다. 더구나 이 시에 쓰인 "사실로" "거기 있었다는 증거"와 같은 진술은 오규원의 사진의 노에마에 대한 인식을 드러내는 데 일조하고 있다.

> 그때 나는 강변의 간이주점 근처에 있었다
> 해가 지고 있었다
> 주점 근처에는 사람들이 서서 각각 있었다
> 한 사내의 머리로 해가 지고 있었다
> 두 손으로 가방을 움켜쥔 여학생이 지는 해를 보고 있었다
> 젊은 남녀 한 쌍이 지는 해를 손을 잡고 보고 있었다
> 주점의 뒷문으로도 지는 해가 보였다
> 한 사내가 지는 해를 보다가 무엇이라고 중얼거렸다
> 가방을 고쳐쥐며 여학생이 몸을 한 번 비틀었다
> 젊은 남녀가 잠깐 서로 쳐다보며 아득하게 웃었다
> 나는 옷 밖으로 쑥 나와 있는 내 목덜미를 만졌다
> 한 사내가 좌측에서 주춤주춤 시야 밖으로 나갔다
> 해가 지고 있었다
> —「지는 해」 전문, 『길, 골목, 호텔 그리고 강물 소리』

「지는 해」 역시 현재형, 과거진행형, 과거형의 서술어를 사용하여 존재 증명과 부재 증명의 노에마를 드러내고 있는 시이다. '그때'로 시작하고 있는 이 시에서 시적 화자인 '나'는 지금 '강변의 간이주점'에서 일몰을 바라보았던 것을 회상하고 있다. 일몰의 광경이 시간의 흐름에 의해 회상되고, 더불어 일몰을 바라보고 있는 '나' '한 사내' '여학생' '젊은 남녀 한 쌍'의 행동도 순차적으로 회상되고 있다. 특히 '지는 해'를 바라보면서, "무엇이라고 중얼거리"는 '한 사내', "가방을 고쳐쥐며" "몸을 한 번 비"튼 '여학생', "서로 쳐다보며 아득하게 웃"는 '젊은 남녀', "목덜미를 만"지는 '나'의 구체적인 반응들이 열거되고 있다.

그러나 이 시는 현재형 "지는 해"를 4번 반복하고 과거진행형 "해가 지고 있었다"를 3번 반복하면서, 일몰이라는 아름다운 자연 현상이 정지태가 아니라 시간의 지배를 받는 것임을 강조하고 있다. 그러나 오규원은 시간의 지배에서 벗어나 더 이상 실재하지 않는 '지는 해'의 한순간을 '지금, 여기'로 현재화시킨다. 더구나 마지막 시행 "해가 지고 있었다"의 여운에 의한 결말은 '그때' 지고 있었던 '해'는 이미 져 버리고 추억 속에만 남은 것임을 암시하고 있다. '해'와 마찬가지로 '나' '한 사내' '여학생' '젊은 남녀 한 쌍'까지도 '그때 거기에 있었지만, 지금 여기에 없는' 노에마를 보여주고 있는 이 시는 한 장의 풍경 사진과 아주 흡사한 시이다.

한편 바르트는 '그것은-존재-했었음'의 노에마에 의해 사진은 '죽음'을 본질로 하게 된다고 말한다. 한 장의 사진을 바라본다는 것은 존재 증명과 부재 증명을 확인하는 것이기 때문이다. 특히 영정 사진을 바라본다는 것은 결국 모든 사람이 죽는다는 사실을 확인하는 것이다. 따라서 사진에 찍혀 피사체가 되는 순간은 유예된 죽음에 대해 극미한 경험을 하는 순간이다. 그리하여 바르트는 피사체가 되는 순간을 '죽음'의 화신 혹은 유령이 되는 순간이라고 말한다.

그는 사진이 '죽음'을 중계로 하기 때문에 연극과 유사한 예술이라고 하면서, 사진을 원시연극, 활인화(活人畵), 가면 혹은 부동의 분칠한 얼굴의 형상에 비유한다. 연극이 죽음에 대한 불안의 표현을 사자숭배(死者崇拜)로 표현하듯, 사진도 죽음에 대한 불안을 부인하기 위해 대상을 더욱 생생하게 살아 있는 것으로 만든다는 것이다.

그러기에 사진은 '죽음'에 맞서 시간을 영원히 살아 있는 것으로 현존시킨다. 따라서 사진은 정지된 영상이므로 시간과 운동을 재생시키지 못한다는 우리들의 통념과는 달리, 사진은 스러져 버린 시간을 현 시점에서 재생시켜 자연적·물리적 시간 체계를 초월하도록 해 준다. 그러므로 바르트가 사진과 영화를 비교하면서, "사진에서는, 무엇인가가 작은 구멍 앞에 놓이고 그리고 영원히 거기에 머무른다.(그것이 나의 느낌이다.) 그러나 영화에서는, 무엇인가가 이 작은 구멍 앞을 지나갔다."[154]라고 말했던 것이다. 이처럼 사진은 현실 세계를 무너뜨리는 시간의 작용으로부터 살아남을 수 있는 이미지를 창조하여 영원한 생명을 부여해 준다. 사진은 "시간에 대해 방부처리를 행하여 다만 시간을 그 자신의 부패로부터 지킬 뿐이"[155]라는 앙드레 바쟁의 말도 프레임 안에 갇힌 부동의 이미지를 넘어서 사물에 생명을 부여하고자 하는 사진의 열망을 표현한 것으로 볼 수 있다.

그러므로 벤야민은 '과거-현재-미래'가 공존하는 사진의 특별한 시간에 대하여 말하고 있다. 사진을 보는 사람은 사진에서 "사진의 영상을 골고루 태워냈던 우연과 현재적 순간을 찾고 싶어하고, 또 그 속에서 이미 흘러가 버린 순간의 평범한 삶 속에서 미래적인 것이 오늘날까지도 얘기를 하면서 숨어 있기 때문에 우리들이 과거를 뒤돌아보면서도 미래적인 것을 발견"[156]하게 된다고 한다. 그리고 이렇게 뒤섞인 시간 체험을 가능하게 한 것은 사진의 고속도 촬영기나 확대기 같은 보조 수단이라고 하였다. 벤야민은 카메라가 만드는 무의

식적 공간 때문에 사진에서의 시간이 영원히 생생하게 살아 현존하게 되는 것
이라고 보았다.

> 나는 갠지스 강의 물에 발을 담그고 앉아
> 아이를 기다리며 졸았다 강에서는 가끔 시체가
> 떠내려가기도 하고 죽은 아이를
> 산 여자가 안고 가기도 하고 산 남자가
> 산 여자를 안고 가기도 하고
> 시체를 태우다 남은 나무토막들이 떠내려와
> 사람의 등을 두드리기도 했다
> 시체 두 구는 내 발에 걸려 나와 함께
> 머물기도 했다 부리가 빨간 새 한 마리는
> 시체 위에 앉아 앞가슴을 다듬었고
> 언덕에서는 둥근 태양이 올라앉은 집의
> 지붕이 털썩 주저앉아 있었다
>
> —「사진과 나」 전문, 『새와 나무와 새똥 그리고 돌멩이』

「사진과 나」는 사진의 본질인 노에마와 죽음에 대한 오규원의 인식이 명
확하게 드러나 있는 시이다. 인도 여행 중에 혹은 여행 후에 쓴 이 시의 제목이
'인도에서'나 '갠지스 강가에서'가 아니라 '사진과 나'라는 것은 오규원이 그만
큼 사진의 특성을 잘 알고 있었다는 증거가 된다. 시적 자아인 '나'가 "갠지스
강"가에 앉아 있었던 언젠가를 회상하고 있는 이 시의 밑바탕에는 '그때 거기
에 있었지만 지금은 없는' 존재 증명과 부재 증명의 노에마가 자리잡고 있다.

그런데 중요한 것은 이 시의 주제인 죽음에 대한 성찰이 사진의 본질에 직
결된다는 것이다. 즉 이 시에는 사진의 특성처럼 존재와 부재가 공존하는 현실

---

154) 위의 책, 88-89쪽.
155) 앙드레 바쟁, 박상규 역, 『영화란 무엇인가?』, 시각과언어, 1998, 20쪽.
156) 발터 벤야민, 심성완 편역, 『발터 벤야민의 문예이론』, 민음사, 1983, 236-237쪽.

세계가 '갠지스 강'을 중심으로 펼쳐져 있다. 그것은 '인생'을 상징하는 '강물'을 배경으로 한, 산 것과 죽은 것의 강렬한 대비를 통해 드러난다. '나-산 여자-산 남자-부리가 빨간 새 한 마리-둥근 태양'과 '시체-죽은 아이'의 대조를 통한 존재와 부재, 삶과 죽음에 대한 사유가 이 시의 주제인 것이다.

그러나 스쳐 지나가야만 했던 인도에서 찍은 여행 사진으로 볼 수 있는 이 「사진과 나」에는 동시에 사진의 본질인 죽음에 대한 인식도 드러나 있다. 바르트가 말한 "'죽음'은 사진의 본질(eidos)이다."[157]나 수전 손택이 말한 "모든 사진은 메멘토 모리(memento mori)"[158]와 같이, 죽어버린 과거를 현재화시켜 기억함으로써 그것을 영원히 생생하게 살아 있는 존재로 현존시키고자 하는 사진의 본질에 대한 통찰이 드러나 있는 것이다.

2.3. 살아 있는 존재로서의 '사실적 날이미지'

이미지는 진술, 비유, 운율 등과 더불어 시를 이루고 있는 주요한 요소이다. 리차즈(Richards)의 표현을 빌려 말하면 심상은 감각의 유물이며 감각의 표상이기 때문이다. 이러한 감각을 적극 수용하려 한 오규원의 심상화된 사물들은 사실적 정황 묘사와 기본적인 감각 묘사로 이루어진다. 그리하여 사물의 존재를 가장 즉물적으로 핍진하게 보여 주는 오규원의 간명한 심상은 사물을 모두 생생하게 살아 있는 '날것'으로 현존시키게 된다. 이러한 리얼리티와 더불어 오규원의 간명한 시들 역시 최대한 투명해지고 순수해지게 된다.

---

157) 롤랑 바르트, 『카메라 루시다』, 앞의 책, 23쪽.
158) 메멘토 모리는 '죽음을 기억하라'라는 뜻의 라틴어이다. 여기서는 '죽어버린 순간'이라는 뜻이다.(수전 손택, 앞의 책, 35쪽.)
159) 오규원·이광호 대담, 앞의 대담, 33-34쪽.

시의 수사가 다시 말해서 시적 언술이 묘사와 진술이라는 두 축을 중심으로 이루어지고 있다는 것은 수사학적 접근의 결과인데, 이와 같은 수사학적 접근은 시적 대상의 인식과도 깊은 관련이 있는 것입니다. 즉, 시와 소설과 희곡이 나뉘어 있는 것은 대상에 대한 인식 방법이 다르기 때문이며, 인식 방법의 차이가 수사적 차이를 동반하는 것입니다. 예를 들면, 소설이 서사라는 수사법을 중심축으로 하는 것은 하나의 시간 연속을 통해 이야기의 구조를 늘어놓아야 하는 장르적 특성 때문입니다. 그러나 시는 묘사라는 수사법을 중심축으로 하는데, 그것은 느낌을 구조화해야 하기 때문입니다.[159]

-「언어 탐구의 궤적」

오규원은 그의 시 창작 이론서 『현대시작법』(1990)에서 시적 언술의 특성에 대해 설명하고 있다. "나는 이 책에서 시적 언술(poetic discourse)의 특성을 '묘사(description)'와 '진술(statement)'이라는 두 개의 수사학적 용어로 수용하고 있다."[160]라고 전제한 그는 시가 '진술'보다는 '묘사'를 '중심축'으로 하는 장르임을 강조하였다. 시에서 '묘사'가 중요한 것은 "느낌을 구조화해야 하기 때문"인데, 이 '느낌의 구조화'는 대상의 "가시화(可視化)"에서 출발한다. 따라서 문학적 '묘사'에서 가장 중요한 것은 시각적 이미지이고, 이러한 '묘사'는

---

160) 오규원, 『현대시작법』, 문학과지성사, 1990, Xi쪽.

161) 오규원, 『날이미지와 시』, 앞의 책, 195쪽.

162) 오규원은 "날이미지시는 '환유'를 인식 코드로 가지며 인식 내용은 '사실적 현상'과 '사실적 환상'의 형태로 나아간다."라고 하면서 다음의 도표로 자세히 설명하였다. 단 인식 내용의 '사실적 환상'은 '사실적 현상'으로 표기되어 있지만 '사실적 환상'의 오기인 것 같아 본 연구자가 '사실적 환상'으로 바로잡았다.(위의 책, 92쪽.)

세계 (존재)	인 식		작 품		
	코드	내용	수사 코드	내용 형태	이미지 현상
	환유적	사실적 현상	묘사	현상적 사실	날[生] 이미지
		사실적 환상		환상적 사실	

시각적 체험인 '관찰'에 비중을 두게 된다. 그리하여 오규원의 '날이미지시'는 '진술'을 거의 배제하고 '묘사'와 '관찰'을 중심으로 한 이미지 구성 방식을 갖는 묘사시의 특징을 띠게 된다. 더구나 카메라의 '눈'을 기본 원리로 삼고 있는 '날이미지시'는 주관을 철저히 배제한 관찰자 시점으로 "존재의 현상을 반주체 중심의 시선으로 이미지화하기 때문에 관념이 은폐되지 않고 배제되어 투명"[161]한 묘사시가 된다.

이러한 관점에서 오규원은 '날이미지시'에서의 "현상은 사실성, 구체성, 실재성을 골격으로 하고 있으며 그 기반은 사실적 진실이다."[162]라고 하면서 '날이미지시'가 구현되는 과정을 구체적으로 설명한다. 즉 '날이미지시'는 '환유'를 인식 코드로 가지며 그 인식 내용은 '사실적 현상'과 '사실적 환상'의 형태로 나타난다고 하였다. 그리고 이 같은 인식을 바탕으로 이루어지는 작품의 수사 코드는 '묘사'의 형태이며, 이때 작품의 내용(이미지) 형태는 '현상적 사실'과 '환상적 사실'로 나타난다고 하였다. 다만 언어화(작품화) 이전에는 '사실적 현상'과 '사실적 환상'이었던 것이 언어화(작품화)되면 각각 '현상적 사실'과 '환상적 사실'로 바뀌어 '날이미지시'라는 이미지 현상으로 구현되는 것이라고 하였다.

이어서 오규원은 '날이미지시'에 대해 더 구체적으로 설명한다.[163] 그에 의하면 '날이미지'에는 '사실적 날이미지' '발견적 날이미지' '직관적 날이미지' '환상적 날이미지'의 네 가지 종류가 있다. '사실적 날이미지'는 주체의 개입을 배제하고 사실성 그 자체만으로 '날이미지'를 형성하는 경우이다. "담쟁이 덩굴이 가벼운 공기에 업혀 허공에서/허공으로 이동하고 있다."가 그 예이다. '발견적 날이미지'는 사실성 위에 새로 발견된 다른 의미가 부과되는 것을 말

---

163) 위의 책, 197-204쪽.

한다. 그러한 예는 "들찔레가 길 밖에서 하얀 꽃을 버리며/빈 자리를 만들고" 또는 "길 한켠 모래가 바위를 들어올려/자기 몸 위에 놓아두고 있다"에서 찾아 볼 수 있다. '직관적 날이미지'는 어떤 깨달음이 있고 나서야 비로소 보이는 현 상을 이미지화한 것이다. "달이 뜨자 지붕과 벽과 나무의 가지와 남은 잎들이/ 제 몸 속에 있던 달빛을 몸 밖으로 내놓았다" 또는 "벽이 몸 안에 숨기고 있는 균열을 몸짓으로 그려보였다"와 같이, 그것은 비가시적인 것을 가시화시키는 경우이다. '환상적 날이미지'는 앞의 사실적 현상의 도움을 받아 뒤에 환상이 이어지는 경우를 말한다. 즉 현실과 환상의 두 차원에서 동시에 얻어내는 이미 지이다. 따라서 "아이는 한 손으로 돌을 허공으로/던졌다 받았다를 몇 번/반복 했다 그때마다 날개를/몸속에 넣은 돌이 허공으로 날아올랐다" 또는 "아이가 몇 걸음 가다/돌을 길가에 버렸다/돌은 길가의 망초 옆에/발을 몸속에 넣고/ 멈추어 섰다"와 같은 경우가 된다.

> 뜰 앞의 잣나무가 밝은 쪽에서 어두운 쪽으로 비에 젖는다
> 서쪽 강변의 아카시아가 강에서 채전 방향으로 비에 젖는다
> 아카시아 뒤의 은사시나무는 잎은 아카시아가 가져가 없어지고 옆구리로 비에 젖는다
> 뜰 밖 언덕에 한 그루 남은 달맞이가 꽃에서 잎으로 비에 젖는다
> 젖을 일이 없는 강의 물소리가 비의 줄기와 줄기 사이에 가득 찬다
>   -「우주 2」 전문, 『길, 골목, 호텔 그리고 강물 소리』

    이러한 '날이미지'의 양상을 보여 주는 시는 바로 비 오는 날의 풍경을 포착 한 「우주 2」이다. 5행이 전문을 이루는 이 시에는 일시에 비를 맞고 있는 동시 적 현상으로서의 사물의 모습이 묘사되어 있다. 그런데 비를 맞는 사물을 눈에 보이는 순서대로 배열하여 재현해 놓은 이 시는 주로 '사실적 날이미지'로 묘 사되어 있다. "비에 젖는다"가 동일한 통사 구조로 반복되면서, '잣나무' '아카

시아' '은사시나무' '한 그루 남은 달맞이'가 "뜰 앞의" "서쪽 강변의" "아카시아 뒤의" "뜰 밖 언덕에" 인접한 구체적 공간과 함께 묘사된 것이다. 그러나 3행의 "가져가 없어지고"와 5행의 "젖을 일이 없는 강의 물소리"에는 주관적 판단이 개입되어 있다. 따라서 오규원의 설명대로 "아카시아 뒤의 은사시나무는 잎은 아카시아가 가져가 없어지고 옆구리로 비에 젖는다"는 시행은 '환상적 날이미지'가 되고, "젖을 일이 없는 강의 물소리가 비의 줄기와 줄기 사이에 가득 찬다"는 시행은 '발견적 날이미지'가 되는 것이다.

그런데 '날이미지시'와 관련한 설명에서 오규원이 문제시하고 있는 것은 '날이미지시'의 투명성 때문에 이 시를 읽는 대다수의 독자가 당황한다는 사실이다. 그것은 그동안 애매하고 불투명한 시에 길들여진 사람들에게는 투명성 자체가 엄청난 억압이 되기 때문이라고 한다. 의미로 점철된 시에 익숙해져 있는 사람들에게는 해석을 해 주는 시구가 없이 그저 살아 있는 현상만을 제시한 이와 같은 시는 오히려 이해하기 어려운 대상이 된다는 것이다. 즉 "대지의 폭죽인 봄의 꽃들"은 독자들이 쉽게 이해할 수 있어도, "봄의 꽃들이 어제보다 그늘을 조금 더 넓힌다"와 같이 '사실적 현상'만으로 이루어진 시는 이해하기 힘들어 한다.

이처럼 은유나 상징에 길들여져 사실 그대로의 투명성을 방해하는 관념의 독재성은 사진의 역사에서도 찾아볼 수 있다. 워커 에반스(Walker Evans)가 스트레이트 기법으로 찍은 〈도판 2〉와 같이 간결하고 투명한 사진이 당시 회화주의적 사진에 길들여져 있던 사람들에게 쉽게 이해되지 않았다는 일화가 있다. 은유나 상징과 같은 해석의 코드가 없이 있는 그대로를 너무나 당연하게 찍어 놓은 이 사진을 처음 보는 사람들은 이러한 사진을 본다는 것 자체가 당황스러운 일이었다고 한다. 그러나 에반스는 이처럼 객관적이고 즉물적인 사진에 '서정적 다큐멘터리(Lyric Documentary)'라는 이름을 붙여 주었다. 그것

도판 2.
워커 에반스, 〈흑인 교회〉

은 에반스가 있는 그대로의 현상이 오히려 독자의 상상력을 자극하고 시적이고 서정적인 감성을 불러일으킬 수 있다는 것을 알고 있었기 때문이었다.

오규원 역시 점철된 의미보다는 사물의 투명성을 지향하였기에, '날이미지시'의 후기로 접어들수록 점점 더 '사실적 현상'에 의한 '사실적 날이미지'를 구사하게 된다. 사람들이 더 매혹적으로 느낄 수 있는 '발견적 날이미지' '직관적 날이미지' '환상적 날이미지'를 버리고, 사람들이 이해하기 힘들어 한다는 '사실적 날이미지'를 계속 밀고 나간다. 그것은 그가 '날이미지시'의 첫 시집이라고 말했던 『사랑의 감옥』과 유고 시집인 『두두』를 비교해 보면 금방 확인이 된다. 그가 '날이미지시'를 표방하였음에도 불구하고 『사랑의 감옥』에는 '사실적 날이미지'를 보여 주는 시는 그리 많지 않았다. 그러나 이광호가 말한 대로 "최소 사건과 최소 언어"[164]로 이루어진 『두두』의 많은 시편들은 거의가 '사실적 날이미지'로 쓰인 시이다. "내 시의 이미지는 '현상적 사실'과 '환상적 사실'이라는 양극(兩極)으로 운동하고 있다. 양극을 한 자리의 대지에 뿌리내리게 하는 것이 '사실적 현상'이다."[165]라고 밝혔듯이, 오규원은 '사실적 현상'에 바

---

164) 이광호, 「'두두'의 최소 사건과 최소 언어」, 오규원, 『두두』, 앞의 책, 63쪽.
165) 오규원, 『날이미지와 시』, 앞의 책, 86쪽.

탕을 둔 '사실적 이미지'를 계속 추구해 나갔다.

이처럼 '사실적 현상'에 바탕을 둔 오규원의 '사실적 날이미지'는 사진에서의 스트레이트 기법에 해당한다. 알프레드 스티글리츠(Alfred Stieglitz)가 이름 붙인 스트레이트 사진(Straight Photography, 순수 사진)이란 사진의 표현성을 렌즈의 묘사력과 카메라 메커니즘의 기능에만 두고 선명한 초점의 영상으로 리얼리티를 회복하려는 사진을 말한다. 즉 회화에서 따온 주제나 회화의 시각적 특징을 모방하지 않고 또한 지나친 문학성이나 우화적 내용도 떨쳐 버리고, 순수하게 사진의 광학적 속성과 기계적 기록성만을 바탕으로 촬영한 사진을 말한다. 따라서 사진의 본질적이고 독자적인 특성에 입각하여 카메라 매체만을 사용하여 '있는 그대로' 찍어 낸 사진이 바로 스트레이트 사진인 것이다.

물론 사진이라는 시각 언어에도 선택과 배제를 위한 독자적인 사진 메커니즘의 표현 방식이 존재한다. 사진은 대상을 허구화하기 위해 물리적 속성뿐만이 아니라 형식적 속성을 기표로 도구화할 수 있다. 광학적 요소는 사진의 물리적인 속성이다. 원근법, 초점, 톤, 프레임, 시간성 등의 사진 문법적 요소 또는 비유, 상징 등의 기호적 요소는 사진의 형식적인 속성에 해당된다. 따라서 어두운 방[camera obscura]의 조리개 구멍에 의해 절단된 시각과 밀접한 관계가 있는 이러한 사진은 사실이 아닌 환상이 되어 세련된 기호에 종속된 예술사진이 된다.

따라서 사진에는 세 가지 담론이 형성되어 있다. 첫째는 앞서 살펴본 '실재의 자국으로서의 인덱스 담론'이다. 둘째는 '실재의 거울로서의 모방의 담론'이다. 이것은 퍼스의 세 가지 기호 유형 중 '도상' 개념과 일치한다. 즉 사진은 실재의 거울로서 그것이 가리키는 지시 대상을 닮은 실재의 객관적 유사물이라는 것이다. 셋째는 '실재의 변형으로서의 코드의 담론'이다. 이것은 퍼스의 기호 유형 중 '상징'에 해당한다. 즉 사진은 단순한 기계적 복사가 아니라 문화적으로 코드화된 언어처럼 실재를 변형시키고 분석하고 해석하는 도구라는 것이다. 이 담론은 특정한 코드를 통해 사진 이미지를 해석하는 인식론적 사진 이해 방식이라고 할 수 있다.

> 문학은, 이른바 단순한 의사소통의 언어체인 현행 언어체에서 문학을 구별짓는 기호들을 증가시켜야만 하는 것이다. 그리고, 시각적 사실의 〈객관적〉 재현에 대한 역사적이며 사회적인 모든 일련의 관례(즉 소외)에 의해 귀착된 사진은 리포터의 사진(적절한 순간에 충실하게 기록된)의 것인 기능적 법규와, 〈예술〉 사진의 것인 과장적 기능 사이에서 끊임없이 꼼짝못하게 된다. 이 같은 두 의미있는 질서(문학과 사진)에 있어서, 현대의 작업은 따라서 거의 동일한 것이다.[166]
>
> −「날이미지의 시−되돌아보기 또는 몇 개의 인용」

따라서 오규원은 코드화된 회화와 코드 없는 '사진'과의 차이점을 소개하면서 사진이 미학을 발견해 나가는 형태를 '문학'과 대비하여 제시한 바르트의 말을 인용한다. 그러면서 오규원은 '문학'이 '의사 소통의 언어체'에서 벗어나 언어의 미학적 기능을 증가시키는 것처럼, '사진' 또한 '시각적 사실'의 "'객관적' 재현"이라는 본질적인 기계적 기능에서 벗어나 미학적 기능을 증가시킬수록 예술사진이 될 수 있다고 말한다. 즉 '사진'은 회화나 '문학'과 같이 은유나 상징의 코드화된 담론을 가질 수 있는 매체라는 것이다.

그러나 사진을 '코드 없는 메시지'라고 말했던 바르트는 '코드 없는 메시지'와 '코드 있는 메시지'가 공존하는 사진의 현상을 사진의 역설로 파악하였다. 그는 사진 이미지가 광학 장치를 통해 상(像)을 형성하는 물리적인 작용과 물체에 대한 빛의 화학적인 작용(빛에 대한 할로겐은의 감응)에 의해 만들어진 것이라고 하였다. 따라서 그는 사진을 광학적 속성에 주목하여 카메라 옵스큐

---

166) 위의 책, 116쪽. 롤랑 바르트, 김인식 편역, 『이미지와 글쓰기』, 세계사, 1993, 119-120쪽.

라의 '어두운 방'이라는 개념과 결합시키는 것은 잘못된 것이라고 지적하면서, 사진은 그 화학적 속성에 주목하여 사진 고유의 본질적 특성을 찾아내야 한다고 강조하였다. 그리하여 바르트는 사진을 바로 그날 발산되었던 피사체로부터의 광선을 직접 포착하여 인화지에 드러낸 화학적 보고로 보고, 사진을 '밝은 방[camera lucida]'[167]이라는 이름으로 부르며 사진의 정체성과 존재 의의를 제시하였다.

따라서 바르트가 자신의 책의 제목으로 삼은 '카메라 루시다'는 그의 사진론을 집약하고 있는 용어이다. 즉 그는 사진 이미지가 '어두운 방'에서 만들어지는 허구적이고 내재적인 이미지가 아니라, 물질과의 직접적인 접촉을 통해 '밝은 방'에서 만들어지는 사실적이고 외재적인 이미지임을 말했던 것이다. 물론 이러한 바르트의 사진론은 '실재의 거울로서의 모방의 담론'이나 '실재의 변형으로서의 코드의 담론'과는 그 견해를 달리하는 것이었다. 오히려 이것은 퍼스의 기호 유형 중 '지표'와 관련된 '실재의 자국으로서의 인덱스 담론'으로, 이러한 바르트의 사진론이 필립 뒤부아의 '인덱스론'의 바탕이 되었다. 바르트는 지나간 실재의 자국으로서의 사진의 인증의 힘이 재현의 힘보다 큰 것임을

도판 3. 카메라 루시다

알았고, 따라서 뒤부아 역시 "모방과 카메라 옵스큐라의 지각적 코드 작용은 원래 사진의 속성이 아니"며 "어디까지나 부차적인 것"[168]이라고 말했다. 이것은 모두 사진의 본질을 인식론적 차원에서가 아니라 존재론적 차원에서 찾은 결과였다. 그리하여 바르트는 기호로서의 예술사진이 아니라 원초적이고 본질적인 아마추어 사진에 주목하고 거기에서 사진의 정체성을 찾아내었다.

토마토가 있다
세 개
붉고 둥글다
아니 달콤하다
그 옆에 나이프
아니
달빛

토마토와
나이프가 있는

접시는 편편하다
접시는 평평하다
　　　　　　　　　-「토마토와 나이프 - 정물 b」 전문, 『토마토는 붉다 아니 달콤하다』

「토마토와 나이프 - 정물 b」는 예술적 기교와 예술가의 권한을 모두 제거하고 사물의 물성만을 스트레이트 기법으로 묘사한 '사실적 날이미지'의 시이다. 진술이 관념적이고 사변적인 것이고 묘사가 사실적이고 시각적인 것이라면,

---

167) 카메라 루시다는 1807년 윌리엄 웰라스톤(William Wellaston)이 발명한 광학 장치이다. 한 눈으로는 모델을 보고 다른 한 눈으로는 화판 위의 종이를 보면서 프리즘을 통과하는 대상의 윤곽을 따라 쉽게 그릴 수 있도록 고안된 장치이다. 카메라 루시다는 이후의 카메라 광학 장치의 원리가 되었다.
168) 필립 뒤봐, 앞의 책, 65쪽.

이 시는 미니멀리즘(minimalism)과 같이 지극히 단순한 묘사만으로 이루어진 시이다. 미니멀리즘은 심리적, 상징적 내용 등의 불필요한 요소를 모두 제거하고 사물의 본질과 사물 자체의 물성만을 표현함으로써 진정한 리얼리티를 달성하고자 한 미술 양식이다. 오규원 역시 이 시에서 불필요한 어휘를 모두 삭제하고 의미의 군더더기를 전부 제거함으로써 사물이 가지고 있는 물질적 속성만을 제시하고 있다.

즉 한 장의 정물 사진과 같이 '정물 b'라는 부제를 붙인 이 시는 '토마토' '나이프' '접시' 등 너무나 평범하고 지극히 일상적인 사물을 소재로 하고 있다. '토마토'를 살아 있도록 하기 위해 사용한 시각적 심상 '둥글다', 미각적 심상 '달콤하다', 촉각적 심상 '편편하다/평평하다'도 너무나 밋밋하고 단순한 묘사들에 불과하다. 물론 이것은 오규원이 대상의 표면과 질감에만 주목하고 은유나 상징 등의 수사학의 유혹에 저항한 결과이다. 그러나 이 시는 우리에게 가장 본질적인 물질성만을 전달함으로써 관념에 의존하고 장식적, 수사적 기교에만 치우쳤던 기존의 시들보다 훨씬 더 낯설고 충격적이고 긴장감을 야기하는 생생한 시로 우리에게 다가오게 된다.

> 나무 한 그루가 몸을 둥글게 하나로
> 부풀리고 있다
> 그 옆에 작은 나무 한 그루도
> 몸을 동그랗게 하나로 부풀리고 있다
> 아이 하나가 두 팔로
> 동그랗게 원을 만들어보다가 간다
> 새 두 마리가 날아오더니
> 쏙쏙 빨려 들어가 둥근 나무가 된다
>
> ―「아이와 새」 전문, 『두두』

「아이와 새」는 더 평범하고 더 밋밋하고 더 단순한 심상으로 이루어진 시이다. 이 시의 지배적 심상은 '둥글다/동그랗다'라는 시각적 심상이다. 그러나 공간에 의해 서로 인접해 있는 '나무 한 그루'와 '작은 나무 한 그루' '아이 하나' '새 두 마리'는 또한 이 '둥글다/동그랗다'라는 공통된 시각적 심상으로도 서로 연결되어 함께 존재하게 된다. 각각의 이미지가 빛나고 매혹적인 것이 아니라 지극히 평범하고 단순하고 밋밋한 그것이었기에 서로 연결되어 함께 존재하는 것이 가능했던 것이다.

이처럼 오규원의 '사실적 날이미지시'는 스트레이트 기법의 사진 이미지를 수용함으로써 관념적이고 설명적인 진술이나 빛나고 매혹적인 비유 등의 시적 장치를 모두 배제하고 대상을 최대한 사실적이고 객관적으로 묘사할 수 있었다. 따라서 '날이미지시'는, 세계는 '단지 있는 것'이고 이러한 세계 속 존재의 '사실적 현상'을 가장 투명하게 시각화할 수 있었다. 물론 그것은 오규원이 "모든 존재는 현상으로 자신을 말"[169]하므로, 자신이 본 대로 '그저 드러내'고자 하였기 때문이었다. 그 결과 '날이미지시'는 존재를 더욱 생생하게 살아 숨쉬는 존재로 가시화할 수 있었다. 더구나 '날이미지시'는 관념적인 설명 대신 실제의 사물을 직접 제시함으로써 독자들이 그것을 더 날카롭고 충격적으로 깨달을 수 있게 하였다.[170]

---

169) 오규원, 『길, 골목, 호텔 그리고 강물 소리』, 앞의 책, 自序.

170) 오규원은 특히 '날이미지시'가 영향받은 것으로 조주, 세잔, 타르코프스키, 바르트의 '세계'를 거론하였다. 그는 달마대사가 서쪽으로 온 까닭을 묻는 스님들에게 관념적인 설명 대신 '뜰 앞의 잣나무' '동쪽 벽의 호로병' '상다리' 등의 익숙한 실제 사물을 제시한 조주의 선문선답을 통해, '보고' 깨닫게 하기 위한 언어가 가진 이미지의 기능에 대해 설명하였다.(오규원, 『날이미지와 시』, 앞의 책, 33-47쪽 참조.)

171) 푼크툼(punctum)은 라틴어로 점(點)을 뜻하는 단어이다. 뾰족한 도구에 의한 상처, 찌름, 상흔, 작은 구멍, 작은 반점, 주사위 던지기와 같은 우연이라는 뜻이 있다.

4.4. '푼크툼'과 해체성의 미학

바르트는 사진을 스투디움(studium)과 푼크툼(punctum)으로 이원화하여
보았다. 스투디움은 전형적인 정보, 일반적인 기호로 그것은 사진가의 의도일
뿐 특별히 강렬한 것은 아니다. 기호화되어 있고 문화를 포함하고 있기 때문에
지식과 교양에 따라 내가 찾아내야 하는 것이다. 그러나 스투디움을 방해하기
위해 오는 푼크툼은 내가 찾는 것이 아니라 어디서 오는지 기원을 알 수 없는
그것 스스로가 나를 찌르고 상처를 입히기 위해 오는 것이다.[171] 이것은 중심에
서 벗어난, 하찮은, 우연히 거저 주어진 '세부'로 관심 대상과 아울러 촬영하지
않을 수 없었던 것이다. 따라서 스투디움만으로 이루어진 단일한 사진은 구성
의 통일성을 규칙으로 삼아 평범해진다. 반면에 푼크툼이 끌어당기면 그것은
가치로 표지된 새로운 매혹적인 사진이 된다.

바르트는 이러한 푼크툼을 몇 장의 사진을 예로 들어 설명하였다. 그는 〈도
판 4〉의 윌리엄 클라인(William Klein)이 찍은 〈이탈리아인 거주지구〉를 보면
서, "내가 끈덕지게 바라보는 것은 어린 소년의 썩은 이빨이다."[172]라고 말한다.
또한 〈도판 5〉의 루이스 하인(Lewis Hine)이 찍은 〈어느 학교의 허약한 아이

도판 4. 윌리엄 클라인, 〈이탈리아인 거주지구〉　　　도판 5. 루이스 하인, 〈어느 학교의
허약한 아이들〉

들〉에서, "나는 모든 지식, 모든 교양을 추방한다. 소년이 입고 있는 커다란 당통식 칼라, 소녀의 손가락에 감긴 붕대만을 본다."[173]라고 말한다. 훌륭한 문화적 주제는 흥미와 공감을 느끼게는 하지만 그것이 나를 '찌르지는' 않는 반면에, 이 하찮고 사소한 것들은 나를 '찔러' "나를 어느 시기로 되돌려 보"[174]낸다는 이유에서였다. 또한 바르트는 푼크툼이 하찮은 '세부'로 남아 있으면서도 그것이 사진을 온통 가득히 채운다고 하면서, 이러한 현상을 푼크툼의 역설로 인식하였다.

그런데 바르트는 이러한 '세부'로 사진을 읽으면, 즉 푼크툼으로 지시 대상을 지각하게 되면, 순간 홀연한 깨달음, 공(空)의 스침, 곧 '사토리(satori)'를 경험하게 된다고 말한다. 그리고 그는 일본의 선불교(禪佛敎) 용어로 직관적인 득오(得惡), 개오(開惡)를 뜻하는 이 '사토리'를 말하기 위하여 하이쿠(俳句)를 빌려 온다. 그리하여 수사학적 확대의 욕구 혹은 그 가능성조차도 주어지지 않는 하이쿠와 마찬가지로 사진의 푼크툼도 말들이 쇠잔해지고 마는 홀연한 깨달음을 준다고 말한다. 바르트는 이러한 '사토리'를 통해 모든 지식과 교양을 추방하고 타인의 시선을 물려받기를 거부하는 푼크툼적 독법을 강조하고 있다.

> 세계를 읽는 데는 사실을 사실로 읽을 수 있는 시각이 중요하다. 그러나 더 중요한 것은 그 사실들이 서로 어울려 세계를 말하고 있다는 것을 아는 것이다. 그것을 느낄 때, 우리는 어떤 현상에서 눈에 보이는 사실보다 더 무겁고 충격적인 심리적 총량으로서의 사실감을 자기의 것으로 받아들이게 된다. 그러나 이렇게 세계를 읽을 수 있는 사람이 얼마나 되는가![175]
>
> ─「물안개─무릉日記(02)」

---

172) 롤랑 바르트, 『카메라 루시다』, 앞의 책, 54쪽.

173) 위의 책, 59쪽.

174) 위의 책, 52쪽.

오규원이 말한 위의 "더 무겁고 충격적인 심리적 총량으로서의 사실감"도 바르트의 말로 옮기면 푼크툼이 된다. '날이미지시'는 개념화되거나 사변화되기 이전의 '사실적 현상'을 이미지화한 '세계'이다. 그러나 '날이미지시'는 단순히 '사실'을 '사실' 그대로만 보여 주려는 것이 아니다. 앞서 말했듯이 '날이미지시'의 궁극적인 목적은 "사실들이 서로 어울려 세계를 말하고 있다"는 것을 보여 주는 데 있다. 따라서 '날이미지시'가 궁극적으로 획득한 '세계'는 더 날카롭고 "무겁고 충격적인 심리적 총량"으로서의 푼크툼을 불러일으키게 된다.

> 언젠가 그게 언제인가 바르트가,
> 이렇게 말한 것이
> 상처가 깊으면
> 주체는 더욱 주체가 된다
>> -「우주 3」 부분, 『길, 골목, 호텔 그리고 강물 소리』

위와 같은 푼크툼에 대한 인식은 오규원의 시 「우주 3」에 드러나 있다. "상처가 깊으면 주체는 더욱 주체가 된다"에서의 '상처'란 바로 "바르트"가 말한 푼크툼으로서의 그 '상처'를 의미한다. 따라서 푼크툼이 드러난 시일수록 "무겁고 충격적인 심리적 총량"은 더욱 늘어나게 된다. 이처럼 푼크툼이 깊으면 시는 더욱 시가 되는 것임을 오규원은 분명하게 인식하고 있었다.

> 강아지 세 마리가 네 다리로 땅을 딛고 서 있습니다
>
> 쭉 쭉 뻗고 있는 길 한가운데 네 다리로 서서 딛고 있습니다
>
> 그 길은 집과 담을 지나 산을 넘고 있습니다

---

175) 오규원, 『가슴이 붉은 딱새』 2판, 앞의 책, 135쪽.

강아지는 그러나 네 다리로 땅을 딛고 아직은 꼬리만 산에 걸려 있습니다

작은 발등에 일광이 가득합니다

한 마리가 지금 막 일광을 탁탁 떨며 길을 막고 있는 돌무더기를 기어 넘고 있습니다

그 강아지 한쪽 눈에 코스모스가 들어가 꽃을 매답니다
                        -「시월 俗說」 전문,『길, 골목, 호텔 그리고 강물 소리』

「시월 俗說」은 바르트 식의 '세부'로서의 푼크툼을 보여주고 있는 시이다. 전형적인 카메라아이(camera-eye) 수법으로 인간의 눈에는 잘 감지되지 않는 '세부'를 보여 주는 경우이다. 이러한 '세부'는 카메라라는 기계의 '눈'이 객관적이고 가치중립적인 시선을 가지고 있기 때문에 포착될 수 있는 것이다. 이 시에서도 '강아지'를 촬영하다가 뜻하지 않게 "강아지 한쪽 눈에" 들어가 꽃을 매단 '코스모스'는 카메라의 '눈'으로 거저 찍게 된 '세부'로서의 푼크툼이다. 앞서 여러 행에 걸쳐 느리고 지루하게 펼쳐지던 '강아지' 묘사에서 돌연 가을의 '코스모스'라는 푼크툼으로 옮겨졌을 때 독자는 더 큰 '상처'를 입게 되고 시는 더 매혹적인 것으로 변모하게 되는 것이다.

지나가던 새 한 마리 부처의 머리에 와 앉는다
깃을 다듬으며 쉬다가 돌아앉아
부처의 한쪽 눈에 똥을 눠놓고 간다
새는 사라지고 부처는
웃는 눈에 붙은 똥을 말리고 있다
                        -「부처」 부분,『두두』

묵묵히 길가에 서서, 아득한 길의 밑을 보고 있는 한 사내아이의 뽀얀 이마와, 그 곁에서 한 사내아이를 물끄러미 바라보고 있는 한 계집아이의 까만 눈과, 한 계집아이의 어깨에 손을 얹고 있는 또 다른 한 계집아이의 반쯤 가려진 귀와, 세 아이

의 길을 가로막고 서서 길 저쪽을 멍하니 보고 있는 또 다른 한 사내아이의 각이 무
너진 턱과, 그 사내아이의 들린 왼손 밑의 들린 겨드랑이와, 엉거주춤 벌어진 한 사
내아이의 사타구니와, 한 계집아이의 볼록한 블라우스와, 또 다른 한 계집아이의
반쯤 들린 스커트

-「길과 아이들」부분, 『새와 나무와 새똥 그리고 돌멩이』

위의 시 두 편 역시 푼크툼을 보여 주는 전형적인 시이다. 「부처」에서 보듯,
'부처'의 "웃는 눈"은 '새'가 싸놓고 날아간 '똥'과는 결코 분리될 수 없다. 따라
서 이러한 푼크툼으로서의 "웃는 눈에 붙은 똥"은 아무리 전능한 '부처'라 해
도 결코 떼어내지 못하고 그저 말리고 있을 수밖에 없다. 그 결과 '부처'의 속수
무책으로서의 '새똥'은 그의 자비정신이라는 주제인 스투디움보다도 이 시를
더 흥미 있게 해 주는 요소가 된다. 성(聖)과 속(俗)을 구분하지 않는 불교 정신
처럼 카메라 역시 '세부'를 차별하지 않는 푼크툼으로써 이 시의 시적 긴장감
을 더욱 고조시킬 수 있었다.

「길과 아이들」에서의 "또 다른 한 계집아이의 반쯤 들린 스커트"도 마찬가
지이다. 바람이 불어 부풀어 오른 '반쯤 들린 스커트'는 바람과는 결코 분리될
수 없는 장면이다. 따라서 '반쯤 들린 스커트'는 성장기에 막 들어선 듯한 두
'사내아이'와 두 '계집아이'를 인물 사진처럼 묘사하고 있는 이 시에서 푼크툼
이 된다. '사내아이'의 '겨드랑이'와 또 '한 사내아이'의 '사타구니'로부터 '한
계집아이'의 '볼록한 블라우스'를 거쳐 '반쯤 들린 스커트'에서 멎게 되는 시선
은 그래서 좀 더 아슬아슬하고 좀 더 짜릿한 느낌에 젖을 수 있는 것이다. 이처
럼 오규원은 카메라 뷰파인더의 시선이 디테일하게 빚어낸 푼크툼이 드러난
시일수록 극적 긴장감과 미적 감동이 더 고조되는 것임을 이 시를 통해 알려주
고 있다.

그런데 이 푼크툼이 중요한 것은 그것이 바르트 사진의 현상학을 후설의 현
상학이나 장 폴 사르트르(Jean-Paul Sartre)의 '이미지의 현상학'과 갈라지게 하

는 지점이 되기 때문이다. 바르트는 자신의 현상학을 '경쾌한 현상학'이라 부르며 후설이 강조한 '판단중지' 또는 '현상학적 환원'과 사르트르의 '이미지의 현상학'에서 강조한 보는 자의 의지(volonté) 즉 의식 주체의 자발성에서 오는 '지향성(intentionnalité)'의 개념을 거부하였다. 따라서 바르트는 사진을 기의 중심의 단일한 기호체로 파악하거나 기표의 확실성을 믿는 데서 오는 난점을 '푼크툼'으로 해결한다. 그는 기표 너머에 진정한 사진의 본질이 있다고 본 것이다. '지향성'에 의해 의미가 결정되는 스투디움과 달리, 의지와 상관없이 어디에서 오는지 모르는 곳에서 날아와 나를 찌르는 푼크툼에서 바르트는 '지향성'에서 벗어난 의미의 차원을 찾았던 것이다. 또한 바르트가 사진의 본질이라고 말한 '그것은-존재-했었음'의 노에마 역시 보는 자의 의지에 상관없이 주어진 것이다. 이처럼 '비지향적(non-intentionnel)'인 의미로 인해 사진에서는 보는 자의 의지와 상관없이 의미가 발생하게 된다. 따라서 사진은 단일한 의미를 가리키는 폐쇄적인 기호가 아니라 "모든 의미로 가득 찬 의미의 부재"[176]를 드러내게 되는 것이다.

결국 이러한 '푼크툼'은 주체중심주의의 시선을 해체하고 타자 중심의 해석을 만들어 낸다는 데 중요한 의의가 있다. 푼크툼적 시각은 트리비얼리즘(trivialism)에 가까울 만큼 사소하고 하찮은 '세부'에 관심을 돌림으로써 스투디움과 같은 중심적 시점에 대한 욕망을 탈락시키기 때문이다. 즉 내가 의도하지 않아도 대상이 나를 찌름으로써 내가 '상처'를 입는다는 것은 보는 주체를 최소화하고 대상을 중시하는 태도인 것이다. 사물에 대한 특정한 판단과 해석을 유보한 채 사물 스스로 존재를 드러내도록 하는 푼크툼은 결국 의미를 특정

---

176) Roland Barthes, Rhétorique de L'image, in L'Obvie et l'obtus, Paris, Seuil, 1982, p.34. 박평종, 「롤랑 바르트의 『밝은 방』에 나타난 지향성의 문제」, 『프랑스학연구』 56권, 프랑스학회, 2011, 172쪽에서 재인용.

한 것으로 규정하고자 하는 중심화의 논리를 근본적으로 거부하는 입장인 것이다.

다시 말하면 푼크툼이 중심화의 논리를 거부한다는 것은 독자나 관객이 작품에 적극 참여하여 이미지나 의미를 재구성한다는 것을 의미한다. 특히 사진은 단지 '존재했었다'라는 그 존재론적 지표로 어떤 의미도 갖지 못하고 '텅 빈 의미'만 남겨 놓게 된다. 따라서 사진의 의미는 작가가 의도한 반영물이 될 수 없고, 그것은 사진 이미지라는 텍스트를 해석하는 과정 속에 놓이게 된다. 결국 작가가 사라지고 관객의 능동적인 참여 속에서 그들의 경험과 성향에 따라 다양하고 주관적인 문맥 짜기가 실행되는 것이다. 윤난지가 "예술은 자율적 주체가 창조한 사적 세계가 아니라, 그 의미가 무한히 지연되면서 상호작용하는 기표들의 그물망으로 이루어진 공적인 장소"[177]라고 말한 것처럼, 푼크툼은 관객을 위한 공적 장소로 작용하게 되는 것이다.

> 이런 시적 인식은 오랜 역사 기간 동안 대부분의 시인들이 해온 시적 대상의 의미화 작업이다. 얼핏 보기에 대상을 명확히 밝히는 것처럼 보이는 이 작업은 사실은 대상을 수없이 파편화하고 덧칠하는 작업의 일환이다(임제식으로 말하자면 '죽이기'의 일환이다).
> 세계는 파편화된 이미지, 파편화된 개념 속에 있지 않다. 세계는 '전적'으로 있다. 그 전적인 존재의 본질, 존재의 언어는 왜곡되지 않은 '사실적 현상'을 통해서 보아야 한다. 그 왜곡되지 않은 '사실적 현상'이 '날이미지로서의 현상'이다.[178]
>
> ―「조주의 말」

이처럼 '시적 대상의 의미화 작업'에 대한 거부의 일환으로 모색된 오규원의 '날이미지시'에 나타난 푼크툼적 시각이 중요한 것도 그것이 포스트모더니즘이 지향한 해체성에 직결되기 때문이다. 오규원은 푼크툼을 통해 제도화된

---

177) 윤난지, 『현대미술의 풍경』, 예경, 2000, 38쪽.

미학적 획일성에서 벗어나 저자로서의 주체를 해체하고 독자를 탄생시킬 수 있었다. 하찮은 것의 '세부'까지를 그대로 묘사하려는 오규원의 '날이미지시'는 대상에 대한 판단과 해석을 유보하고 '전적'으로 있는 세계를 그대로 보여주려는 의도에서 얻어진 것이기 때문이다. 따라서 오규원의 시에 충실하게 묘사된 사물은 "읽는 사람 개개인의 심상에 따라 의미 운동(살아 있는 이미지)을 하"[179]도록 그 의미를 '전적'으로 독자에게 이양하는 방식을 취하게 된다. 즉 푼크툼에 의해 '상처'를 입은 독자가 시의 '의미'와 이미지를 완성하게 되는 것이다. 이처럼 푼크툼은 사물이 건네는 말의 다양한 '의미' 작용을 사물과 독자와의 역동적인 공존 관계 속에서 생성시킨다는 데 의의가 있다.

따라서 오규원의 '날이미지시'는 그 해체성으로 포스트모더니즘의 미학과 동일한 차원에 놓이게 된다. 후기구조주의자나 해체주의자들은 데카르트의 "인식 주체인 '나'를 인정하지 않음으로써 이성에 기초하는 '존재의 형이상학'을 해체"[180]하였다. 이로써 포스트모더니즘에서는 '주체의 상실'이나 '주체의 죽음' 혹은 '휴머니즘의 상실'이나 '인간의 죽음' 등이 거론되는 것이다. 오규원 역시 카메라의 시각과 사진 이미지와의 상호텍스트성으로 '존재의 형이상학'을 해체하고 사물을 '날것' 그대로 생생하게 살아 있도록 해방시켰다. 또한 인간중심주의 시각을 해체하여 '두두물물'의 평등성도 회복시켰다. 더구나 작가중심주의의 시각을 해체하여 저자의 해석과 평가를 독자에게 이양하였다. 이처럼 모든 위계 질서를 거부하고 타자성을 옹호한 오규원의 '날이미지시'가 지향한 시세계는 세계의 다원적 질서를 복원하기 위해 근대 가치의 어떤 도그마라도 해체하고자 했던 포스트모더니즘의 미학과 동일한 의의를 갖는 것이었다.

---

178) 오규원, 『날이미지와 시』, 앞의 책, 47쪽.
179) 위의 책, 186쪽.

III. '날이미지시'의 창작 방식의 의의

오규원은 초기시에서는 영화 이미지, 중기시에서는 광고 이미지, 후기시에서는 사진 이미지로 영상 이미지를 각 시기별 창작 방식으로 수용하면서 초기시에서는 자아의 내면 의식, 중기시에서는 자본주의의 물신 사회, '날이미지시'인 후기시에서는 자연의 현상 세계로 시세계를 확장해 온 시인이다.

물론 이러한 매체와 주제에 대한 모색은 1960년대의 정치적 상황, 1970년대의 문화적 양상, 1980년대의 탈근대적 사회 풍조와 맞물린 그의 시대 인식에서 비롯되었다. 즉 오규원은 정치·사회·문화의 시대적 맥락 속에서 시쓰기를 모색하면서 의미 중심의 시에서 이미지 중심의 시로의 시적 패러다임을 펼쳐 보였다.

> 저는 시가 아닌 언어에서부터 출발하고 있습니다. 다시 말하면 '시의 언어란 무엇인가'에서 시작하고 있는 것입니다. 그러므로 그것은 해방의 이미지 즉 해방의 언어 구조, 언어의 해방 구조를 찾는 양상을 보여줍니다. 그런 연유로, 그 언어를 구상적으로 조직하다가 그 다음 해체하다가 결국은 개념적이고 사변적인 언어를 벗겨버린 언어의 구조를 구합니다. 그 언어는 탈주관의 것이며, 사물의 것이며, 아무것도 말하지 않으면서 모든 것을 말하려는 욕망으로 가득 찬 어떤 견자 시론의 입장에 서 있는 것입니다.[181]
>
> -「언어 탐구의 궤적」

따라서 탈장르의 상호텍스트성으로 영상 이미지를 수용한 오규원 시의 창작 방식은 그 영상 이미지가 그의 전 시세계에 걸쳐 인식론적·미학적으로 일관되게 추구되었다는 데에서 의의를 찾을 수 있다. 이처럼 오규원이 그의 전 시세계를 관통하여 이미지 탐구의 궤적을 보여줄 수 있었던 것은 그가 초기시

---

180) 김욱동, 『포스트모더니즘』 개정판, 민음사, 2004, 55쪽.
181) 오규원·이광호 대담, 앞의 대담, 39쪽.

에서부터 "견자 시론의 입장에 서"서 '해방의 이미지'를 추구하였기 때문이었다. 따라서 그는 시를 "쓰"는 것에서 나아가 "보"는 것으로 파악할 수 있었고, '이미지'를 단순한 심상(心像)의 차원을 넘어서서 매체의 차원에서 인식할 수 있었다. 그 결과 오규원은 '영화-광고-사진'이라는 영상 이미지의 스펙트럼을 지속적이고 일관되게 보여줄 수 있었다.

그러나 여기에서 분명히 밝혀야 할 것은 영상 이미지를 수용한 오규원의 시 창작 방식이 한국 시문학사에서 유일한 것이 아니라는 점이다. 이러한 경향은 모더니즘(Modernism)이나 포스트모더니즘의 여느 시인들에게서도 공통적으로 발견되는 현상이었다. 따라서 오규원 시의 창작 방식이 지닌 의의와 독창성을 규명하기 위해서는 오규원의 시와 다른 시인들과의 변별성을 확인해야 할 필요가 있다.

후기시 '날이미지시' 역시 언어에서 관념을 제거하기 위해 이미지를 적극 사용했다는 점에서 동시대 시인인 김춘수의 '무의미시'나 이승훈의 '비대상시'와 유사한 것으로 평가할 수 있다. 이 세 시인은 모두 언어에 대한 깊은 관심에서 출발하였다가 언어에 대한 회의와 절망에 부딪혀 결국 관념 해체와 의미 해체의 방향으로 나아갔다는 공통점을 갖고 있다. 고정된 의미를 전달하는 시의 차원을 넘어 변화하고 생성하는 시의 새로운 차원을 모색한 것이 '무의미시'와 '날이미지시'와 '비대상시'였다. 따라서 이들은 모두 의미 중심의 시보다는 이미지 중심의 시를 구현하고자 하였다. 그것은 순수한 이미지일수록 고정된 의미를 지시하는 데에서 벗어나 변화를 내재한 세계를 더 잘 보여줄 것이라고 믿었기 때문이었다.

그러나 오규원은 김춘수의 '무의미시'와 자신의 '날이미지시'의 차이점을 밝힌 바 있다.[182] 그에 의하면 첫째, '무의미시'가 무의미를 지향하는 반면에 '날이미지시'는 의미를 지향한다는 점이다. 대상도 의미도 주제도 없는 시가 '무의미시'인 반면에 사변화되거나 개념화되기 이전의 의미를 존재의 현상에서 찾아내어 이미지화한 시가 '날이미지시'이다. 둘째, '무의미시'가 의미가 발생하지 않는 '서술적 이미지'나 서술적 언어 체계 속에서 이루어지는 반면에 '날이미지시'는 인접성에 근거한 환유적 언어 체계 속에서 이루어진다는 점이다. 셋째, '무의미시'가 주체 중심의 심리적 세계를 추구하는 반면에 '날이미지시'는 반주체 중심의 사실적 세계를 추구한다는 점이다. 결국 대상도 없고 의미도 없는 '무의미시'는 그 세계가 심리적일 수밖에 없고 관념적인 측면에서 벗어날 수 없어 불투명성을 지니게 되지만, '날이미지시'는 대상 즉 존재의 현상을 인간중심적 시각에서 벗어난 반주체 중심의 시선으로 이미지화하기 때문에 관념이 은폐되지 않고 배제되어 투명성을 지니게 된다.

　오규원의 '날이미지시'와 이승훈의 '비대상시' 역시 대상과 주체의 측면에서 차이점을 갖는다. 첫째, '날이미지시'가 철저히 구체적인 대상 중심의 시임에 비해 '비대상시'는 대상을 해체하므로 대상을 아예 갖고 있지 않은 시이다. 따라서 이승훈은 자신의 시를 "어떤 대상에 대해서도 말하기를 포기한 시"[183]라고 정의하였다. 둘째, '날이미지시'에는 주체나 자아가 개입되지 않는 데 비해 '비대상시'에는 심리적 실체로서의 주체와 자아가 개입된다. '비대상시'는 "대상을 괄호 속에 넣고 난 다음의 세계, 그러니까 자의식 혹은 자아의 심리적 실체만을 노래한"[184] 시이다. 셋째, '날이미지시'가 외부 세계에 대한 객관적 묘사인 데 비해 '비대상시'는 대상이 사라진 후 주체의 무의식에 떠오른 환상을 좋아 그것을 이미지로 연결시킨 시이다. 따라서 김준오는 내면 세계에 대한 주

182) 오규원·이재훈 대담, 「날이미지시와 무의미시의 차이 그리고 예술」, 오규원, 『날이미지와 시』, 앞의 책, 188-208쪽.
183) 이승훈, 『포스트모더니즘 시론』, 세계사, 1991, 260쪽.
184) 위의 책, 260쪽.

관적 묘사의 극단적 예로 김춘수의 '무의미시'와 이승훈의 '비대상시'를 들었다.[185]

> 우선 두 사람이 함께 본 세잔을 이야기해보겠습니다. 김춘수 시인이 본 세잔은 말년의 어떤 시기입니다. 즉, 생 빅트와르 산을 그린 작품이 그 구상성을 잃고 추상화로 접어드는 시기입니다. 즉, 색채가 구조를 결정한다는 사실을 극적으로 보여주는 시기이지요. 그러나 제가 본 세잔은 초기의 관념적 작품이나 후기의 「대목욕」과 같은 유의 관념적 조작 흔적이 있는 작품은 제외한 그의 작품입니다. 즉 문학적인 또는 상징적인 그림을 벗어난, 그림 그 자체일 뿐인 그의 작품들입니다. 그 다음 김춘수 시인이 샤갈을 만나고 마르셀 뒤샹을 거쳐 잭슨 폴록의 액션 페인팅과 만났지만, 저는 고흐를 만나고 뒤샹을 만나고 팝 아트 계열의 화가들과 만났습니다. 김춘수 시인이 폴록 이후 어떤 화가와 만나고 있는지는 모르고 있습니다만, 저는 에드워드 호퍼, 크리스티앙 부이에와 같은 새로운 리얼리스트들과 만났습니다.[186]
> ―「언어 탐구의 궤적」

그러나 이와 같은 차이점만으로 '날이미지시'가 '무의미시'나 '비대상시'와 차별화되는 것은 아니다. 특히 김춘수의 '무의미시'도 회화와의 상호텍스트성 속에서 모색된 이미지 중심의 시였다. 그러나 위의 인용문에서 보듯 김춘수는 '후기의 세잔-샤갈-마르셀 뒤샹-잭슨 폴록'의 "내면에 충실한 그림"[187]을 찾고 있었다. 반면에 오규원은 '중기의 세잔-고흐-마르셀 뒤샹-팝아트 계열의 화가-에드워드 호퍼, 크리스티앙 부이에'로 이어지는 '리얼리스트들'을 통해 "문학적인 또는 상징적인 그림을 벗어난, 그림 그 자체"를 추구하였다. 이처럼 시각적 이미지의 수용 차원에서 그리고 수용한 시각적 이미지의 투명성 정도에서 '무의미시'와 '날이미지시'는 서로 차별화되는 양상을 보이고 있다.

---

185) 김준오, 「산문화 시대의 시론-오규원 『언어와 삶』」, 『현대시의 해부』, 새미, 2009, 193쪽.
186) 오규원·이광호 대담, 앞의 대담, 38-39쪽.

따라서 오규원의 '날이미지시'가 이들 시와 달리 독창성을 갖는 것은 그 이미지가 스트레이트 기법의 사진 이미지로 제시되었기 때문이다. 앞서 말했듯 사진예술은 1970년대 초부터 현대미술에서 본격적으로 부각되기 시작하였다. 그것은 모더니즘의 탈규범화 과정에서 사진이 중요한 매체로 간주되었기 때문이다. 특히 사진은 인덱스라는 본질적 특성에 의해 기록성을 갖기 때문에 포스트모더니즘에서 적극 수용된 매체였다. 따라서 포스트모더니즘의 개화와 함께 사진은 과거 회화를 모방해 오던 관습에서 벗어나 기록이라는 전통적 역할을 스스로 문제 삼게 되었고, 회화에서는 이러한 사실주의적인 사진적 기법을 수용하기 시작하였다. 오규원 역시 사진을 "실존적으로 다시는 되풀이될 수 없는 것을 기계적으로 재생"[188]시킨 것으로 보고, 이 '되풀이될 수 없는' 지시대상의 일회적 성격을 기계적으로 재생시켜 현존의 세계를 보여 주는 사진을 자신의 시 창작 방식으로 수용하였던 것이다. 오규원은 "'현존'은 그러므로 구체적 대상으로부터 나온 것"[189]임을 믿었기 때문에, 사물과 세계를 사진 이미지를 통해 직접 보여줄 수 있었다.

이러한 점에서 오규원은 포스트모더니즘의 자장 안에서 시세계를 펼쳐온 시인으로 평가할 수 있다. 그러나 그동안 오규원의 시는 대부분 모더니즘 차원에서 논의되어 왔다. 박혜경의 말처럼 모더니즘이 "길들여진 언어, 혹은 형식의 파괴를 통해 자동화된 관리 사회의 벽을 안에서 허무는"[190] 특성을 지니

---

187) 위의 대담, 39쪽.
188) 오규원, 『날이미지와 시』, 앞의 책, 69쪽. 롤랑 바르트, 『카메라 루시다』, 앞의 책, 12쪽.
189) 오규원, 위의 글.
190) 오규원·김동원·박혜경 대담, 「타락한 말, 혹은 시대를 헤쳐나가는 해방의 이미지」, 『문학정신』, 열음사, 1991. 3., 16쪽.

도판 6. 세잔, 〈생 빅트와
르 산〉

도판 7. 앤디 워홀, 〈다섯
개의 코크 병〉

도판 8. 크리스티앙 부이에,
〈사물은 인간을 생각한다〉

고 있었기 때문에, 기성 도덕과 전통에 반기를 드는 아방가르드(avant-garde)
적 경향을 띤 오규원의 시 역시 당대 사조였던 모더니즘 차원에서 평가되었던
것이다. 더욱이 중기시에서 보여준 오규원의 레디메이드나 콜라주(collage) 기
법 역시 다다이즘(dadaism)이나 팝 아트(pop art)와 유사하다는 점 때문에, 그
동안 많은 비평가들은 오규원의 시를 모더니즘의 범주에서 평가하였다. 그러
나 20세기 예술에 획기적인 전환점을 마련해 준 아방가르드나 다다이즘의 기
본 정신이 대부분 포스트모더니즘 예술에서 재현되고 있다는 점에서 오규원
의 초기시와 중기시 역시 포스트모더니즘의 영역에서 재평가되어야 한다.

결국 초기시에서부터 다양한 포스트모더니즘 기법을 보여준 오규원이 영
화, 광고, 사진의 영상 이미지를 전 시세계를 통해 일관되게 수용한 것은 그를
포스트모더니즘의 선구적이고 독보적인 시인으로 평가할 수 있는 근거가 된
다. 오규원이 매체 변동기의 시대 상황을 예견하여 논리적인 문자 언어에서 감
각적인 영상언어로의 '새로운 형식의 탄생'을 실천한 것은 영상 매체가 확산
시킨 문화 현상을 직시하고 새로운 예술 양식을 탐색한 포스트모더니즘 작가
들의 경향을 대표할 만한 것이었다.

특히 오규원이 사진 이미지에 대해 주목했다는 점에서 그의 포스트모던 사
유 체계를 정확하게 확인할 수 있다. 앞서 살펴보았듯이 그것은 포스트모더니

즘을 이끈 매체가 바로 사진이기 때문이다. 최근 현대 철학은 사진을 근간으로 전개되어 왔고, 이러한 인식적 전환은 현대미술로 확산되었다. 사진은 탄생 초기에서부터 회화의 시녀에서 벗어나 예술이 되기 위해 오랫동안 분투해 왔다. 그러나 입체파로부터 최근의 개념미술(conceptual art)이나 하이퍼리얼리즘(hyperrealism)에 이르기까지 이제는 회화가 사진을 닮아가려고 노력하고 있는 중이다. 오규원은 이러한 미술사적 동향을 시각적 민감성과 정확한 매체 인식으로 포착해 내어 '날이미지시'에 사진 이미지를 과감하게 도입하였던 것이다.

따라서 '날이미지시'에 수용된 사진 이미지의 특성이 갖는 의의는 세계사진사의 현대적 상황과 맥락에 비추어 볼 때 보다 분명해진다. 사진의 역사를 보면, 최근 현대사진은 독일의 유형학적 사진(typology)으로 한 계보가 이어지고 있다. 사회와 역사와 문화에 대한 철저한 통찰에서 출발한 이들 유형학적 사진은 카메라의 본질적 속성을 그 바탕으로 한다. 따라서 기록적이고 자료적이고 객관적인 성격과 가치중립적이고 몰개성적이고 반심미적인 경향을 그 특징으로 하고 있다. 또한 유형학적 사진은 사물의 본질을 드러내기 위해 정면성과 평면성을 그들 작업의 일관된 방법론으로 삼고 있다. 독일 유형학적 사진의 토대를 마련하여 '베허 학파(Becher school)'를 이끌고 있는 베허 부부(Bernd and Hilla Becher)의 사진이 그 대표적인 경우이다.

그러므로 오규원의 '날이미지시'가 추구하는 시적 특성 역시 최근 세계사진사의 흐름과 동일한 것이라고 할 수 있다. 사물을 있는 그대로 묘사하는 '날이미지시'도 객관적이고 가치중립적이라는 점에서 이들 유형학적 사진과 유사하기 때문이다. 또한 주체의 시선을 최소화하고 장식과 수사를 제거한 '날이미지시' 역시 이들의 몰개성적이고 반심미적 경향과 일치한다. 더구나 '날이미지시'가 보여준 정면성과 평면성 역시 유형학적 사진에서 일관되게 강조하였던 시각이다. 이렇듯 이들은 표현 매체만 달리하였을 뿐, 인간중심주의적 시각

을 해체하여 사물의 현상을 투명하게 보여 준다는 점에서 동일한 인식을 보여
주고 있다.

　　그러나 오규원 시의 창작 방식을 포스트모더니즘적 기법과 관련하여 언급
할 때 유념해야 할 것은 오규원의 시가 보여준 탈근대적 주체 인식과 실험적이
고 전위적인 기법들이 서구 추수적인 것이 아니라는 사실이다. 한때 우리 문학
계에서는 맹목적이고 무분별한 서구 모방과 이식으로 등장한 일부 '신세대 작
가들'에게 포스트모더니즘이라는 상표를 붙여준 적이 있었다. 그러나 이러한
모방과 이식과는 달리 오규원이 성취한 포스트모더니즘은 그의 시를 그의 삶
에 일치시키고 몸소 '시를 살면서' 체화된 것이었다. 그의 초기시는 4·19 세대
로서의 탈근대적 주체 인식으로부터 출발하였고, 중기시는 태평양화학 홍보
실에서의 자본주의 체득으로부터 심화되었으며, 후기시 '날이미지시'는 건강
상의 이유로 자연 속에 거처하는 동안 완성된 것이었다. 따라서 오규원이 "외
국의 이론에 의거한 모더니즘과 포스트모더니즘의 구분으로 이런 유형의 시
를 분류한다면 80년대의 한국의 시는 그 어느 쪽도 만족시킬 수 없는 독특한 양

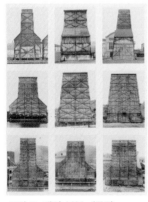

도판 9. 베허 부부, 〈공장
탄광지대의 건축물〉

도판 10. 베허 부부, 〈급수탑〉

상을 보일 수밖에 없다."[191]라고 말했던 것처럼, 무조건 그의 시를 외국의 이론에 의거하여 포스트모더니즘으로 범주화해서는 안 되는 것이다. 오히려 오규원의 포스트모더니즘 기법은 전 시세계의 노정을 걸쳐 도달한 그 독창성과 독자성으로 서구 추수적인 우리 문학을 성찰하는 계기를 마련해 준다는 점에서 더 큰 의의가 있다.

따라서 포스트모더니즘 기법을 중심으로 하여 탈장르의 상호텍스트성을 지향한 오규원 시의 창작 방식이 갖는 가치를 그것이 일방적인 모방이나 맹목적인 수용이 아니라 끊임없는 반성과 모색과 실험에 의해 이루어진 '자생 이론'이라는 데에서 찾아야 할 것이다. 오규원은 세계에 새로운 구조를 부여하는 사람만을 예술가로 부를 수 있다는 메를로 퐁티의 말을 빌려, "독자적인 새로운 시학과 그 체계를 갖추어야 진정한 문학이 그곳에 살아 있을"[192] 것이라고 단언하였다. 그리하여 오규원은 그 '세계에 새로운 구조를 부여하'기 위해 하나의 세계에 안주하지 않고 새로운 세계로의 부단한 자기 갱신을 거듭해 왔다.

한때는 자신의 광고시가 재해석을 가한 시[193]이고 '날이미지시'도 은유나 의미화를 지향하는 시[194]이며 '시간적 순차성'을 지닌다는 점에서 '날이미지시'는 사진과 다르다는 점[195]을 강조하였던 오규원이었지만, 그는 부단한 자기 갱신에 의해 점차 은유를 버리고 환유로 이행해 오면서 '시간적 순차성'에서 벗어난 정지된 사물을 '최소 사건과 최소 언어'로 완성해 놓았다. 그리하여 오규원은 그의 말대로 "세계란 존재의 차원에서는 가득 차 있고, 의미의 차원에서는 텅 비어 있"[196]는 것이기에, 한 장의 사진처럼 보여 주기만 할 뿐, "아무것도 말

---

191) 오규원, 「후기산업사회에 있어서의 문학의 위상-한국적 특수성과 문학적 대응」, 『문학정신』, 열음사, 1992. 12., 36쪽.
192) 오규원·이광호 대담, 앞의 대담, 35쪽.

하지 않으면서 모든 것을 말하는 시"[197]를 유고 시집으로 남겨 둘 수 있었다.

　그리하여 탈장르의 상호텍스트성을 바탕으로 영상 이미지를 그의 시 창작 방식으로 수용한 오규원은 '독자적인 새로운 시학과 그 체계'를 완성할 수 있었다. 또한 이성과 논리에 의해 관념화되고 도구화된 언어를 해체하여 '해방의 이미지'를 실현할 수 있었다. 그 결과 주체와 이성과 합리성의 근대적 사유에서 벗어나 탈근대적 사유가 지향하는 개방성과 다원성과 해체성의 미학을 보여줄 수 있었다. 따라서 김용직이 "전위예술의 궁극적 목적은 기성의 제도나 굴레를 벗어 던지는 일 그 자체보다도 그를 통해 정신을 근원적으로 활성화시키려는 데 있"[198]다고 말했듯이, '견자적 시각'으로 '해방의 이미지'를 모색한 오규원의 시는 한국 현대시문학사라는 정신의 장을 근원적으로 활성화시킨 '독자적인 시학'이자 '전위예술'이 될 수 있었다.

----

193) 오규원은 "저는 모든 경우에 내 나름대로의 해석을 하지 않으면 불안해요."라고 하면서, 자신의 광고시가 그냥 옮겨놓기만 한 시가 아니고 재해석을 가한 시임을 강조하였다.(오규원·김동원·박혜경 대담, 앞의 대담, 25쪽 참조.)

194) 오규원은 "나는 언어가 의미를 떠날 수 있다고 믿고 있지 않다(주변축에 은유를 두는 까닭도 그 때문이다). 그러므로 분명히 나도 의미화를 지향하고 있다."라고 말하며, '날이미지시'가 은유와 의미를 폐기하는 시로 오해되는 것에 대해 해명하였다.(오규원, 『날이미지와 시』, 앞의 책, 108쪽 참조.)

195) 오규원은 "시간적 순차성을 그림이나 사진은 표현하기 어렵다. 시에서는 가능한 이 시간의 순차성이 '살아 있는 현상'의 구현을 가능하게 한다."라고 말하며, '날이미지시'와 사진의 차이점에 대해 언급하였다.(위의 책, 79쪽 참조.)

196) 오규원, 「현장의 시읽기-주변과 중심 2」,『현대시학』, 현대시학사, 1997. 3., 141쪽.

197) 오규원,『날이미지와 시』, 앞의 책, 218쪽.

198) 김용직,『한국현대시사 1』, 한국문연, 1996, 419쪽.

IV. 결론

본 논문은 오규원의 '날이미지시'에 나타난 사진 이미지를 포스트모더니즘 기법을 중심으로 살펴봄으로써 오규원이 지향한 시세계를 규명하는 데 그 목적을 두었다. 그것은 초기시에서부터 '해방의 이미지'를 지향하면서 '새로운 형식의 탄생, 장르의 분화'를 기획하였던 오규원이 탈장르의 상호텍스트성으로 영상 이미지를 수용하여 한국 현대시문학사의 장을 더욱 광범위하고 역동적인 것으로 활성화시켰기 때문이었다. 따라서 본 논문은 언어에 대한 회의와 반성에서 출발하여 이미지를 발견하고 그것을 거듭 갱신해 온 결과 '영화-광고-사진'이라는 영상 이미지의 스펙트럼을 보여준 오규원 시의 이미지 탐구의 궤적에 주목하였다.

이 과정에서 본 논문은 제Ⅱ장 제1절에서 사진 이미지를 창작 방식으로 수용하게 된 오규원 시의 인식적 전환과 변모 양상의 동인에 주목하였다. 제2절에서는 사진 장르의 특성과 오규원의 개별 시편과의 상호관련성을 분석하고 그 의미 양상과 미학적 특성을 파악하였다.

즉 주체와 이성 중심의 근대 사유 체계에 대한 근본적인 반성에서 창안된 후기시 '날이미지시'가 카메라의 시각을 수용함으로써 인간중심주의적 시각 체계인 원근법을 해체하고 공간적 인접성에 의한 환유 체계로 공존하는 자연 현상을 묘사하였음을 확인하였다. 특히 렌즈의 묘사력과 카메라의 사실성을 표현 원리로 삼는 스트레이트 기법의 사진 이미지를 수용한 '사실적 날이미지'로 자연 현상을 묘사함으로써 사물을 '날것' 그대로 생생하게 살아 있도록 해방시키고 존재의 평등성을 회복시켰다는 사실도 확인하였다.

그러나 본 논문은 사진 매체가 지닌 의미 양상보다 오규원의 사진 이미지가 보여준 미학적 특성과 그의 시세계를 규명하는 데 더 주력하였다. 특히 오규원이 지향한 시세계가 포스트모더니즘의 미학적 특성과 동일한 차원의 세계 인식임을 밝히고자 하였다. 그 결과 바르트의 '푼크툼'의 개념을 통해 주체중심주의 시각을 해체하고 '최소 사건과 최소 언어'로 '텅 빈 의미'만을 남겨 둔 '날이미지시'가 시의 의미와 형식은 물론 작가까지 해체함으로써 독자에게 그 의미와 해석을 이양한 해체성의 세계 인식을 보여 주었음을 밝혀내었다.

또한 본 논문은 제Ⅲ장에서 오규원이 지향한 시세계와 포스트모더니즘의 미학적 특성을 근거로 '날이미지시'의 창작 방식의 의의를 찾고자 하였다. 그리하여 '영화-광고-사진'이라는 영상 이미지의 스펙트럼을 보여준 그의 시 창작 방식이 전 시세계에 걸쳐 인식론적·미학적으로 일관되게 추구되어 왔다는 데에서 그 의의를 찾았다. 또한 이러한 탈장르의 상호텍스트성으로 사진 이미지를 수용한 그의 창작 방식이 전 시세계에 걸쳐 포스트모더니즘의 자장 안에서 펼쳐졌다는 점에 의의를 두었다. 물론 그가 수용한 포스트모더니즘 기법은 서구 추수적인 것이 아니라 그의 삶에서 몸소 체득되어 끊임없는 반성과 모색과 실험에 의해 이루어진 '자생 이론'이었다는 데 그 가치를 두었다.

결국 이러한 오규원의 모든 시학적, 예술적 비전이 중요한 것은 그의 시세계가 결국 '해방의 이미지'와 열린 사회를 지향하였기 때문이다. 물론 그가 해체성을 지향한 것은 예술의 세계가 열린 현실임을 입증하고자 한 것이었다. 그는 관념과 이데올로기에 의해 억압된 문자 언어의 표현 에너지를 해방시키기 위해 영상 이미지를 발견하였고, 전통 순수시와 서정시 장르의 세계와 자아와의 동일성을 해체하기 위해 탈장르의 상호텍스트성을 수용하였다. 이로써 작품에 대한 작가의 해석과 판단을 배제하고 그 의미와 해석의 공간을 독자에게 이양할 수 있었다. 또한 오규원의 해체성은 인간 세계나 자연 세계 역시 열린 세계임을 입증하고자 한 것이었다. 그리하여 억압된 인간과 사물의 타자성을 옹호하기 위해 인간중심주의 시각을 해체한 '날이미지시'를 창안하여 사물을

'날것' 그대로 해방시키고 존재의 평등성을 회복시킬 수 있었다.

이처럼 근대 가치의 모든 도그마를 해체하고 세계의 다원적 질서를 복원하기 위한 오규원의 '해방의 이미지'는 탈장르의 상호텍스트성으로 사진 이미지를 수용한 그의 창작 방식을 통하여 실현될 수 있었다. 즉 오규원은 감성과 개성과 상상력을 중시하는 영상 이미지의 새로운 패러다임을 개진함으로써 이성과 보편성과 확실성의 논리에 의한 언어적 규범과 질서를 해체할 수 있었다. 그것은 그가 감각적 질료인 이미지를 통하면 관념화되고 도구화된 언어가 상상력이라는 본질적인 시 정신을 가진 언어로 환원될 수 있다고 믿었기 때문이었다. 또한 획일적인 '눈'을 극복한 전감각적인 '눈'이 감각적이고 다원적으로 세계를 바라볼 수 있게 해 준다고 확신했기 때문이었다.

물론 사진을 비롯한 영상 이미지의 발견은 오규원이 지닌 정확한 매체 인식과 문화예술사적 안목에서 비롯되었다. 그는 영상 이미지가 현대 문화를 이끌고 있는 현대 매체적 특성과 매체 변동기의 시대 상황을 '견자적 시각'으로 예견하여 시와 이미지의 차원을 문자 언어와 영상언어, 문자 매체와 영상 매체, 문자 문화와 영상문화의 차원으로 확장시켜 그 통섭과 융합을 시도하였다.

나아가 오규원은 영상문화가 지배적인 문화로 등장한 오늘날의 문화 현상을 직시하고 영상 이미지를 수용한 시뿐만 아니라 직접 촬영한 사진으로 포토에세이를 발표함으로써 텍스트를 영상 미학의 차원으로 확대시켰다. 이것은 그가 현대 예술과 현대 문화의 가치를 문자 문화와 영상문화의 변모 양상과 결합 양태에서 찾았기 때문이었다. 이로써 오규원은 영상 이미지의 통합적 상상력이 이성과 감성을 모두 포괄하는 전감각적인 미학을 낳는다는 사실을 보여 줄 수 있었다. 즉 영상문화가 주도적 문화로 자리잡은 오늘날 예술과 문화의 가치가 복합적이고 이질적이고 다원적인 특성에 있음을 보여 주었던 것이었다.

그리하여 본 논문 역시 과거 문학 이론 중심의 문학 연구에서 벗어나 사진 이론을 중심으로 상호텍스트적 연구를 시도하였다. 그것은 언어가 지닌 절대 관념을 극복하기 위하여 이미지를 탐구했던 오규원의 시적 이상에 부응하기 위해서였다. 또한 텍스트와 이미지의 긴밀한 상관 관계를 보여준 오규원과 마찬가지로, 본 논문 역시 이미지 자료를 병행하여 난해한 의미와 개념을 쉽고 투명하게 시각화하고자 하였다. 그것은 자신이 관념적 허위성을 잘 감당하지 못한다고 하면서 필생의 시작 활동을 절대 관념의 극복과 '해방의 이미지'의 실현에 바쳤던 오규원의 시세계를 규명하는 연구자가 취해야 할 자세이며, 이러한 연구가 곧 오규원 연구의 가치 있는 성과가 될 것이라고 확신했기 때문이었다. 그리하여 본 논문은 장르 간 경계를 허물고 그것을 넘나드는 학제 간 비교 연구가 부족한 현 문학 연구 상황에서 통섭 학문으로의 지평을 확대했다는 데에서 그 의의를 찾을 수 있을 것이다.

오규원의 10주기 특별전과 유작 사진

1.

한적한 오후다

불타는 오후다

더 잃을 것이 없는 오후다

나는 나무 속에서 자본다

2007년 2월 2일 별세한 시인 오규원이 병상에 누워 마지막으로 남긴 시이
다. 펜을 들 힘조차 없었던 오규원은 세상을 떠나기 열흘 전, 제자 이원 시인의
손바닥에 손가락을 꾹꾹 눌러 마지막 시를 남겼다.

2.

이미지의 투명성을 강조한 '날이미지시'로 주목받은 오규원(1941-2007)의
10주기를 맞아 오규원 10주기 특별전《봄은 자유다 마음대로 뛰어라》가 〈류가
헌〉에서 열렸다. 이 특별전을 준비한 이는 오규원이 재직했던 서울예대 문창
과 제자들이 주축이 된 '오규원 10주기 준비위원회'였다. 오규원은 1982년부터

2002년까지 20년 간 서울예대 문창과 교수로 재직하면서 박상우, 박형준, 신경숙, 이병률, 이원, 장석남, 조경란, 천운영, 하성란, 함민복, 황인숙 등 현재 한국 문단에서 왕성하게 활동하고 있는 수많은 문인들을 길러냈다. 이들은 고인을 기리는 기일(忌日) 행사를 비롯한 여러 부대 행사를 준비하였다. 〈문학과지성사〉에서는 오규원의 첫 시집『분명한 사건』을 복간하였고, 48명의 시인들이 쓴 추모시집『노점의 빈 의자를 시라고 하면 안 되나』를 출간하였다. 또한 강좌, 시낭독회, 심포지엄 등의 행사와 함께 오규원 10주기 특별전 ≪봄은 자유다 마음대로 뛰어라≫를 개최하였다.

3.

류가헌에서 열린 오규원 10주기 특별전《봄은 자유다 마음대로 뛰어라》는 '사진전, 포토에세이전, 추모영상전, 유품전, 저서 모음전'과 같이 다양한 형식으로 구성되었다. '사진전'은 세상에 처음으로 공개되는 오규원의 사진전 〈무릉의 저녁〉이었다. 이는 오규원이 건강이 악화되었던 1990년대 중반, 강원도 영월군 수주면 무릉에서 4년여 간을 머물면서 직접 찍은 미공개 사진들을 선보이는 전시였다. 오규원은 평생 그를 괴롭힌 만성폐기종이란 희귀병으로 청정한 공기를 찾아 오염된 서울을 떠나 무릉에서 휴양하였다. 그 적막강산에서

사진에세이집
『무릉의 저녁』 표지

≪봄은 자유다 마음대로 뛰어라≫ 중 포토에세이전, 류가헌, 2017

≪봄은 자유다 마음대로 뛰어라≫ 중 사진전, 류가헌, 2017

오규원은 '무릉'과 '설악'의 풍경들을 35mm 컬러 슬라이드 필름으로 남겼다. 〈눈빛출판사〉에서는 이 1천여 컷의 사진 중 20점을 추려 스페셜 에디션으로 전시하였고, 이 전시와 함께 10주기 추모헌정 사진집 『무릉의 저녁』을 출간하였다. 이는 '무릉'에 거주하면서 새봄부터 초겨울 풍경을 촬영한 '무릉'과 한겨울 눈 덮인 세상을 촬영한 '설악'으로 편집되었다.

'포토에세이전'은 오규원이 직접 고른 19장의 사진과 산문으로 이루어진 미출간 포토에세이가 사진 이미지와 텍스트 형식으로 소개된 전시였다. 이 포토에세이 19편에는 그가 주창해 온 '날[生]이미지시'의 이론과 시선이 드러나 있다. '날이미지시'는 사진처럼 사실적이고 구체적인 묘사로 사물을 '날것' 그대로 투명하게 보여주고자 했던 오규원의 후기시였다. '추모영상전'은 자신의 시세계를 회고하는 오규원의 육성이 담긴 영상전이다. '유품전'에는 오규원의 여러 유품들이 전시되었다. 육필 원고와 수첩, 1천여 컷의 사진을 남긴 카메라, 뜰을 찾아온 새를 관찰하곤 했던 작은 망원경, 손때 묻은 낡은 사전들, 건강이 악화되었을 때 펜 대신 시 쓰는 도구가 되어 준 휴대전화, 이외에도 손목시계, 가방, 구두 등등이 유품 목록이었다. '저서 모음전'에서는 오규원이 출판한 시집, 에세이집, 시론집 등 총 28종의 저서를 모아 보여주었다.

4.

시인은 그러나 이미지로 사고한다.[199]

이는 시인의 사고가 이미지의 차원에서 더욱 활성화되는 것임을 강조한 오규원의 말이다. 오규원은 1965년에 등단하여 별세하기까지 40여 년 동안 유고 시집 『두두』를 포함한 10권의 시집, 동시집, 에세이집, 시론집, 창작이론서 등

---

199) 오규원, 『날이미지와 시』, 앞의 책, 85쪽.

≪봄은 자유다 마음대로 뛰어라≫ 중 유품전, 류가헌, 2017

≪봄은 자유다 마음대로 뛰어라≫ 중 추모영상전, 류가헌, 2017

을 출간하며 시인과 이론가로 활동하면서 줄곧 관념화된 언어와 투쟁하였다. 언어의 불투명성보다 이미지의 투명성을 더욱 믿으며 사물을 '날것' 그대로 생생하게 살아 있게 하는 해방의 이미지를 추구하다가 결국 '날이미지시'로 시적 결실을 맺었다.

한때 〈태평양화학〉 홍보실에 근무하면서 익혔던 감각으로 직접 사진을 찍으며 "다른 모든 예술은 허구로부터 생성되지만 사진예술은 사실이 그 예술의 구성 요소"[200]임을 간파하고 사실적 이미지를 존중했던 오규원. 그의 유고 사진을 보듯 아래 시를 보면서 카메라 셔터를 눌러 보면, 그가 추구한 '날이미지시'가 렌즈의 묘사력과 카메라의 사실성을 표현 원리로 삼는 스트레이트한 사진 이미지와 얼마나 흡사한지를 우리는 금방 알게 될 것이다.

> 쥐똥나무 울타리 밑
> 키작은 양지꽃 한 포기 옆에 돌멩이 하나
> 키작은 양지꽃 한 포기 옆에 돌멩이 하나 그림자
> 키작은 양지꽃 한 포기 그림자 옆에 빈자리 하나
> 키작은 양지꽃 한 포기 그림자 옆에 빈자리 지나
> 키작은 양지꽃 한 포기 옆에 새가 밟는 길의 길 하나
> 키작은 양지꽃 한 포기 옆에 바스락거리는 은박지 하나
>   –「양지꽃과 은박지」 전문, 『토마토는 붉다 아니 달콤하다』

---

200) 이원, 「분명한 사건으로서의 '날이미지'를 얻기까지」, 이광호 엮음, 앞의 글.

참고문헌

제1장_ 카메라

「〈결혼은 미친 짓이다〉로 돌아온 감독 유하, 시와 영화의 나날들(1)」, 『씨네 21』, 2002.4.24. http://www.cine21.com/news/view/?idx=2&mag_id=9135

김신양, ≪공간 이다 개관 기획전-이미지 루덴스≫ 기획의 글, 『네오룩』, 2015. https://neolook.com/archives/20151020f

김혜원, ≪사진인문연구회 백인백색 기획 시리즈 3-빈집의 사회학≫전 기획의 글, ≪빈집의 사회학≫ 리플릿, 2017.

김혜원, 「사진을 소재로 한 한국 현대시의 양상과 의의 1-카메라의 원리와 사진 이미지의 특성에 주목한 시를 중심으로」, 『열린정신 인문학연구』 제19권 제1호, 2018.

롤랑 바르트, 조광희·한정식 옮김, 『카메라 루시다』 개정판, 열화당, 1998.

마틴 리스터, 「전자 영상 시대의 사진」, 리즈 웰즈 엮음, 문혜진·신혜영 옮김, 『사진 이론』, 두성북스, 2016.

박상우, 『박상우의 포톨로지-베르티옹에서 마레까지 19세기 과학사진사』, 문학동네, 2019.

방민호, 「일제 감시대상 인물카드에 남겨진 임화의 사진」, 『계정 서정시학』 제26권 제3호, 계간 서정시학, 2016.

신낙균, 『사진학강의』, 중앙기독청년회, 1928.

앙드레 바쟁, 박상규 역, 『영화란 무엇인가?』, 시각과언어, 1998.

오혜진, 「기계의 눈과 우울한 오브제-기술제국의 시각지배와 식민지의 사진 (무)의식」, 『사이(SAI)』 제10권, 국제한국문학문화학회, 2011.

이경민, 『경성, 사진에 박히다』, 산책자, 2008.

전 평, 「사진예술에 대하여 (1)-(5)」, 『조선일보』, 1934.4.3-4.8.

정병욱, 「삼일운동 참여자 수감 사진」, 『웹진 역사랑』 통권 9호, 2020.9. http://www.koreanhistory. org/8206

정약용, 『정다산전서』 상권, 문헌편찬위원회, 1960.

최인진, 『한국사진사 1631-1945』, 눈빛, 1999.

최인진 엮음, 『1920년대에 쓴 최초의 사진학』, 연우, 2005.

홍덕구, 「이광수의 코닥(Kodak), 김남천의 콘탁스(Contax)-'사실의 세기'와 '재현의 전략'」, 『상허학보』 제55집, 상허학회, 2019.

제2장 _ 이미지

김동인, 「문단 삼십년사」, 『김동인전집 6』, 삼중당, 1976.

김정배, 「한국 현대시에 나타난 메멘토 모리」, 『한국문화연구』 제24집, 이화여자대학교 한국문화연구원, 2013.

김지혜, 「한국 근대 미인 담론과 이미지」, 이화여자대학교 대학원 미술사학과 박사학위 청구논문, 2015.

김혜원, 「오규원 시의 창작 방식 연구-포스트모더니즘 기법을 중심으로」, 전북대학교 대학원 국어국문학과 박사학위논문, 2013.

김혜원, 「사진을 소재로 한 한국 현대시의 양상과 의의 1-카메라의 원리와 사진 이미지의 특성에 주목한 시를 중심으로」, 『열린정신 인문학연구』 제19권 제1호, 2018.

김혜원, 「사진을 소재로 한 한국 현대시의 양상과 의의 2-사진 이미지의 용도에 주목한 시를 중심으로」, 『순천향 인문과학논총』 제39권 2호, 순천향대학교 인문학연구소, 2020.

박숙자, 「1930년대 대중적 민족주의의 논리와 속물적 내러티브 -『삼천리』 잡지를 중심으로」, 『어문논문』 제37권 제4호, 2009.

롤랑 바르트, 조광희·한정식 옮김, 『카메라 루시다』 개정판, 열화당, 1998.

서유리, 「한국 근대의 잡지 표지 이미지 연구」, 서울대학교 대학원 고고미술사학과 문학박사 학위논문, 2013.

소광희, 『하이데거 「존재와 시간」 강의』, 문예출판사, 2003.

수전 손택, 이재원 옮김, 『사진에 관하여』, 이후, 2005.

전영표, 「파인의 《삼천리》와 《대동아》지의 친일성향연구」, 『출판 잡지연구』 제9권 제1호, 출판문화학회, 2001.

최인진, 『한국사진사 1631-1945』, 눈빛, 1999.

제3장 _ 공적 사진

강은미, 「19세기 프랑스 신경정신의학사진의 사진적 진실과 미학」, 홍익대학교 대학원 미학과 석사
학위논문, 2018.

김문자, 「전봉준의 사진과 무라카미 텐신(村上天眞)-동학지도자를 촬영한 일본인 사진사」, 『한국
사연구』 154, 한국사연구회 2011.

김혜원, 「사진을 소재로 한 한국 현대시의 양상과 의의 2-사진 이미지의 용도에 주목한 시를 중심으
로」, 『순천향 인문과학논총』 제39권 2호, 순천향대학교 인문학연구소, 2020.

데릭 프라이스, 「조사하는 자와 조사 받는 자」, 리즈 웰스 엮음, 문혜진·신혜경 옮김, 『사진 이론』, 두
성북스, 2016.

발터 벤야민, 반성완 편역, 『발터 벤야민의 문예이론』, 민음사, 2012.

수전 손택, 이재원 역, 『사진에 관하여』, 이후, 2011.

존 버거, 박범수 옮김, 「신사복과 사진」, 『본다는 것의 의미』, 동문선, 2002.

존 탁, 이영준 옮김, 「사진과 권력」, 『사진이론의 상상력』, 눈빛, 2006.

피터 버크, 박광식 옮김, 『이미지의 문화사』, 심산, 2005.

Kemp, Martin., "A Perfect and Faithful Record: Mind and Body in Photography before 1900," in *Beauty of Another Order*, (ed.) A Thomas, Yale University Press, 1997.

제4장 _ 사적 사진

김양순, 「아시아계 미국시의 재편성: 캐시 송, 명미 김, 수지 곽 김의 차이를 중심으로」, 『미국학논집』
제42권 제3호, 한국아메리카학회, 2010.

김혜원, 「사진을 소재로 한 한국 현대시의 양상과 의의 2-사진 이미지의 용도에 주목한 시를 중심으
로」, 『순천향 인문과학논총』 제39권 2호, 순천향대학교 인문학연구소, 2020.

문옥표 외 4인, 『하와이 사진신부 천연희의 이야기』, 일조각, 2017.

박은진, 「유령론으로서의 죽음사진 연구」, 홍익대학교 대학원 예술학과 석사학위논문, 2018.

수전 손택, 이재원 역, 『사진에 관하여』, 이후, 2011.

앙드레 바쟁, 박상규 역, 『영화란 무엇인가?』, 시각과언어, 2001.

페트리샤 홀랜드, 「자세히 훑어보니 달콤하구나: 개인사진과 대중사진」, 리즈 웰스 엮음, 문혜진·신
혜경 옮김, 『사진 이론』, 두성북스, 2016.

Craig Carlson, 「Walker Evans And Democracy」, 2014. http://www.craigcarlson.net/2014/07/18/walker-evans-and-democracy/

Thierry Grillet, RACONTE-MOI UNE HISTOIRE: 1936, LE "STUDIO" DE WALKER EVANS.

https://www.polkamagazine.com/raconte-moi-une-histoire-1936-le-studio-de-walker-evans/

제5장_이승하의 '사진시'에 나타난 시 텍스트와 사진 이미지의 상호매체성

1. 기본 자료

이승하, 『폭력과 광기의 나날』, 세계사, 1993.

이승하, 『생명에서 물건으로』, 문학과지성사, 1995.

이승하, 『인간의 마을에 밤이 온다』, 문학사상, 2005.

이승하, 「작시법을 위한 나의 시, 나의 시론: 폭력과 광기, 혹은 사랑과 용서의 시」, 『문예운동』 제113호, 문예운동사, 2012 봄호.

이승하, 『한국 시문학의 빈터를 찾아서 2』, 서정시학, 2014.

2. 논저, 논문, 평론

김문주, 「이승하 작품론-구도(求道)의 길, 구도(舊道)의 여정」, 『유심』, 만해사상실천선양회, 2009 3/4월호.

김준오, 『시론』, 삼지원, 2013.

김혜원, 「오규원 시의 창작 방식 연구-포스트모더니즘 기법을 중심으로-」, 전북대학교 대학원 국어국문학과 박사학위논문, 2013.

김혜원, 「이승하의 '사진시'에 나타난 시 텍스트와 사진 이미지의 상호매체성 연구」, 『건지인문학』 제17집, 전북대학교 인문학연구소, 2016.

김혜원 외 9인, 『일상의 인문학: 문학 편』, 역락, 2017.

박경혜, 「문학과 사진-장르혼합의 가능성에 대하여」, 『현대문학의 연구』 제18권, 현대문학연구학회, 2002.

이득재, 「광고, 욕망, 자본주의」, 김진송·오무석·최범, 『광고의 신화, 욕망, 이미지』 재판본, 현실문화연구, 1999.

이홍민, 「한국 현대시에 나타난 대중매체의 수용양상 연구」, 건국대학교 교육대학원 교육학과 국어교육전공 석사학위논문, 2009.

조남현, 「인간다운 삶에의 목마름」, 이승하, 『우리들의 유토피아』, 나남, 1989.

주형일, 「사진의 시간성 개념을 통해 바라본 신문사진의 문제」, 『한국언론학보』 제47권 제2호, 한국언론학회, 2003.

주형일, 「사진은 어떻게 죽음과 연결되는가」, 『인문과학연구』 제47권, 강원대학교 인문과학연구소, 2015.

롤랑 바르트, 김인식 편역, 『이미지와 글쓰기』, 세계사, 1993.

롤랑 바르트, 정현 옮김, 『신화론』, 현대미학사, 1995.

롤랑 바르트, 조광희·한정식 옮김, 『카메라 루시다』 개정판, 열화당, 1998.

발터 벤야민, 심성완 편역, 『발터 벤야민의 문예이론』, 민음사, 1983.

수전 손택, 이재원 옮김, 『타인의 고통』, 이후, 2004.

수전 손택, 이재원 옮김, 『사진에 관하여』, 이후, 2005.

앙드레 바쟁, 박상규 역, 『영화란 무엇인가?』, 시각과언어, 1998.

움베르토 에코, 김광현 옮김, 『기호와 현대 예술』, 열린책들, 1998.

제6장 _ 오규원의 '날이미지시'와 사진 이미지-포스트모더니즘 기법을 중심으로-

1. 기본 자료

오규원, 「날이미지와 현상시」, 『현대시사상』, 고려원, 1997 봄.

오규원, 『볼펜을 발꾸락에 끼고』, 문예출판사, 1981.

오규원, 『언어와 삶』, 문학과지성사, 1983.

오규원, 『현대시작법』, 문학과지성사, 1990.

오규원·김동원·박혜경 대담, 「타락한 말, 혹은 시대를 헤쳐나가는 해방의 이미지」, 『문학정신』, 열
　음사, 1991. 3.

오규원, 「후기산업사회에 있어서의 문학의 위상-한국적 특수성과 문학적 대응」, 『문학정신』, 열음
　사, 1992. 12.

오규원, 『길, 골목, 호텔 그리고 강물 소리』, 문학과지성사, 1995.

오규원, 「현장의 시읽기-주변과 중심 2」, 『현대시학』, 현대시학사, 1997. 3.

오규원, 『토마토는 붉다 아니 달콤하다』, 문학과지성사, 1999.

오규원, 「구상과 해체-되돌아보기 또는 몇 개의 인용 1」, 이광호 엮음, 『오규원 깊이 읽기』, 문학과지
　성사, 2002.

오규원, 『가슴이 붉은 딱새』 2판, 문학동네, 2003.

오규원, 『날이미지와 시』, 문학과지성사, 2005.

오규원, 「날이미지시에 관하여」, 『문학과사회』, 문학과지성사, 2007 봄호.

오규원, 『두두』, 문학과지성사, 2008.

오규원·이광호 대담, 「언어 탐구의 궤적」, 이광호 엮음, 『오규원 깊이 읽기』, 문학과지성사, 2002.

오규원·이재훈 대담, 「날이미지시와 무의미시의 차이 그리고 예술」, 오규원, 『날이미지와 시』, 문학
　과지성사, 2005.

오규원·이창기 대담, 「한 시인의 현상적 의미의 재발견」, 오규원, 『날이미지와 시』, 문학과지성사,

2005.

2. 논저, 논문, 평론

김대행, 「'보는 자'로서의 시인」, 이광호 엮음, 『오규원 깊이 읽기』, 문학과지성사, 2002.

김문주, 「오규원 후기시의 자연 현상 연구-『새와 나무와 새똥 그리고 돌멩이』와 『두두』를 중심으로」, 『한국근대문학연구』 22호, 한국근대문학회, 2010.

김용직, 『한국현대시사 1』, 한국문연, 1996.

김욱동, 『포스트모더니즘』 개정판, 민음사, 2004.

김준오, 「현대시의 자기 반영성과 환유 원리-오규원의 근작시」, 이광호 엮음, 『오규원 깊이 읽기』, 문학과지성사, 2002.

김준오, 「산문화 시대의 시론-오규원 『언어와 삶』」, 『현대시의 해부』, 새미, 2009.

김진희, 「출발과 경계로서의 모더니즘」, 이광호 엮음, 『오규원 깊이 읽기』, 문학과지성사, 2002.

김혜원, 「오규원의 '날이미지시'에 나타난 사진적 특성-롤랑 바르트의 『카메라 루시다』를 중심으로」, 『한국언어문학』 제83집, 한국언어문학회, 2012.

김혜원, 「오규원 시의 창작 방식 연구-포스트모더니즘 기법을 중심으로-」, 전북대학교 대학원 국어국문학과 박사학위논문, 2013.

류 신, 「자의식의 투명성으로 돌아오는 새-1990년대 오규원의 시세계」, 『시와 반시』, 시와반시사, 2007 가을호.

박평종, 「롤랑 바르트의 『밝은 방』에 나타난 지향성의 문제」, 『프랑스학연구』 56권, 프랑스학회, 2011.

윤난지, 『현대미술의 풍경』, 예경, 2000.

이광호 엮음, 『오규원 깊이 읽기』, 문학과지성사, 2002.

이광호, 「'두두'의 최소 사건과 최소 언어」, 오규원, 『두두』, 문학과지성사, 2008.

이승훈, 『포스트모더니즘 시론』, 세계사, 1991.

이연승, 『오규원 시의 현대성』, 푸른사상, 2004.

이 원, 「분명한 사건으로서의 '날이미지'를 얻기까지」, 이광호 엮음, 『오규원 깊이 읽기』, 문학과지성사, 2002.

최현식, 「'사실성'의 투시와 견인-오규원론」, 『시와 반시』, 시와반시사, 2007년 가을호.

황현산, 「새는 새벽 하늘로 날아갔다」, 오규원, 『길, 골목, 호텔 그리고 강물 소리』, 문학과지성사, 1995.

노먼 브라이슨, 「확장된 장에서의 응시」, 핼 포스터 엮음, 최연희 옮김, 『시각과 시각성』, 경성대학교 출판부, 2004.

롤랑 바르트, 김인식 편역, 『이미지와 글쓰기』, 세계사, 1993.

롤랑 바르트, 조광희·한정식 옮김, 『카메라 루시다』 개정판, 열화당, 1998.

루돌프 아른하임, 김정오 옮김, 『시각적 사고』 개정판, 이화여자대학교출판부, 2004.

마르틴 졸리, 김동윤 옮김, 『영상 이미지 읽기』, 문예출판사, 1999.

마틴 제이, 「모더니티의 시각 체제들」, 핼 포스터 엮음, 최연희 옮김, 『시각과 시각성』, 경성대학교출
판부, 2004.

메를로-퐁티, 류의근 옮김, 『지각의 현상학』, 문학과지성사, 2002.

발터 벤야민, 심성완 편역, 『발터 벤야민의 문예이론』, 민음사, 1983.

수전 손택, 이재원 옮김, 『사진에 관하여』, 이후, 2005.

아니카 르메르, 이미선 옮김, 『자크 라캉』, 문예출판사, 1994.

아모스 보겔, 권중운·한국실험영화연구소 공역, 『전위 영화의 세계』, 예전사, 1996.

앙드레 바쟁, 박상규 역, 『영화란 무엇인가?』, 시각과언어, 1998.

존 버거, 강명구 역, 『영상커뮤니케이션과 사회』, 나남출판, 1987.

존 버거, 박범수 옮김, 『본다는 것의 의미』, 동문선, 2000.

重森弘淹, 홍순태 역, 『사진예술론』 4판, 해뜸, 1994.

질 들뢰즈, 유진상 옮김, 『시네마 I : 운동-이미지』, 시각과언어, 2002.

필립 뒤봐, 이경률 역, 『사진적 행위』, 사진 마실, 2005.

핼 포스터 엮음, 최연희 옮김, 『시각과 시각성』, 경성대학교출판부, 2004.

Burgin, V. (ed.). *Thinking Photography*. London: Macmillan, 1982.

Sontag, S. *On Photography*. New York: Farrar, Straus and Giroux, 1977.

3. 도판 목록

2003, 149쪽.

도판 9. *BERND et HILLA BECHER*, Centre Pompidou, 2004, p.10.

도판 10. *BERND et HILLA BECHER*, Centre Pompidou, 2004, p.13.